DÜRER
Die Kunst aus der
Natur zu „reyssenn"

Herrn Dr. phil. h. c. Otto Schäfer
zum 85. Geburtstag
am 29. Juni 1997

DÜRER
Die Kunst aus der Natur zu „reyssenn"

WELT, NATUR UND RAUM
IN DER DRUCKGRAPHIK

Holzschnitte, Kupferstiche
und Radierungen aus der
SAMMLUNG-OTTO-SCHÄFER-II

AUSSTELLUNG VOM 28.9.1997 - 25.1.1998
BIBLIOTHEK OTTO SCHÄFER
SCHWEINFURT, JUDITHSTRASSE 16

AUSSTELLUNG VOM 15.2.1998 - 26.4.1998
STADTMUSEUM AMBERG
ZEUGHAUSSTRASSE 18

Abb. a. d. Umschlag: Melencolia I, 1514,
Kat. Nr. 77 (Detail)

Konzeption:
Erich Schneider

Bearbeitung:
Erich Schneider
Anna Spall

unter Mitarbeit von:
Kristina Herrmann Fiore
Peter Krüger
Matthias Mende

Redaktion:
Georg Drescher

Fotos:
Albert Breiteneicher
Klaus-Ulrich Köhler

Realisation der Ausstellung:
Cox for Art

Gestaltung und Gesamtproduktion:
Ludwig & Höhne GmbH,
Kommunikation für öko-logisches Marketing,
Schweinfurt

INHALT

Die Ausstellungsreihe zur Graphik Dürers, die mit „DÜRER ALS ERZÄHLER", begann und nun mit „DÜRER, DIE KUNST AUS DER NATUR ZU REYSSENN" fortgesetzt wird, erfolgt in enger Zusammenarbeit und mit Unterstützung der Stadt Schweinfurt.

Die wissenschaftliche Arbeit der DR. OTTO-SCHÄFER-STIFTUNG E.V. und die Herausgabe des Kataloges "DÜRER, DIE KUNST AUS DER NATUR ZU REYSSENN" werden maßgeblich durch die nachfolgenden Förderer unterstützt, denen die Stiftung herzlich dankt,

ADLER APOTHEKE, Schweinfurt

PETER BACH GMBH, BMW-Vertragshändler, Schweinfurt

BAYERISCHE VEREINSBANK AG, Niederlassung Schweinfurt

BAYERNWERK AG, München

BECHERT HAUSTECHNIK GMBH, Schweinfurt

BEZIRK UNTERFRANKEN

KARL BUCHERT GMBH, Heizung, Sanitär, Spenglerei, Gas- und Wasser-Service, Schweinfurt

COMMERZBANK AKTIENGESELLSCHAFT, Frankfurt a. M.

CRAMER & ROTHMUND, Rechtsanwälte, Schweinfurt

RICHARD DAHMS GMBH Privatweingut, Wein- und Sektkellerei, Schweinfurt

DEUTSCHE STAR GMBH, Schweinfurt

DRESDNER BANK AG, Filiale Schweinfurt

FAG KUGELFISCHER GEORG SCHÄFER AG, Schweinfurt

FRANKEN ROHSTOFF GMBH, Schweinfurt

GESELLSCHAFT HARMONIE E.V., Schweinfurt

KÖNIG & BAUER-ALBERT AG, Würzburg

KRÖNER EINRICHTUNGEN GMBH, Schweinfurt

JULIUS FRIEDR. KRÖNLEIN, Bau- und Wohnbedarf GmbH & Co., Schweinfurt

LANDESSTELLE FÜR NICHTSTAATLICHE MUSEEN IN BAYERN, München

A. MAY MINERALOEL-GESELLSCHAFT, Schweinfurt-Erfurt

REISEBÜRO GÖBEL, Schweinfurt

FIRMENGRUPPE RIEDEL BAU, Schweinfurt

CHRISTOF PETER GMBH & CO. KG, Heilkräuter und Gewürze, Schwebheim

SKF GMBH, Schweinfurt

STADT SCHWEINFURT

STÄDTISCHE SPARKASSE SCHWEINFURT

STAPF & PARTNER GMBH, Wirtschaftsprüfungsgesellschaft, Schweinfurt

KILIAN WÖHRL KG, Herren-, Damen- und Kindermode, Schweinfurt

MANNESMANN SACHS AG, Schweinfurt

WEPPERT DRUCKEREI GMBH & CO. KG, Schweinfurt

GRUSSWORT

Der Erfog der Ausstellung DÜRER I mit dem Thema „DÜRER ALS ERZÄHLER" hat den Vorstand der DR. OTTO-SCHÄFER-STIFTUNG E.V. bestärkt, den eingeschlagenen Weg für Ausstellungen in der BIBLIOTHEK OTTO SCHÄFER - MUSEUM FÜR BUCHDRUCK, GRAPHIK, KUNSTHANDWERK weiterzugehen. Zahlreiche Interessierte aus ganz Europa und anderen Erdteilen, der Ministerpräsident und der Landtagspräsident des Freistaates Bayern sowie andere hohe Persönlichkeiten aus Politik und Wirtschaft haben die Ausstellung besucht. Der gute Verkauf der gesamten 1. Auflage des Kataloges der ersten Ausstellung hat uns zu einer Zweitauflage des ersten Dürer-Kataloges mit einer neuen englischen und französischen Zusammenfassung seines Inhalts ermutigt.

Die jetzt folgende Ausstellung DÜRER II - DIE KUNST AUS DER NATUR ZU „REYSSENN" ist sicher ein weiteres Thema mit vielen interessanten Aspekten. Herr Erich Schneider, der Leiter der STÄDTISCHEN SAMMLUNGEN SCHWEINFURT, hat die neue Ausstellung in bewährter Weise konzipiert und den dazu herausgegebenen Katalog wieder besonders schön gestaltet. Die ausführlichen Beschreibungen von Erich Schneider und Anna Spall, sowie die Beiträge von Kristina Herrmann Fiore (Rom), Peter Krüger (Stuttgart) und Matthias Mende (Nürnberg) ermöglichen allen Beziehern des Kataloges eine noch intensivere Beschäftigung mit der Thematik der Ausstellung. Dem Herausgeber und den Autoren sei für ihre wissenschaftliche und

gestalterische Mitarbeit bei der Erstellung des Kataloges vielmals gedankt.

Die Fotos von Albert Breiteneicher, Schweinfurt, und Klaus-Ulrich Köhler, Altenmünster, sind mit ihrer Qualität eine hervorragende Grundlage für die Abbildung aller ausgestellten Stücke im Katalog.

Den Förderern des Stiftungsvereins, ohne deren Unterstützung die Herausgabe eines so preiswerten Kataloges nicht möglich wäre, den Lieferanten und Handwerkern, dem Leiter der Bibliothek, Herrn Georg Drescher, und den Mitarbeitern des Stiftungsvereins sei für ihren unermüdlichen Einsatz während der Vorbereitungsphase der Ausstellung ebenso gedankt.

Ein interessantes Begleitprogramm und öffentliche Führungen während der Ausstellungszeit werden das Interesse an den in hervorragendem Zustand erhaltenen Graphikblättern aus der Sammlung meines Vaters, Dr. phil. h. c. Otto Schäfer, verstärken und den Kunstgenuß eines Ausstellungsbesuches vertiefen.

Allen Besuchern der Ausstellung DÜRER II wünsche ich viel Freude und auch einige schöne Stunden oder Tage in der Stadt Schweinfurt, die mit ihren verschiedenen Museen und Sammlungen Kunstliebhabern viel zu bieten hat.

Otto G. Schäfer

DIE KUNST AUS DER NATUR ZU „REYSSENN"

Welt, Natur und Raum in der Druckgraphik bei Dürer

von Erich Schneider

In Fortsetzung des 1995 mit „Dürer als Erzähler" begonnenen Zyklus zur Druckgraphik Albrecht Dürers zeigt die DR.-OTTO-SCHÄFER-STIFTUNG-E.V. in Schweinfurt als zweiten Teil die Ausstellung „Die Kunst, aus der Natur zu 'reyssenn' – Welt, Natur und Raum in der Druckgraphik bei Dürer". Eine dritte Ausstellung wird sich 1999 mit dem Menschenbild bei Dürer auseinandersetzen. Die gezeigten Holzschnitte, Kupferstiche und Radierungen stammen dabei ausschließlich aus der in Jahrzehnten zusammengetragenen Sammlung von Dr. phil. h.c. Otto Schäfer.

Das Werk Albrecht Dürers (1471 - 1528) markiert den Beginn der Neuzeit in der deutschen Kunst. Insbesondere die Entdeckung des Menschen und der Welt macht nach den Worten von Jakob Burckardt das Wesen dieser Wende zur Neuzeit aus. Dürer gilt als der Begründer des eigenständigen Landschaftsbildes, auch wenn er solche Landschaften – Natur- und Landschaftsportraits also, die nur sich selbst genügen und keine weiteren thematischen Inhalte als Vorwand benötigen – im eigentlichen Sinn noch nicht geschaffen hat. Gleichwohl sind Pflanzen und Felsformationen, Landschaftsräume und Stadtansichten im Werk Dürers zu Themen und Aufgabenstellungen künstlerischer Auseinandersetzung geworden.

Aus den Ort einer Handlung vorher allenfalls summarisch bezeichnenden Landschaftsgründen hat Dürer völlig neue Einblicke in die Natur geformt. In jungen Jahren widmete er sich detailfreudig der Erscheinung des Schönen genauso wie des Bizarren in der Natur, studierte sie mehr und mehr mit wachem Verstand und suchte sie als gereifter Meister wissenschaftlich zu ergründen. Im Spätwerk gelang es Dürer schließlich, vor seinem geistigen Auge aufscheinendes Weltbild und im Angesicht der Natur erlebte Landschaft in einem Bild glaubwürdig zu vereinigen. Dürer schrieb dazu 1528 in seiner Proportionslehre: „Aber das Leben in der Natur gibt zu erkennen die Wahrheit dieser Ding. Darum sich sie fleißig an, richt

dich darnach und geh nit ab von der Natur in dein Gutdünken, ... denn wahrhaftig stecket die Kunst in der Natur, wer sie heraus kann reyssenn, der hat sie ...".

Um diesen Kernsatz in Dürers Lehrgebäude kreist die Thematik der Ausstellung von 80 Holzschnitten, Kupferstichen und Radierungen. Die gezeigten Exponate stellen nur jeweils einen exemplarischen Ausschnitt des druckgraphischen Œuvre Albrecht Dürers dar, das in der Sammlung Otto Schäfer II nahezu vollständig und durchweg in hervorragenden Drucken vertreten ist. Die getroffene Auswahl berücksichtigt dabei sowohl die räumlichen Möglichkeiten der BIBLIOTHEK OTTO SCHÄFER, als auch die Vorstellung, die Dürer-Sammlung im Rahmen eines mehrteiligen, thematisch gegliederten Zyklus möglichst vollständig zu zeigen. Bis auf wenige, notwendig erscheinende Ausnahmen werden deshalb solche Blätter, die bereits in der Ausstellung „Dürer als Erzähler" zu sehen waren, nicht erneut gezeigt. Auf den seinerzeit erschienenen Katalog wird ausdrücklich verwiesen.

„Kunst" kann im Sinne der Dürer-Zeit sowohl handwerkliches Können aber auch freikünstlerisches Schaffen umschreiben. „Natur" fassen wir als die Gesamtheit des mit unseren Sinnen erfahrbaren Gewachsenen auf. Gleichzeitig gebrauchen wir den Begriff „Natur" in einem übertragenen Sinn. Das Wort „reyssenn" bedeutete zu Dürers Zeit soviel wie „Zeichnen". Im ausklingenden 20. Jahrhundert hat sich der Wortsinn im allgemeinen Sprachgebrauch verschoben bzw. eingeengt und wir verstehen unter „reißen" Vorgänge in der Art, wie sie sich etwa in dem Bild vom „Bäume ausreißen" eine anschauliche Bedeutung verschafft haben. In diesem Sinne versucht das inhaltliche Konzept der Ausstellung mit den verschiedenen Bedeutungebenen von „Kunst", „Natur" und „reyssenn" zu „jonglieren". Konsequent umgreift der Untertitel der Ausstellung „Welt, Natur und Raum" das geistige „Weltbild" der Dürer-Zeit ebenso, wie er die Umwelt oder die mathematisch-konstruierte

Erfassung des „Raumes" durch die Zentralperspektive meint.

Drei übergreifende, gleichwohl kurz gefaßte Essays sind dem eigentlichen Katalogteil vorangestellt. Peter Krüger spürt in seinem Text „Nachahmung, Erfindung und Konstruktion der Natur im graphischen Œuvre Albrecht Dürers" nach. Hauptergebnis seiner Überlegungen ist der bisher unberücksichtigte Hinweis auf die „Chorographie" des Ptolemaios als einem neuen Schlüssel zum Verständnis von Dürers Naturstudium. Die Chorographie suchte die vertiefte Auseinandersetzung mit Details der Natur und Einzelerscheinungen der Landschaft, die für sich und in sich sinnvoll und vollständig sein konnten. Eine solche Konzentration auf die fragmentarische Landschaft, wie sie z.B. in dem „Großen Rasenstück" populären Ausdruck gefunden hat, erklärte auch, warum Dürer zur eigenständigen Bildgattung „Landschaft" noch nicht vorgestoßen ist.

Matthias Mende setzt sich in seinen „Anmerkungen zu Dürers Wirklichkeitssinn" mit Natur und Kunst in Dürers Werk auseinander. In den Mittelpunkt seiner Betrachtungen stellt Mende dabei die Frage nach Dürers Begriff der Schönheit. Dieser läßt sich eben nicht alleine aus mathematisch-geometrischen Studien ableiten und begründen. Oberste Instanz bleibt stets „der menschen vrteyl".

„Zur Verwandlung der Naturstudien in Dürers graphischen Drucken" äußert sich Kristina Herrmann Fiore in ihrem Essay. Es interessiert sie dabei insbesondere die Frage, wie Dürer seine vor der Natur erlebten Eindrücke, die er spontan in Zeichnungen und Aquarellen festhielt, in seinen druckgraphischen Werken verwendet hat. Frau Herrmann Fiore kann dazu an einer Reihe von Beispielen aufzeigen, daß Dürer bei der Übersetzung in ein anderes Medium niemals alleine reproduktiv vorgegangen ist, sondern sich stets ein vielschichtiger Prozeß der Verwandlung entsprechend dem jeweiligen thematischen Kontext vollzogen hat.

In insgesamt neun Abteilungen versucht die Ausstellung Facetten von Dürers künstlerischem Umgang mit dem Naturvorbild in der Druckgraphik zu zeichnen. Alle Kapitel sind, genauso wie die Ausstellung selbst, jeweils mit einem zeitgenössischen Zitat von bzw. über Dürer überschrieben. Auf diese Weise wird eine Verknüpfung zwischen ausgestelltem Kunstwerk und kunsttheoretischem Werk Dürers angestrebt. Zugleich soll eine beispielhafte Vorstellung von Dürers Sprache vermittelt werden, die häufig genug manche Erscheinung in der bildenden Kunst zum ersten Mal in deutschen Worten ausgedrückt und damit für die Kunst Vergleichbares geleistet hat, wie sein Zeitgenosse Martin Luther für die Theologie.

Einen breiten Kreis von Kunstinteressierten will auch die Schweinfurter Ausstellung und der dazu erarbeitete Katalog ansprechen. Die ausgestellten Druckgraphiken sind ganzseitig abgebildet und mit den wichtigsten technischen Angaben versehen. Kurze einführende Texte versuchen die Exponate zunächst auf verständliche Weise zu beschreiben. Anschließende knappe Kommentare wollen den Betrachter unter dem Blickwinkel der gewählten Ausstellungsthematik auf wesentliche Hauptmerkmale hinweisen. Ein reduzierter Literaturapparat bietet die Möglichkeit der vertiefenden Auseinandersetzung mit aktuellen Ergebnissen der Kunstwissenschaft.

Das I. Kapitel der Ausstellung ist mit „geprawch vnd verstand" überschrieben und führt damit sofort in eine Grundproblematik der Kunst Dürers ein. Für den Nürnberger war sowohl das genaue Studium der Kunst seiner Zeitgenossen und Vorläufer eine wichtige Voraussetzung, als auch das stete Üben der eigenen Hand. Parallel dazu mußte nach Dürers Überzeugung die verstandesmäßige Durchdringung des mit den Augen vor der Natur Erlebten und Gesehenen wachsen. Solches intensives Studium der Natur schuf beim Künstler zugleich einen großen Vorrat an bildlichen Vorstellungen, die weit über die direkte Nachahmung der Natur hinausreichte.

Dürer war deshalb – so die Überschrift des II. Abschnittes – „... inwendig voller Figur." Dieser Phantasie wußte er insbesondere in den großen Büchern seiner Frühzeit anschauliche Gestalt zu verleihen. Der späte Dürer tauchte dagegen in immer tiefere Schichten einer geistig-intellektuellen Bildaussage mit häufig sehr sublimen „inwendigen" Figuren ein. Im übertragenen Sinn umschreibt „inwendig voller Figur" außerdem die Forderung danach, daß Kunst weit mehr sein muß, als nur das handwerkliche Abbilden von Oberflächen. Nur wer wie Dürer „inwendig voller Figur" ist, vermag überhaupt erst Kunst hervorzubringen.

Kunst im Sinne Dürers ist stets vom Künstler gestaltete und geformte Natur. In diesen Zusammenhang gehört der auch im druckgraphischen Œuvre Dürers zu beobachtende Vorgang, in Erscheinungen der umgebenden Natur menschliche Erscheinungen und Gesichter hineinzuspiegeln, die vom Betrachter freilich erst auf den zweiten Blick wahrgenommen werden. Eine „vergleichung ... jn vngleichen dingen" entsteht auch, wenn menschliche Figur und menschliches Handeln im Bild von bestimmten Formen und Formationen der umgebenden Natur kommentiert und paraphrasiert werden (Kapitel III).

Die Ausstellung versucht neben solchen Fragen verschiedenen Erscheinungsformen der Landschaftsdarstellung in Dürers druckgraphischem Œuvre nachzuspüren. In seinen frühen Werken fällt der „weite Blick" über die dargestellten Landschaften auf. Landschaften also, „... do man funff, sex oder siben meill sicht" (Kapitel IV). Dabei entwickeln sich diese Landschaftsbilder für das Auge des Betrachters konsequent und ohne merkliche Brüche oder kulissenartige Formationen, wie sie noch bei Dürers Zeitgenossen oder unmittelbaren Vorläufern beobachtet werden können. Im Spätwerk bildet dieser „weite Blick" jedoch die Ausnahme und die konzentrierte Nahsicht herrscht vor.

Im übertragenen Sinn handelt es sich bei den „stüben, kamern, kuchen" im V. Kapitel ebenfalls um „Landschaften", jedenfalls um sorgfältige Interieur-Studien nach dem Augeneindruck. Wie bei der Landschaft auch, hält ein architektonisch gestalteter Raum formal und inhaltlich ein Geschehen zusammen. Mehr und mehr gelang es Dürer dabei Bauplan und Einzelheiten solcher „Gehäuse" bei höchster Präsenz für die Wahrnehmung zugunsten einer athomsphärischen Unterstützung der Aussage des jeweiligen Werkes zurückzudrängen.

Die VI. Abteilung der Ausstellung ist ausschließlich „... der aller reinesten jungfrawen Maria" in Gestalt der Holzschnittfolge des „Marienlebens" gewidmet. Wenigstens einmal soll in der Ausstellung dem Betrachter die Gelegenheit gegeben werden, die besondere Ausstrahlung dieses 1511 in Buchform herausgegebenen Werkes in hervorragenden Abdrücken selbst erfahren zu können. Außerdem vereint dieser Zyklus in seinen 20 Blättern alle bisher angeschnittenen Fragestellungen noch einmal wie in einem Brennspiegel. Zum dritten markiert das über einen Zeitraum von etwa zehn Jahren seit 1501/02 entstandene „Marienleben" zugleich den Übergang in das reife Schaffen Dürers, dem die nachfolgenden drei Kapitel vornehmlich gewidmet sind.

Eine Überlegung zur Kunst Dürers, wie sie insbesondere nach der zweiten italienischen Reise zu beobachten ist, geht davon aus, daß die „äußerlichen" Mittel seines Schaffens immer einfacher werden und „daß gerade diese Einfachheit die höchste Zierde der Kunst sei" (Kapitel VII). Vergleichsweise schlichte Kompositionen und der Verzicht auf große Apparate im Hinblick auf Figurenbildung oder graphischer Inszenierung seiner Stiche kennzeichnen mehr und mehr Dürers Kunst. Dürer benötigt nicht mehr die visionäre Dramatik der Apokalypse oder laute Töne in seinen Stichen. Der „graphische Mittelton" (Panofsky) ist es, woraus er seine Meisterschaft formt.

Zusehends gewann nach Italien der Anspruch auf wissenschaftliche Durchdringung des künstlerischen „geprawchs" bei Dürer an Dominanz. Noch stärker dem Frühwerk verhaftet sind die Figurenstudien und Proportionsübungen, die in der dritten, dem Menschenbild Dürers gewidmeten Ausstellung intensivere Beachtung finden werden. Ein weiterer Ausfluß dieser Bemühungen sind jedoch seine Perspektivstudien „mit Zirkel und richtscheyd" (Kapitel VIII). Dabei gilt erneut, daß sich Dürer niemals den Regeln der von ihm selbst mit aller Energie studierten Perspektive völlig unterworfen hat. Die Lehre von der Zentralperspektive ist für ihn als Künstler allenfalls ein Mittel zum Zweck und nicht Selbstzweck.

Bei allem künstlerischen Bemühen, bei aller wissenschaftlichen Durchdringung der Natur und ihrer Geheimnisse blieb für Dürer jedoch stets ein undurchdringlicher Rest übrig, der dem menschlichen Verstand ohne „öbere eingießungen" verschlossen bleiben mußte (Abschnitt IX). Nürnberg war zur Lebenszeit Dürers ein Zentrum der naturwissenschaftlichen Erforschung der Welt. Dürer hat als Künstler wie selbstverständlich inmitten dieser gelehrten Zirkel gelebt, daran Anteil gehabt und mit den Mittel seiner Kunst zu jenem Siegeszug der Naturwissenschaften beigetragen, der unser Leben bis in das 20. Jahrhundert bestimmt hat. Dürers Blick richtete sich konsequent über die Erde hinaus auf den Weltraum und die Gestirne jenseits des blauen Planeten.

Als Geschöpf seiner Zeit, am Ende eines Weltalters, faßte er Makrokosmos und Mikrokosmos als Einheit auf. Noch waren Himmel und Erde jedoch voller Geheimnisse. Gerade für den Künstler Dürer mochte die Entscheidung zwischen der unergründbaren Allmacht Gottes der christlichen Überlieferung und die Faszination in der Renaissance wieder erstarkter mathematischer oder empirischer Erforschung der Gesetze der Natur mehr als nur eine Frage des Glaubens darstellen. Am Anfang eines neuen Zeitalters stehend konnte Dürer diesen Konflikt zwar erkennen, vermochte ihn jedoch genauso wenig lösen, wie wir heutigen Menschen 500 Jahre später. Solche „faustischen" Fragestellungen fanden in dem Meisterstich der „Melencolia I" von 1514 sichtbaren Ausdruck. Mit seinem Beitrag zur Entdeckung der Welt hat Dürer in jedem Fall ein neues Kapitel nicht nur in der Geschichte der Kunst aufgeschlagen.

Auch für den Katalog dieser Ausstellung gilt, daß sich Herausgeber und Bearbeiter darin einig sind, keine Antworten auf alle aufgeworfenen Fragen geben zu können. Wenn es gelungen ist, wenigstens einige richtige, auf ein vertieftes Verständnis von Dürers Kunst zielende Fragen gestellt zu haben, dann glauben wir unsere selbstgewählte Aufgabe zu einem nicht geringen Teil erfüllt zu haben.

Nachahmung, Erfindung und Konstruktion der Natur im graphischen Œuvre Albrecht Dürers

von Peter Krüger

In seiner Sammlung von Künstlerbiographien, den „Viten" (1550/1568), lobt der Florentiner Giorgio Vasari den Grad der Naturtreue, den Albrecht Dürer in seinem druckgraphischen Œuvre erreichte. Die Pferdedarstellungen, insbesondere die Stiche mit dem „Kleinen" und dem sogenannten „Großen Pferd" (beide 1505), seien „ritratti dal naturale e bellissimi", „Porträts nach der Natur und wunderschön". Im „Eustachius"-Stich (ca. 1501) ist Vasari die „Schönheit einiger Hunde in verschiedenen Ansichten" aufgefallen, „die nicht vortrefflicher gemacht werden könnten". [1]

Vasaris Zeitgenosse, Lodovico Dolce, hebt in seiner Laudatio auf den Künstler besonders dessen Meisterschaft im Medium der 'Schwarzen Kunst' hervor. Hätte Dürer, so führt Lodovico Dolce in seinem Dialog „L'Aretino" (1557) aus, „kein anderes Verdienst als jenes des Gravierens gehabt, so würden, um ihn unsterblich zu machen, seine Kupferstiche genügen, die mit unvergleichlicher Zartheit die Wahrheit und Lebhaftigkeit des Natürlichen derart wiedergeben, daß diese Arbeiten nicht gezeichnet, sondern gemalt, nicht gemalt, sondern lebendig zu sein scheinen." [2]

Die Detailgenauigkeit der Naturwiedergabe in Dürers graphischem Œuvre steht außer Zweifel; die Natur war für den „zweiten Apelles" [3] die Grundlage der Kunst. [4] Dieser Aspekt von Dürers Werk wurde folgerichtig immer, und mit Recht, betont. Die 'naive' Freude am Naturstudium des Meisters wird in einem Aufsatz über Dürers „Großes Rasenstück" (1503, W 346) in der folgenden Weise zum Ausdruck gebracht: „Ohne Zweifel haben wir das Stück einer natürlichen Wiese vor uns, wie sie in dem Monate Juni jeder sehen kann, der offene Augen hat für das Leben der Natur. Um eine solche Zeit, vielleicht Pfingsten 1503, saß Dürer am Wegrand und betrachtete und zeichnete liebevoll das Leben und Weben des Rasens." [5] Wohl nicht „am Wegrand" sitzend, sondern in der Werkstatt hat der Künstler seine Rasensode porträtiert. [6] Er hat sie aber auch bildmäßig insze-

niert: die Verteilung von Licht und Schatten deutet Tiefe an, durch Kompositionslinien und planimetrische Entsprechungen wird ein harmonisches Ganzes hervorgebracht. [7]

„Das Große Rasenstück" (1503). Aquarell. 403 x 311 mm. Wien, Graphische Sammlung Albertina, Inv. 3075 (Foto Marburg)

Daß Dürer den Naturausschnitt zwar detailliert wiedergibt, aber zugleich auch komponiert, bildmäßig ausarbeitet, zum Teil gar umgestaltet, hat 1972 Kristina Herrmann Fiore am Beispiel der Landschaftsaquarelle belegen können. [8] In besonderem Maße tritt der gestalterische Zugang Dürers zur Natur in seinem frühen druckgraphischen Œuvre zutage. „Ein kleinteilig bewegtes, unruhiges Erscheinungsbild zeichnet das Frühwerk Dürers prinzipiell aus und steht im Einklang mit der bevorzugten Wahl von Themen mit leidenschaftlich erregtem Stimmungsgehalt wie der Apokalypse und der Passion Christi." [9] Die Natur ist Teil dieser emotionalen Schau der Welt: Landschaft und Figuren sind eingebunden „in ein übergreifendes Bewegungsspiel." [10]

Dies zeigt sich etwa in dem frühen Holzschnitt von ca. 1497/98 mit der „Ölberg"-Szene (Kat. Nr. 19). Charakteristisch ist die einheitlich-'unruhige' lineare Struktur, die sowohl die räumliche als auch die zeitliche Organisation des Bildes übergreift. „Nah- und Fernbereich stehen ohne verbindenden Mittelgrund nebeneinander", so daß die Entfernung, in der sich die Häscher vom Ort des Geschehens befinden, nicht richtig einzuschätzen ist. Der Diskontinuität des Raumes entspricht eine Auffassung im Zeitlichen, bei der „die Entwicklung nicht kontinuierlich (verläuft), sondern es werden sprunghaft einzelne Punkte markiert, die als pars pro toto fungieren." [11]

Im Zentrum des Bildes, jedoch ein wenig nach links aus der Mittelachse verschoben (der Trupp der Verfolger zeigt hier bereits 'aus der Ferne' Wirkung...), kniet Christus. Die Figur wirkt auf den ersten Blick mißlungen: als habe sich der Künstler nicht entscheiden können, ob er seinen Helden kniend darstellen sollte, im Begriff, gerade aufzustehen, oder aber sich zu Boden fallen lassend. Heinrich Wölfflin hat den frühen Ölberg-Holzschnitt daher als „eines der allerunbeholfensten alten Blätter" bezeichnet. [12] Die Kritik geht jedoch fehl, denn die instabile Körperhaltung der Hauptperson hat einen ganz bestimmten Sinn. Sie läßt das Thema des Bildes anschaulich werden. Christus ist hin- und hergerissen zwischen der Hinwendung zum Engel und der Abwehr des 'Danaergeschenks', des Kelchs. Die innere, seelische Pein wird durch Gebärde und Haltung, auch durch Details wie die niedergeschlagenen Lider, nach außen gekehrt. „Ein Geschichtsbild", so führt Alberti in seinem 1435/36 geschriebenen Traktat über die Malerei aus, „wird dann das Gemüt bewegen, wenn die in demselben vorgeführten Menschen selbst starke Gemütsbewegung zeigen werden. Denn in der Natur – in welcher nichts mehr als das Ähnliche sich anzieht – liegt es begründet, daß wir weinen mit dem Weinenden, lachen mit dem Lachenden und trauern mit dem Traurigen. Diese Gemütsbewegungen aber erkennt man aus den Körperbewegungen." [13]

Die Landschaft spielt in dem Drama mit, das Dürer vor unseren Augen entfaltet. Der Felsen etwa, der hinter und über Christus aufragt, vollzieht die Haltung der Figur nach. Diese Angleichungsleistung gehört zu den Grundprinzipien bildkünstlerischen Schöpfertums. „Es ist eine grosse vergleichung zu finden in ungleichen dingen", hat Dürer um 1508/9 geschrieben [14], und noch im Kupferstich mit dem Apostel Philippus (1526, Kat. Nr. 23) sind Figur und Landschaft in derselben Weise aufeinander bezogen.

Der – von Alberti übernommene – Zentralbegriff von Dürers Kunsttheorie ist die „Vergleichlichkeit": „jegliches soll sich in seiner ganzen versamlung wol zusammen vergleychen... auff das sich all ding vergleychlich reymen und nit felschlich zu samen versamlet werden". Das Postulat der „Vergleichlichkeit" begründet Dürer ästhetisch: „denn vergleychliche ding acht man hübsch." [15]

Dürer lernte den Modus der „Vergleichung", in dem die Landschaft als ein 'Echo' der figuralen Handlung fungiert, auf seiner ersten Reise nach Venedig kennen (Oktober 1494 – Frühsommer 1495); vor allem wohl, als er in Padua Station machte, um die Fresken Giottos in der Arenakapelle zu studieren. Es ist ein Ergebnis der Eindrücke, die Dürer in Italien gewonnen hat, daß die Figur ins Zentrum seiner Bildgestaltung rückt. „Ihre Aktivität bezieht sie aus sich selbst, nicht aus ornamentalem Geflecht", hat Karl-Adolf Knappe, die Modernität des Künstlers unterstreichend, beobachtet. [16]

Im Unterschied zur geordneten, gesetzmäßig aufgefaßten Bildwelt Italiens sucht die deutsche Kunst des 15. und des beginnenden 16. Jahrhunderts „in der unendlichen, tausendfältig sich verschlingenden Bewegung eines abstrakten und absoluten Linienspiels das einzelne Erscheinende, die einzelne Gestalt aufzufangen, abzuwandeln und in ein großes Ganzes einzubeziehen." [17] Das spätgotische Erbe zeigt sich auch in Dürers Frühwerk, das von einer „unruh" im „gemäl" gekennzeichnet ist. Doch wird die lineare Struktur dynamisiert und der Eigenwert der Figur gesteigert. Vor allem die Holzschnitte zur „Apokalypse" sind der Renaissancekunst zuzurechnen. [18] Dürer konkretisiert hier die „vordem meist überfiguralen Rhythmen in die Bewegung menschlicher Körper. Das verleiht ihnen ihre stetige Ordnung, ihre Entfaltung in wohlabgemessene Phasen." [19] Und was für die Aktionen der Gestalten gilt, das trifft auch auf den Bereich der Emotionen zu: „Der Ausdruck von Leidenschaft und Schmerz ist nicht, wie in der gotischen Tradition, der Figur gleichsam aufgezeichnet, selber Zeichen, sondern entspringt wie bei Mantegna unmittelbar aus dem Menschen." [20]

Die den Menschen bloß umgebende Natur (im Fall des Bildes gilt dies auch planimetrisch, für die Flächenkomposition) ist für Dürer funktional; als zeichnerische Manövriermasse wird sie den Figuren und der von ihnen dargestellten Geschichte nachgebildet. Sie kann dabei auch selbst, etwa in der Form von Felsen, 'figürlich' werden, sogar Gesichter, die der eigentlichen Handlung zugewandt sind, kommen in der Landschaft vor. Man vergleiche etwa die Kante des Steinbruchs (im Rücken des Büßers) im Kupferstich mit dem „Hl. Hieronymus in der Wüste" von ca. 1496 (Kat. Nr. 18). [21]

Eine Gleichwertigkeit von Landschaft und Figur ist aber selbst bei explizit anthropomorphen Bildungen der Natur nicht gegeben. Wenn in den Holzschnitten zur „Apokalypse"-Folge von 1498 „eine Wolke... körperliche Gestalt" annimmt, dann „ist der Vorgang optisch irreversibel" [22] – aus einer menschlichen Figur könnte niemals eine Wolke entstehen. Erst Bernini, der Bildhauer des römischen Barock, verwandelt in seiner „Apoll und Daphne"-Gruppe den Menschen in Natur.

Den gestalterischen Zugang Dürers zur Natur belegen im späteren graphischen Œuvre vor allem die Randzeichnungen zum Gebetbuch Kaiser Maximilians, die um 1515 entstanden sind. Die Schwünge einer gegenstandslosen, frei gezeichneten Linie verdichten sich hier in spielerischer Weise zu Figuren; in den kalligraphischen Verflechtungen wird zudem die Kompositionsstruktur der figürlichen Szenen paraphrasiert. Solche Schöpfungsleistungen der bildnerischen Phantasie meint Dürer, wenn er schreibt, er sei „inwendig voller figur" [23].

Natur, sofern sie von Dürer als bildmäßig erkannt und dargestellt wird, ist also immer *auch* (jedoch nicht *nur*) gestaltete Natur. Dies ist im „Großen Rasenstück", mit dem wir unsere Überlegungen eingeleitet hatten, ebenso evident wie im „Feldhasen" (W 248), der 1502 entstand. Trotz einer minutiösen Beschreibungsleistung ist hier Natur auch Kunst. Doch wird in dieser Phase seines Schaffens die Natur nicht mehr, wie im Fall der 'Felsgesichter', *erfunden*. Der gestalterische Impuls wird nun dezidiert in den Dienst einer möglichst vollkommenen Nachahmung und 'Illusion' der Wirklichkeit gestellt. Dieser

neuen Ausrichtung entspricht es, daß spezifisch anthropomorphe Bildungen der Natur, insbesondere auch die Gesichter in der Landschaft, die deren Realitätscharakter ja negieren, nach 1500 nicht mehr vorkommen.

„Der Feldhase" (1502). Aquarell. 250 x 225 mm (Blattgröße). Wien, Graphische Sammlung Albertina, Inv. 3073 (Foto Marburg)

Um Dürers Naturstudien im allgemeinen und die beiden für Dürers Naturverständnis zentralen Aquarelle im besonderen kunst- und kulturgeschichtlich einordnen zu können, muß etwas weiter ausgeholt werden. Vorstufen für die Tier-, insbesondere aber die Pflanzenzeichnungen und Aquarelle finden sich in der niederländischen Malerei eines Jan van Eyck, des Meisters von Flemalle und Rogiers van der Weyden, hier jedoch immer als Teil eines größeren Ganzen. Dies gibt es auch bei Dürer. Vergleichbare 'Rasenstücke' etwa sind im Holzschnitt des „Hl. Christophorus mit dem Vogelzug" von ca. 1500 (Kat. Nr. 30, über dem Täfelchen mit dem Dürer-Monogramm) zu sehen, sowie im bereits erwähnten Kupferstich mit dem „Hieronymus in der Wüste" (Kat. Nr. 18, unter dem ausgestreckten Arm des Heiligen). In der Londoner Tafel „Madonna mit der Iris" (Öl auf Holz, National Gallery) scheinen gar „die Blattrosette des Wegerichs und die drei Sprosse eines Ehrenpreises aus dem 'Großen Rasenstück' entlehnt..." [24]. Hier wird das als autonome Studie entstandene Blatt folglich einer Zweitverwertung zugeführt; ein Verfahren, das dem Künstler wohl bereits bei seinem ersten Aufenthalt in Venedig durch Gentile und Giovanni Bellini vermittelt wurde. [25] Entsprechend greift

Dürer für die Kupferstiche mit dem „Löwen-wappen mit Hahn als Helmzier" (Kat. Nr. 12) und das „Wappen mit dem Totenkopf" (M 98) auf den um 1500 gezeichneten „Stechhelm" (W 177) zurück. [26] Der bereits erwähnte „Eustachius"-Stich erscheint gar als ein additives Konglomerat von ehemals eigen-ständigen, zu keinem bestimmten Zweck angefertigten und zur späteren Verwendung aufbewahrten Naturstudien. Dieses Verfahren ist in der deutschen und der oberitalienischen Malerei des 15. Jahrhunderts gängig. [27]

Fritz Koreny sieht dennoch Erklärungs-bedarf für den Gesamtbestand der Tier- und Pflanzenstudien Dürers: „Es bleibt (...) eine merkwürdige Tatsache, daß naturgetreue Darstellungen von Tieren und Pflanzen in Gemälden *vor* Dürer zwar vorkommen, daß aber nicht eine einzige in Farbe auf Papier oder Pergament ausgeführte Detailstudie erhalten ist." [28] Was hat die Hinwendung Dürers „zu den kleinen Dingen der Wirklich-keit" [29] bewirkt, was machte für den Nürn-berger Maler den Eigenwert der Naturaus-schnitte aus? Eine befriedigende Antwort auf diese Frage steht noch aus. Es wurde bisher übersehen, daß die Landschaften sowie die Tier- und Pflanzenstudien Dürers in Verbindung mit der „Erneuerung, Ver-besserung und Ergänzung der antiken Kos-mographie, das ist der Himmels- und Erdbe-schreibung" stehen, auf die die Bestrebungen des Nürnberger Humanistenkreises gerichtet war. [30] 1493 erschien Schedels „Weltchronik"; ein Jahr zuvor bereits war mit dem Behaim-Globus „zum ersten Mal seit der Antike eine plastische Darstellung der Erde in Kugelform" geschaffen worden. [31] Die Rolle der Malerei bei der Erforschung des 'Kosmos' wird von Dürer selbst betont: „Dy messung des ertrichs, wasser vnd der stern ist verstentlich worden durch antzeigung der gemell vnd würt noch menchem vill kunt durch antzeigung der gemell." [32] In einer naiv anmutenden Weise veranschaulicht ein Holzschnitt seines Lehrers Wolgemut diese Funktion der Malerei am Beispiel der Astronomie. Vom Gipfel eines Berges aus zeichnet ein Maler – als 'alter deus' – die Sterne in das Gewölbe des Himmels ein. Dürers perspektivische An-sicht der östlichen Erdhalbkugel und seine Stern- und Himmelskarten [33] (vgl. Kat. Nrn. 78 u. 79) stehen in engster Beziehung zu den geo- und kosmographischen Bestrebungen in Nürnberg. Was aber haben die Detailstudien von Naturausschnitten damit zu tun? Hier hilft die Lektüre des Ptolemäus (um 85-160)

weiter, dessen „Geographie" (bzw. Kosmo-graphie) um 1400 im Gepäck von griechi-schen Gelehrten nach Florenz gelangte, umgehend ins Lateinische übertragen und in mehreren Ausgaben bis zum Ende des Jahrhunderts gedruckt worden war. [34] Zu Beginn der 1490er Jahre entstand in Nürnberg der sogenannte „Deutsche Ptolemäus" [35], ein Beweis für die besondere Popularität der Schrift in der Heimatstadt Dürers. Für die lateinische Ausgabe von 1525, die von seinem Freund Pirckheimer übersetzt und kommentiert worden war, schuf der Maler einen Holzschnitt. [36]

In der Einleitung zum ersten Buch wird zwischen der Geographie und der ebenso bedeutsamen *Chorographie* unterschieden. Deren Ziel liegt nicht in der Gesamtschau, sondern „in der Einzeldarstellung, wie wenn man etwa ein Ohr allein oder ein Auge nach-bilden wollte...". [37] In diesem Zusammen-hang sei die Beobachtung von Elisabeth Trux zitiert, daß die „Betenden Hände" (W 461) „nie den populären Rang eines eigenständigen Kunstwerks erreicht hätten", wäre die Studie nicht auch als Fragment „in sich sinnvoll" [38]. Ausdrücklich nennt Ptolemäus an „loca", die in das Fach des Chorographen fallen: Häfen, kleine Ort-schaften, einzelne Bezirke und die vom eigentlichen Flußbett sich verzweigenden Arme von Flüssen. Dürers Interesse an der Landschaft war somit chorographisch moti-viert – damit ist klar, „warum Dürer seinen genialen Beginn nicht weitergegangen und bis zur Landschaft als Bildgattung vorge-stoßen ist" [39]. Als 'Chorographen' hätte ihn die *Bildgattung* Landschaft gar nicht inter-essiert! Chorographische Studien von Teil-bereichen der Natur sind auch die Tier- und Pflanzendarstellungen Dürers.

Das Interesse Dürers an der Chorographie muß bereits *vor* seiner ersten Reise nach Italien (vielleicht durch Celtis? [40]) geweckt worden sein. Die Aquarelle mit der „Draht-ziehmühle" (W 61) und dem „Johannes-friedhof" (W 62), überwiegend auf um 1494 datiert, gelten als „die ersten autonomen Landschaften im deutschen Raum." [41] Der Datierungsstreit um die Landschaftsaquar-elle, die Dürer auf der ersten Reise über die Alpen angefertigt hat, belegt an sich schon, daß der Faktor 'Italien' hier nicht die entscheidende Rolle gespielt haben kann. [42] Das Erlebnis der Alpen aber öffnete dem Künstler die Augen für den 'weiten Blick', der die Landschaftsdarstellungen in der Druckgraphik nach 1495 prägt.

Die im ersten Jahrfünft des 16. Jahrhunderts entstandenen Werke, Blätter wie das „Große Rasenstück" und der „Hase", sind von Dürers Streben nach einer „rationalen Synthese" [45] gekennzeichnet. Der auf das Allgemeine, Wesentliche gerichtete Impuls der Zeit von 1500 bis 1505 teilt sich den minutiösen 'Beschreibungen' der natura naturata mit. Im „Feldhasen" ist der Hase schlechthin dargestellt [44], im „Großen Rasenstück", wiewohl ein Ausschnitt nur, die ganze Wiese, so wie sie damals, 1503, in Franken ausgesehen hat.

Zur selben Zeit, als mit dem „Großen Rasenstück" und dem „Feldhasen" das „Äußerste an mikroskopischer Beobachtung" erreicht wird, in jenen Jahren, als die größeren Stiche – wie etwa das „Nemesis"-Blatt – „zwei bis dreimal so viele Linien auf dem Quadratzoll" aufweisen wie zuvor, reduzierte Dürer „die Vielfalt der Gestalten und Bewegungen auf allgemeine Formeln... und (unterwarf) die visuelle Erfahrung des Raumes den Regeln der projizierenden Geometrie." [45] Neben das Studium der natura naturata tritt die Erforschung der natura naturans. [46] Insbesondere mit den Proportionen der menschlichen Figur hat sich der Künstler in dieser Phase seines Schaffens beschäftigt – möglicherweise verdankt sich dieses Interesse des Malers einem erweiterten, gewissermaßen strukturellen Begriff von „Chorographie" [47]. Aus dem Widmungsentwurf seiner Proportionslehre geht hervor, daß Dürer sich in dieser Frage zunächst an Jacopo de' Barbari wandte [48], jenen „lieblichen Maler", der am 8. April des Jahres 1500 zum Hofmaler Maximilians I. (mit Dienstort Nürnberg) ernannt worden war. [49] Er erhielt jedoch keine rechte Aufklärung und mußte selbst den Vitruv zur Hand nehmen. [50] Mit den spärlichen Angaben im Architekturtraktat des antiken Autors war allerdings wenig anzufangen. Zwar übernahm Dürer, was ihm wichtig erschien, doch ist er bereits in den frühen Proportionsstudien „seinen eigenen Ansichten gefolgt" [51]. Auch in der Erforschung der Proportionsgesetze geht Dürer von der Beobachtung der Natur aus; er zeichnet die Kunst aus ihr heraus.

Die Konstruktion der menschlichen Gestalt aus geometrischen Formen ist im Kupferstich von 1502 mit der 'Fortuna' auf der Kugel – Dürer selbst bezeichnete das Blatt als „Nemesis" – gut zu erkennen. [52] Aus einer Reihe von Kreisen, von Zirkelschlägen wurde die weibliche Aktfigur gebildet. [53] Das Bauprinzip wird durch die Kugel (bzw. deren planimetrische Projektion) angezeigt. Den besonderen Stellenwert der Kreisform in der Natur hatte bereits Alberti erkannt: „Daß sich die Natur vor allem am Runden erfreut, geht schon aus den Gebilden hervor, die sie selbst zeugt, hervorbringt und schafft. Der Erdball, die Gestirne, die Bäume, die Tiere, deren Nester, und was soll ich sonst noch aufzählen, das alles wollte sie rund haben..." [54]

Die gesetzmäßig aufgefaßte menschliche Figur geht in Dürers Stich eine scheinbar heterogene Verbindung ein mit der minutiös nachgebildeten Natur: die Flügel der Nemesis/'Fortuna' sind 'nach dem Leben' gezeichnet. [55] Ebenfalls der Wirklichkeit entstammt die Örtlichkeit zu Füßen der Figur. Das Städtchen Klausen im Eisacktal, „mit der Burg Branzoll auf halber Höhe und dem ehrwürdigen Kloster Seben auf der steilen Kuppe" [56], wird Dürer bereits im Frühjahr 1495, auf dem Rückweg von Venedig, 'aufgenommen' haben.

Ein weiteres Beispiel für die Verschmelzung von Konstruktion und Imitation ist Dürers Stich des Sündenfalls von 1504. Auf das Genaueste sind hier Tiere und Pflanzen abgebildet, Adam und Eva jedoch sind konstruiert. Dürer wollte in den beiden Figuren die Ergebnisse seiner Proportionsstudien präsentieren und den perfekten männlichen Körper, dynamisch bewegt, der vollkommenen weiblichen Gestalt im paradiesischen Ambiente gegenüberstellen.

Einem Stich Pollaiuolos folgend, stellte er die Stammeltern vor der dunklen Folie des Waldes auf. Die Tier- und Pflanzenwelt hat eine symbolische Bedeutung. [57] Die Eberesche, mit der Adam noch verbunden ist, steht für den Baum des Lebens. Der Feigenbaum dagegen ist der Baum der Erkenntnis, durch den der Tod in die Welt kam. Ebenso steht die Schlange im Gegensatz zum Papagei, dem 'paradiesischen Vogel'. Die anderen Tiere nehmen auf die im 12. Jahrhundert entwickelte Vorstellung Bezug, der Charakter des Menschen werde „durch das Vorwalten eines jener geheimnisvollen Säfte (bestimmt), auf die wir noch anspielen, wenn wir die Ausdrücke 'sanguinisch', 'phlegmatisch', 'cholerisch' und 'melancholisch' gebrauchen." [58] Vor dem Sündenfall war der 'Säftehaushalt' des Menschen ausgeglichen; in der seit jeher verderbten Tierwelt aber waren die „humores" ungleich verteilt. Der Elch stand 'melancholisch' für ein Übermaß der 'schwarzen Galle', der Hase (bzw. das Kaninchen) war sanguinisch, die Katze galt als cholerisch, der Ochse war der „Vertreter phlegmatischer Schwerfälligkeit" [59]. Nach den Vorstellungen der Zeit wurde der Säftehaushalt des Menschen zudem von den Gestirnen gesteuert: Mikrokosmos und Makrokosmos wurden als verbunden gedacht.

Der Kupferstich der „Nemesis" und das „Adam und Eva"-Blatt machen deutlich: Die 'chorographische Wissenschaft' der genauen Naturbeschreibung (die keineswegs so theorielos ist, wie dies in der Regel behauptet wird) und das Studium der Proportion stehen nicht im Widerspruch zueinander. Dürer hat natura naturata und natura naturans nicht als Gegensätze empfunden, sondern als komplementäre Aspekte des Kosmos. Ebenso ergänzen sich in der Vorstellung des Künstlers die handwerkliche Fertigkeit und das theoretische Wissen: „Dann der verstandt muß mit dem gebrauch anfahen zu wachsen, also das die hand kün thon was der will im verstand haben wil. Auß solchem wechst mit der zeyt die gewyßheit der kunst vnd des gebrauchs. Dann dise zwey müssen bei ein ander sein, dann eins on das ander sol nichtz." [60]

In der „Geographie" des Ptolemäus wurde auch zu dem zweiten Bereich der Geometrie der Grund gelegt, der Dürer in der Zeit nach 1500 besonders interessierte: die Perspektive. [61] Wiederum fällt der Zeitpunkt, zu dem ein genaueres Studium des Gebietes einsetzt, mit der Berufung des Jacopo de' Barbari zum Hofmaler zusammen. [62] Auch in dieser Angelegenheit mag sich Dürer an den Italiener gewandt haben. Auf dem Gebiet der Perspektive war Jacopo durch den im Jahre 1500 publizierten Riesenholzschnitt mit der Ansicht Venedigs aus der Vogelschau hervorgetreten. [63] Ein Kaufmann aus Nürnberg, Anton Kolb, hatte das Unternehmen in Venedig ins Leben gerufen. Dürer könnte ebenfalls an dem Projekt beteiligt gewesen sein. [64]

In einem Brief vom 13. Oktober 1506 aus Venedig teilt der Künstler seinem Freund Pirckheimer mit, er wolle nach „Polonia" (Bologna) reiten, um sich in der 'Geheimwissenschaft' der Perspektive unterweisen zu lassen. [65] Wen er dort getroffen hat, ist allerdings umstritten; Dürer nennt den Namen nicht. Er wird wohl Luca Pacioli aufgesucht haben [66], jenen genialen Mathematiker, der das Projektionsverfahren für die große Karte von Venedig entwickelt hatte – eine für die damalige Zeit ganz unerhörte Leistung. Die Darstellung des Pferdes in Dürers Kupferstich mit „Ritter, Tod und Teufel" (1513, Kat. Nr. 16) belegt, daß er die Schrift „De divina proportione" des Italieners kannte [67], die dem in Nürnberg wohlbekannten Förderer Leonardos, Galeazzo de Sanseverino [68], gewidmet war. Den Kontakt wird Anton Kolb hergestellt haben, mit dem Dürer während seines zweiten Venedigaufenthalts (1505 – Anfang 1507) freundschaftlichen Umgang pflegte. [69]

Jacopo de' Barbari hatte gegenüber seinen fürstlichen Gönnern explizit und mit großem Selbstbewußtsein die Aufnahme der Malerei in den Kanon der artes liberales vertreten. In einem um 1500 aus Nürnberg an seinen späteren Dienstherrn Friedrich den Weisen gerichteten Schreiben hebt Jacopo besonders auf die Kenntnisse des Malers in Geometrie und Arithmetik ab: keine Proportion könne ohne Zahlen, keine Form ohne Geometrie gelingen. [70] Dieses Programm des Italieners wird von Dürer in seinen wissenschaftlichen Schriften und Studien aufgegriffen: „Vnd will aws mas, tzall vnd gewicht mein fürnemen anfohen. Wer achtung dorawf hat, der würtz hernoch also finden." [71] Der Anweisung des Meisters sind die kunstwissenschaftlichen Interpreten insbesondere im Falle des berühmten Selbstbildnisses von 1500 gefolgt, das paradigmatisch den Beginn der Neuorientierung Dürers bezeichnet.

Durch seine wissenschaftlichen Studien, die ihn zum 'Leonardo des Nordens' [72] machten, wollte der Nürnberger Meister mit den Malern Italiens in Wettstreit treten, ja diese übertreffen. [73] Sie nämlich waren es, die in der Frühzeit seiner Karriere als Hofmaler 'importiert' wurden; die Fähigkeiten einheimischer Künstler achtete man gering. „Hier bin ich ein Herr, daheim ein Schmarotzer", schreibt Dürer in jenem Brief an Pirckheimer aus Venedig, in dem er die Reise nach Bologna zu Perspektivstudien ankündigt. [74] Der auslösende Faktor für die wissenschaftliche Neuausrichtung des Malers war gewiß die Bestellung Jacopo de' Barbaris zum Hofmaler Maximilians. Dürer wird sie als Zurückweisung der eigenen Person empfunden haben. Erst am Ende seiner Laufbahn kann er, nun selbst in der erstrebten Stellung tätig, einräumen, daß der „liebliche maler" auch seine Qualitäten habe; noch 1506 dagegen berichtet er Pirckheimer von der geringen Wertschätzung, die Jacopo de' Barbari in Venedig genieße. [75]

Der Schlüssel zur Erforschung der Welt – sowohl der Konstruktion des menschlichen Körpers als auch der räumlichen Darstellung der Welt und des Himmels – lag für Dürer in der Geometrie: „Welcher aber durch die Geometria sein ding beweyst vnd die gründlichen warheyt anzeyt, dem sol alle Welt glauben. Dann da ist man gefangen. Vnd ist billich ein solicher als von Got begabt für ein meyster in solchem zuhalten. Vnd derselben vrsachen jrer beweysung sind mit begirden zu hören, vnd noch frölicher jre werck zu sehen." [76]

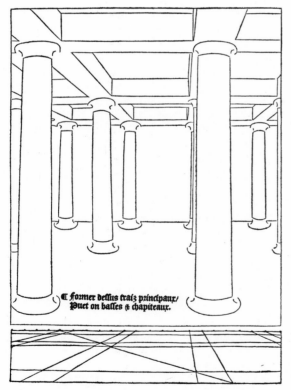

„Säulenhalle". Holzschnitt aus Jean Pélerin (Viator), De artificiali perspectiva, 2. Aufl., Tour 1509.

Wie aber wird die Perspektive in der Kunst verwendet? Eines der aufschlußreichsten Blätter für die Beantwortung dieser Frage ist der um 1505 geschaffene Holzschnitt mit der „Darbringung im Tempel" (Kat. Nr. 50) aus der Folge zum „Marienleben". Offensichtlich kannte der Künstler das Fluchtpunktverfahren, das bekanntlich erstmals von Alberti in seinem Malereitraktat beschrieben worden war. Die Tiefenteilung aber scheint Dürer nicht verstanden zu haben. In einem Holzschnitt, der in die 1509 erschienene, zweite Ausgabe des Perspektivtraktats von Jean Pelerin (Viator) eingefügt wurde, wird die Architekturdarstellung Dürers korrigiert. Die durch die Architrave über den Säulen ausgesparten Felder werden nun in der richtigen Verkürzung dargestellt. [77]

Ein Fehler Dürers muß hier jedoch nicht vorliegen. Ganz bewußt scheint der Künstler die korrekte Tiefenteilung hintangestellt zu haben, um die Figur der Maria und ihre Gabe optisch ins Zentrum des durch die Deckenbalken ausgesparten Vierecks rücken zu können. Raumstruktur und figürliche Handlung werden so miteinander abgestimmt, in Dürers Terminologie: verglichen, wobei die Raumstruktur der Storia gegenüber funktional ist. Es liegt somit dasselbe Verhältnis zwischen Figur und Umgebung vor, das wir bereits im frühen Oeuvre Dürers konstatierten.

Der Holzschnitt aus dem „Marienleben" ist in seiner pragmatischen Haltung gegenüber der 'reinen Lehre' kein Einzelfall. Sogar in den lehrhaften Illustrationen zur „Underweysung der Messung mit dem Zirckel und Richtscheyt" (1525/1528) weicht Dürer von der korrekten perspektivischen Wiedergabe ab (im „Zeichner der Kanne", der „Laute" (Kat. Nr. 73), des „Sitzenden Mannes" (Kat. Nr. 72) und des „Frauenakts"). „Die zu zeichnenden Gegenstände sind nicht zentralperspektivisch verkürzt, sondern nach hinten etwas hochgeklappt ins Bild gesetzt, so daß sie dem außenstehenden Betrachter in möglichst umfassender Sicht dargeboten werden." [78]

Die Anschaulichkeit wird also selbst dort über die perspektivische Richtigkeit gestellt, wo das Verfahren wissenschaftlich korrekt beschrieben wird [79]. In einem originellen und berühmten Fall führte der Primat der Anschaulichkeit und Bildmäßigkeit sogar zu einer anatomischen Veränderung der dargestellten Sache: in Dürers Holzschnitt des „Rhinocerus" von 1515. Der Künstler, der das indische Panzernashorn selbst nie gesehen hat, mußte sich hier auf eine fremde Beschreibung, wohl auch auf eine zeichnerische Vorlage verlassen. [80] In Dürers (Nach-)Zeichnung der Vorlage (W 625) ist das – anatomisch falsche – zusätzliche, gedrehte Horn am Widerrist nur schwach angedeutet. Hierbei könnte es sich um eine hornartige Wucherung (Hyperkeratose) handeln, wie sie zuweilen, auch an dieser Stelle, bei Nashörnern zu finden ist. [81] Im Holzschnitt wird das 'Hörnlein' dann, bildmäßig, zum Titel des Blattes (und der Bezeichnung des exotischen Tieres) in Beziehung gesetzt, wobei es eine beträchtliche Vergrößerung erfährt. Von den Nachfolgern und Nachahmern Dürers wurde diese Verfälschung der Anatomie unkritisch bis ins 18. Jahrhundert hinein wiederholt. [82]

Trotz – oder auch gerade wegen – seiner Kenntnis der Geometrie und Arithmetik hat Dürer einen Widerspruch empfunden zwischen der, wie die Bibel sagt, nach „Maß, Zahl und Gewicht" geordneten Welt (Weisheit 11, 20), und ihrer Erscheinung, wie sie sich dem Auge des Menschen darbietet. Das für den bildenden Künstler existentielle Problem wird im wohl berühmtesten Kupferstich Dürers behandelt, der „Melencolia I" (Kat. Nr. 77). Vorne links, an einer besonders prominenten Stelle, da hier der Einstieg ins Bild erfolgt, liegt eine Kugel, jene vollkommene geometrische bzw. stereometrische Form, der wir bereits im Kupferstich mit dem „Großen Glück" (Nemesis) begegnet sind. [83] Achsial über der Kugel befindet sich ein zweites konstruiertes Objekt, das durch seine komplizierte, unregelmäßige (wenigstens so *erscheinende* – und darauf kommt es an) Form die Aufmerksamkeit anzieht. Zwischen den beiden Objekten liegt ein schlafender, in sich zusammengerollter Hund: ein Beispiel für die Rundform in der Natur, zugleich auch ein Exempel für Dürers Fertigkeit in der Wiedergabe der natura naturata. Das Symbol für Treue wird hier zu einem Zeichen für die naturgetreue Wiedergabe. Es scheint nun so, als habe das Naturwesen, als Zeichen der Erscheinungswelt, die Gesetze der Geometrie durcheinander gebracht, als sei die Unregelmäßigkeit des Polyeders durch das an sich vollkommen passive Tier verursacht worden. Sogar die Zeit ist plötzlich eingetreten in die zeitlose Welt der geometrischen und mathematischen Gesetzmäßigkeit: das Vexierbild eines Totenschädels ziert die 'Schauseite' des Würfels.

Ein schmaler Streifen auf der Oberseite des Polyeders wird durch die Beleuchtung besonders hervorgehoben; ansichtsbedingt, als Flächenprojektion, erscheint er als Pfeil. Dieser Pfeil nun ist auf die dritte Sprosse [84] der an das strebepfeilerähnliche Bauwerk gelehnten Leiter gerichtet, die bis in den Himmel reicht (jedenfalls aber vom Bildrand überschnitten wird). Geht man nun, in der Verlängerung von 'Pfeil' und Sprosse, nach rechts weiter, so stößt man auf die niedergeschlagen Lider des kleinen Zeichners, der auf einem an den Pfeiler gelehnten Mühlstein hockt. Mit geschlossenen Augen, so mag man die Aktivität des Puttos deuten, kann man wohl konstruieren. Die personifizierte Melancholie hingegen, deren Augen weit geöffnet sind, ist zur Untätigkeit verurteilt. Den Zirkel, das Attribut des Schöpfer-Gottes, des artifex omnium, hält sie nutzlos im Schoß. Die Vielfalt der Erscheinungswelt läßt sich mit Zirkel und Richtscheit eben nicht oder nur unvollkommen erfassen – hier liegt der Hiatus zwischen Kunst und Wissenschaft. Wäre es anders, müßten die Welt und der Mensch ebenso unsterblich sein wie Geometrie und Mathematik.

„Eritis sicut Deus", ihr werdet sein wie Gott, verhieß einst der Verführer (Gn. 3,5), der 'gefallene Engel', Satan. Die Wirklichkeit sieht anders aus. Der 'Masterplan', von dem das Buch der Weisheit spricht, „ist dem Menschen nicht zugänglich, die göttlichen Ratschlüsse sind unbegreiflich und undurchschaubar." [85] Die Begrenztheit des menschlichen Wissens war Dürer wohl bewußt: „Es ist vns von natur ein gegossen, daz wir geren vill westen, dardurch zw bekennen ein rechte warheit aller ding. Aber vnser blöd gemüt kan zw solcher volkumenheit aller künstn, warheit vnd weisheit nit kumen." [86] Ganz ausgeschlossen aber „van aller weisheit" sind wir nicht [87] – und diese sucht und findet Dürer in der Natur.

[1] Vasari, Vite, Bd. 5, 1880, S. 399 und S. 409 (in der Vita des Marcantonio Raimondi).

[2] Dolce, Aretino, 1871, S. 42.

[3] Als „alter Apelles" bezeichnet 1508 Christoph Scheurl den Meister, vgl. Rupprich I, S. 290, Z. 6. Die früheste Anwendung des literarischen Topos entdeckte Wuttke, Celtis-Epigramme, 1967, S. 321 - 325, bes. S. 324.

[4] Vgl. das Motto dieser Ausstellung und die einschlägige Stelle aus dem „Ästhetischen Exkurs" Dürers, Rupprich III, S. 295, Z. 430-436.

[5] Killermann, Dürer, 1910, S. 29.

[6] Vgl. hierzu Trux, Untersuchungen, 1993, S. 128, Anm. 50. Auch Vasari spricht ja von „ritratti", s.o. im Text.

[7] Hoppe-Sailer, Rasenstück, 1986, S. 35 - 64.

[8] Herrmann Fiore, Dürer, 1972. Vgl. auch die Rezension von Dittmann, 1974, S. 179-183. Den Ansatz greift Leber, Dürer, 1988 auf.

[9] Wilhelmy, Studien, 1995, S. 114.

[10] Wilhelmy, Studien, 1995, S. 121.

[11] Wilhelmy, Studien, 1995, S. 117.

[12] Wölfflin, Dürer, 1984, S. 174.

[13] Alberti, Pittura, 1877, S. 120.

[14] Rupprich II, S. 100, Z. 63-65; zur Datierung vgl. S. 99.

[15] Rupprich III, S. 294, Z. 333ff. Zur „Vergleichlichkeit" bei Alberti siehe Alberti, Pittura, 1877, S. 76; zum damit zusammenhängenden „Dekorum" S. 118 sowie S.126/28.

[16] Knappe, Tradition, 1973, S. 64.

[17] Hetzer, Maler, 1987, S. 348.

[18] Vgl. Kauffmann, Dürer, 1924 sowie die gleichnamige 'Rezension' von Panofsky, 1926, S. 136-192.

[19] Dittmann, Verhältnis, 1977, S. 98.

[20] Knappe, Tradition, 1973, S. 67.

[21] Vgl. zu diesem Thema Möseneder, Dinge, 1986, S. 15 - 23.

[22] Knappe, Tradition, 1973, S. 67. Zur Quattrocentomalerei und den theoretischen Grundlagen des Phänomens vgl. Janson, Image, 1961.

[23] „Dan ein guter maler ist jnwendig voller vigur, vnd obs müglich wer, daz er ewiglich lebte, so het er aws den jnneren jdeen, do van Plato schreibt, albeg ettwas news durch dy werck aws zw gissen." (Rupprich II, S. 113, Z. 71-75.) Zum Gebetbuch Maximilians vgl. neuerdings Bach, Struktur, 1996, S. 165ff.

[24] Koreny, Dürer, 1985, S. 177.

[25] Degenhart, Beitrag, 1940, S. 37 - 47.

[26] Vgl. Trux, Untersuchungen, 1993, S. 38.

[27] Vgl. Heiden, Das Werk: Die Entdeckung der Natur, in: Kat. „Dürer", Nürnberg 1971, S. 299 f. sowie neuerdings Jenni, Vorstufen, 1986/87, S. 23 - 31, mit einem Überblick über die Forschungslage.

[28] Koreny, Tierstudien, 1986, S. 8.

[29] Koreny, Tierstudien, 1985, S. 176.

[30] Wuttke, Pirckheimer, 1994, S. 19.

[31] Vgl. den Katalog „Focus Behaim Globus" (1992) sowie den Kat. „Dürer", Nürnberg 1971, Nr. 301, S. 169 f. Ein Vierteljahrhundert später folgte der erste Globus (im engeren Sinn des Begriffs), vgl. Nr. 302, S. 170.

[32] Rupprich II, S. 133, Z. 104-8; vgl. auch S. 131, Z. 96-99.

[33] Vgl. Hamann, Dürer, 1971, S. 152-177; zur Erdhalbkugel (nach Stabius) sowie den Karten des nördlichen und des südlichen Sternenhimmels (nach Heinfogel, beide 1515), vgl. bes. S. 162 f., auch zu weiteren 48 imagines sphaerae barbaricae. Zur Perspektivkonstruktion der Erdhalbkugel vgl. Harnest, Dürer, 1980, S. 347 - 360, bes. S. 358 f. (mit Abb. 449, S. 358).

[34] Vgl. Kat. „Dürer", Nürnberg 1971, S. 169, dort auch zum Nürnberger 'Kosmographenkreis'.

[35] Vgl. Kat. „Behaim-Globus", 1992, II, S. 738, Nr. 3.23. Um eine vollständige deutsche Übersetzung der „Geographie" handelt es sich hier allerdings nicht.

[36] Vgl. Kat. „Dürer", Nürnberg 1971, S. 171, Kat.Nr. 306 und Veltman, Ptolemy, 1980, S. 403.

[37] „Porro chorographiae finis versatur in singularum partium descriptione, ut si quis aurem tantum vel oculum imitetur, geographiae vero finis in universae rei contemplatione, ut si qui totum caput adumbrare studeant." (Ptolemäus, Geographia, 1906, I, 2.)

[38] Trux, Untersuchung, 1993, S. 39.

[39] Die Frage wurde von Grote, Dürer, 1965, S. 31 aufgeworfen.

[40] Das „älteste, auf 1482 datierte Buch" aus dem Besitz des Celtis ist „ein geographisches, nämlich die Geographie des antiken Geographen Ptolemäos", vgl. Wuttke, Pirckheimer, 1994, S. 19. Zum Verhältnis Dürer-Celtis vgl. auch Wuttke, Dürer, 1980/1996, S. 313-88. Dürer fertigte später einen Holzschnitt für eine von Pirckheimer herausgegebene Ptolemäus-Ausgabe an, vgl. Kat. „Dürer", Nürnberg 1971, Nr. 306 sowie Veltman, Ptolemy, 1980, S. 403.

[41] Heiden, Das Werk: Die Entdeckung der Natur, in: Kat. „Dürer" Nürnberg 1971, S. 299.

[42] Vgl. Herrmann Fiore, Dürer, 1972, S. 92.

[43] Vgl. Panofsky, Dürer, 1977, Kap. III, S. 107ff.

[44] So bereits Musper, Dürer, 1938, S. 106.

[45] Panofsky, Dürer, 1977, S. 107.

[46] Vgl. zu diesen beiden Konzeptionen Bialostocki, Renaissance, 1963, S. 19 - 30.

[47] Leonardo wählte die Chorographie als Modell für seinen geplanten Traktat zur menschlichen Anatomie, vgl. Edgerton, Matrix, 1987, S. 12 f. Dürer, der Leonardo nicht getroffen haben wird, nennt den Begriff „chorographia" in einem der Entwürfe zu seinem 'Lehrbuch der Malerei', vgl. Rupprich II, S. 127, Z. 17.

[48] Rupprich I, Nr. 45, S. 102, Z. 19ff. Wann ihm Jacopo „man vnd weib (wies), dy er aws der mas gemacht het", bleibt unklar. Dürer schreibt, er sei zu dieser Zeit „noch jung" gewesen und habe „nie fan sölchen ding gehört" gehabt. Die Stiche Jacopos mit Darstellungen nackter männlicher und weiblicher Körper kannte Dürer gewiß seit seinem ersten Venedigaufenthalt, auch ist danach ein verstärktes Interesse an der Aktdarstellung feststellbar (z.B. im „Meerwunder", M 66). Um eigentliche Proportionsstudien handelt es sich dabei aber nicht; diese treten erst seit ca. 1500 im Œuvre Dürers auf.

[49] Der 'Dienstbrief' abgedruckt bei Bonicatti, Dürer, 1972, S. 148, Anm. 14.

[50] Rupprich I, S. 102, Z. 31ff. Vgl. zu den einschlägigen Stellen im dritten Buch, Kap. 1, die „Zehn Bücher über die Architektur des Marcus Vitruvius Pollio", 1902, S. 102ff.

[51] Keil, Dürer, 1985, S. 54 - 61, bes. S. 55 sowie S. 57 zu den Vitruv-Übernahmen Dürers.

[52] Vgl. hierzu den informativen Literaturbericht von Strieder, Malerei, 1963, S. 176 f. sowie unlängst Appuhn-Radthe, Fortuna, 1996, S. 138 ff., bes. S. 141.

[53] Der Hinweis von Panofsky, Dürer, 1915, S. 93 (vgl. auch Frey, Gotik, 1929, S. 86 f.) auf die entsprechende Verfahrensweise der gotischen Steinmetze scheint mir einen falschen Akzent zu setzen.

[54] Alberti, Bücher, 1912, S. 353 (Buch VII, Kap. 4, Über die Teile des Tempels...).

[55] Vgl. Koreny, Dürer, 1985, Nr. 18a, S. 76 f.

[56] Grote, Herr, 1956, S. 11.

[57] Vgl. allgemein zu diesem Thema Anzelewsky, Pflanzen 1986/87, S. 33 - 42 sowie den anschließenden Beitrag von Behling, Ikonographie, S. 43-56.

[58] Panofsky, Dürer, 1977, S. 113.

[59] Panofsky, Dürer, 1977, S. 114.

[60] Aus dem sog. „ästhetischen Exkurs" am Ende des III. Buches der „Vier Bücher von menschlicher Proportion", S. T4 recto.

[61] Vgl. Veltman, Ptolemy, 1980.

[62] Vgl. Hofmann, Dürer, 1971, S. 135 sowie den Kat. „Dürer", Nürnberg 1971, Nr. 633, S. 348: seit 1501/2 sei „die intensive Beschäftigung mit der Perspektive (...) belegt." Erste Anfänge des Perspektivstudiums finden sich bereits in der Zeichnung mit dem „Frauenbad" (W 152), um 1496, vgl. Harnest, Dürer, 1980, S. 351.

[63] Vgl. Schulz, de' Barbari, 1978, S. 425 - 474.

[64] Vgl. Grote, Herr, 1956, S. 18: Die Windgötter könnte Dürer entworfen haben. Vgl. auch Schulz, de´ Barbari, 1978, S. 425, Anm. 2: Im 17. Jahrhundert galt die Venedig-Karte als ein Werk Dürers.

[65] Rupprich I, Brief Nr. 10, S. 58 f., hier S. 59, Z. 85-87: „Dornoch wurd jch gen Polonia reiten vnder kunst willen jn heimlicher perspectiva, dy mich einer leren will." Christoph Scheurl bestätigt den Aufenthalt Dürers in Bologna in seinem „Libellus de laudibus Germaniae" (Leipzig 1508) und in der „Vita... Anthonii Kressen" (Nürnberg 1515), vgl. Rupprich I, S. 290 f. und S. 294.

[66] Vgl. etwa Kat. „Dürer", Nürnberg 1971, S. 347.

[67] David, Problem, 1910, S. 310 - 317, bes. S. 317. Vgl. auch Rupprich, Dürer, 1971, S. 78 - 100.

[68] Vgl. Hutchison, Dürer, 1990, S. 74. Vgl. auch Winzinger, Dürer, 1971, S. 3 - 21.

[69] Brief aus Venedig an Pirckheimer vom 7. Februar 1506; Rupprich I, Nr. 2, S. 43f., hier S. 44, Z. 54-56.

[70] Vgl. Barocchi, Scritti, 1971, Bd. 1, S. 66 - 70; auch abgedruckt bei Bonicatti, Dürer, 1972, S. 168 f. (Anhang 1). Vgl. auch Keil, Dürer, 1985, S. 60, mit Datumsangabe 1500.

[71] Rupprich II, S. 104, Z. 36-7. Luca Pacioli bezieht sich ebenfalls auf diese Stelle aus dem Buch der Weisheit (11, 20), vgl. Barocchi, Scritti, 1971, Bd. 1, S. 61.

[72] Bereits Gaetano Milanesi vergleicht Dürer „per le qualità dell'ingegno, e pel (!) valore nell'arte" mit Leonardo, vgl. Vasari, Vite, Bd. 5, 1880, Anm. 3, S. 398 f., hier S. 399. Vgl. zu den mathematischen und geometrischen Errungenschaften Dürers den Aufsatz von Hofmann, Dürer, 1971.

[73] Vgl. Grote, Handwerker 1964, S. 26 - 47.

[74] Rupprich I, Brief Nr. 10 (13.10.1506), S. 59, Z. 90f.: „Hy pin jch ein her, doheim ein schmarotzer etc."

[75] Rupprich I, Brief Nr. 2 (7.2.1506), S. 43 f., Z. 52-57: Kolb ist hier anderer Ansicht. Vgl. auch Bonicatti, Dürer, 1972, S. 144 f., der den Wandel in Dürers Beurteilung des Italieners zwar erkennt, aber nicht den Grund dafür.

[76] Rupprich III, S. 293, Z. 264-71.

[77] Vgl. Harnest, Dürer, 1980, S. 301 f., der jedoch zu „technisch" argumentiert.

[78] Wilhelmy, Studien, 1995, S. 83, Anm. 193; vgl. auch S. 151, 222 und 227 f. zum Paumgartner-Altar sowie S. 110 und S. 224 f. zur von Otto Pächt erörterten „innerbildlichen Perspektive" in der „deutschen Bildauffassung der Spätgotik und Renaissance".

[79] Vgl. zur Perspektivkonstruktion Dürers die zusammenfassende Darstellung bei Leber, Dürer, 1988, S. 12 ff.

[80] Vgl. Kat. „Dürer", Nürnberg 1971, S. 310 sowie Eisler, Dürer, 1991, S. 269. Vgl. auch Trux, Untersuchungen, 1993, S. 68 f.

[81] Vgl. Pass, Dürer , 1986/87, S. 62, mit Hinweis auf Hediger, Nashorn, 1970, S. 101 ff.

[82] Vgl. Gombrich, Kunst, 1967, S. 104 f. Vgl. auch Eisler, Dürer, 1991, bes. S. 269 - 274. Perrig, Löwe, 1991, S. 119 führt die zoologische Wirkungsgeschichte des „Rhinocerus"-Holzschnitts auf die Inschrift zurück.

[83] Vgl. auch Schuster, Melencolia, 1991, bes. Bd. 1, Kap.IV/3, Fortuna, S. 158-162.

[84] Im Rekurs auf Dürers „Philosophia"-Holzschnitt für die „Amores" des Celtis, vgl. Wuttke, Humanismus, 1985, S. 69 kann diese Sprosse als „Geometrie" gedeutet werden - womit in der unordentlichen bzw. 'verkehrten Welt' des Melancholiestichs die Reihenfolge der Leiterstufen vertauscht worden wäre.

[85] Vgl., ohne Bezug zum Melancholiestich, Holländer, Kugel, 1996, S. 150.

[86] Rupprich II, S. 112, Z. 8-12. (Vgl. auch S. 129, Z. 8-11; S. 130, Z. 12-15.) In dieselbe Richtung zielt der häufig zitierte Satz Dürers: „Waß aber dy schonheit sey, daz weis jch nit." (Rupprich II, S. 100, Z. 53 f. Vgl. auch S. 101, Z. 119-121: es gebe keinen Menschen, der sagen könne, wie die „schönest gestalt des menschen möcht sein.")

[87] Rupprich II, S. 112, Z. 13-14.

Natur und Kunst. Anmerkungen zu Dürers Wirklichkeitssinn

von Matthias Mende

I.

Zu den auffälligsten Gemälden der altdeutschen Abteilung des Germanischen Nationalmuseums in Nürnberg gehört der Sebastiansaltar von Hans Baldung Grien (1484/85-1545). Er entstand, zusammen mit einem Gegenstück, dem in die Berliner Gemäldegalerie gelangten Dreikönigsaltar, 1506/07 in der Nürnberger Werkstatt Albrecht Dürers, in die Baldung um 1503 als Geselle eingetreten war. Auftraggeber beider Altäre war Ernst von Sachsen, Erzbischof von Magdeburg, aus dem Hause Wettin, der eine Kirche in Halle an der Saale mit ihnen ausstattete. Der fürstliche Auftraggeber war wohl an Dürer selbst herangetreten, doch dieser hatte sich außerstande gesehen, die Bestellung auszuführen. Grund: Im Spätsommer 1505 brach Dürer nach Venedig auf, erst im Januar 1507 traf er wieder in Nürnberg ein. So empfahl er seinen hochbegabten Werkstattmitarbeiter Hans Baldung, der bei den Altären für Halle seine Fertigkeiten als entwerfender Künstler wie als Maler beweisen konnte.

Baldung löste sich mit diesen Flügelaltären von Dürers Art, Beginn seiner großen Karriere als Altarmaler in Straßburg und am Oberrhein. Brieflich hielt Dürer während der Monate der Abwesenheit von Oberitalien aus Kontakt mit seiner Frau Agnes und den Gesellen Baldung und Hans Schäufelein in der Nürnberger Werkstatt. So erfuhr Baldung ohne Verzögerung, daß Dürer 1506 auf dem sog. Rosenkranzfest, dem malerischen Hauptwerk der zweiten Italienreise, eine täuschend gemalte, etwa neun Millimeter große Stallfliege plaziert hatte. In spielerisch-ernster Konkurrenz griff Baldung den Gedanken auf und setzte ein ähnlich virtuos gemaltes Insekt dem vorderen Bogenschützen auf dem Mittelbild seines Sebastiansaltars auf die gelben Hosen. Als er Nachricht von einem Selbstbildnis Dürers auf dem Rosenkranzfest erhielt, stellte er sich, ähnlich selbstbewußt und unübersehbar, ganzfigurig ins Zentrum seines Sebastiansaltars.

Freundschaft verband beide Maler. Baldung war das einzige Genie, das Dürer um sich duldete (und das es bei ihm aushielt). Als Dürer am 6. April 1528 in Nürnberg gestorben war, schnitt man eine Locke vom Haupt des Toten und sandte sie an Baldung nach Straßburg. Offensichtlich sahen Dürers Nürnberger Freunde in ihm den würdigen Nachfolger des Verstorbenen als Leitwolf der Maler nördlich der Alpen.

Vordergründig kann man die beiden kurz nacheinander in Venedig und Nürnberg auf Altarbilder gesetzten naturalistischen Insekten als Belege für einsetzendes Naturstudium zweier Renaissancekünstler nehmen. Die Figuren auf den genannten Altären von Dürer und Baldung sind nur etwa halblebensgroß – die Fliegen aber sind in originaler Größe wiedergegeben. Zweifellos bezweckten beide Maler das Gleiche: Die Täuschung des Betrachters. Scheinbar hatten sich die Fliegen auf dem weißen Tuch der thronenden Maria des Rosenkranzfestes (heute in der Nationalgalerie in Prag) und dem Beinkleid des Bogenschützen auf dem Sebastiansaltars eben niedergelassen. Ihr Anblick sollte Beschauer animieren, sie mit einer Handbewegung verscheuchen zu wollen. Was Dürer und Baldung mit diesen Virtuosenstückchen vorführen, ist augen- und sinnentäuschende Malerei in Vollendung.

Es handelt sich bei diesen kleinen, einem flüchtigen Betrachter der Altäre oder Beter sich nicht gleich aufdrängenden Details um mehr als inhaltslosen Naturalismus. Wer sich mit Dürers Kunstauffassung nach 1500 beschäftigt, wird auf eine andere Spur stoßen. „Die Fliege auf dem Rosenkranzfest" ist mitnichten bloßer Künstlerscherz, sondern ein Stück bewußter Antikenrezeption. Aus überlieferten Texten „der Alten" (wie er sich ausdrückte) wußte Dürer von illusionistischen Fertigkeiten klassischer griechischer Maler. So habe Zeuxis Weintrauben so naturähnlich gemalt, daß Vögel ins Atelier geflogen kamen, um an ihnen zu picken. Der Nürnberger Humanist Christoph Scheurl, Freund Dürers und diesem 1506 in Bologna als Dolmetscher dienend, beschrieb in dieser antiken literarischen Tradition ein Selbstbildnis Dürers von so atmender Lebensnähe, daß sein Hündchen, in der Meinung, seinen Herrn vor sich zu haben, es einst mit Liebkosungen bedeckte. Auch habe Dürer, so Scheurl, gelegentlich Spinnweben gemalt, die seine Mägde vergeblich wegzuwischen versuchten. Am Beispiel der naturalistisch gemalten Fliegen bei Dürer und Baldung erfährt man, daß Naturnachahmung zu Beginn des 16. Jahrhunderts in Deutschland mehr sein kann, als Abbild.

Wenn Dürer in seinen Aufzeichnungen den Begriff „Natur" verwendet, deckt sich dieser selten mit dem, was wir darunter verstehen. Man kommt dem Sinn des von Dürer Gemeinten manchmal näher, wenn man bei ihm „Natur" durch „sichtbare Wirklichkeit" ersetzt. Bei den älteren lateinischen Schriftstellern bedeutete „natura" nur angeborene Anlage, Begabung. Seit dem 16. Jahrhundert weitete sich der Bedeutungsgehalt des Wortes aus – auch durch Dürers intellektuelle Leistung.

Seine wichtigsten Aussagen zur Ästhetik, also der Lehre vom Wesen und den Erscheinungsformen des Schönen und Häßlichen in Natur und Kunst, publizierte Dürer gegen Ende seines Leben, am Schluß des dritten Buch seiner Proportionslehre, die kurz nach seinem Tod in Nürnberg in deutscher Sprache erstmals ausgedruckt vorlag. Korrekturfahnen des Werkes las Dürer noch auf dem Sterbebett. Man geht nicht fehl, wenn man in diesem Traktat Dürers letztes Vermächtnis an die Nachwelt sieht. Der Künstler zog in diesem Kapitel, dessen Seiten mit der Buchstabenkennung T versehen sind und das Kunsthistoriker abgekürzt „Dürers ästhetischen Exkurs" nennen, eine Summe aus dreißigjähriger Beschäftigung mit dem Thema Schönheit.

Dabei stand das Menschenbild immer im Zentrum aller theoretischen Überlegungen und praktischen Versuche. Mann und Frau „aus der Maß" wollte er machen, das ideale Menschenpaar mathematisch konstruieren, das Gottvater nach der Genesis in den Gestalten von Adam und Eva formte. Da der erste Mensch nach dem biblischen Bericht als Ebenbild Gottes entstand, ist Dürers Suche nach dem ideal proportionierten Mann zugleich Versuch, den göttlichen Schöpfungsakt nachzustellen und transparent zu machen. In seinem Kupferstich „Adam und Eva" gab er 1504 ein Muster männlicher und weiblicher

Schönheit von enormer Wirkungskraft. Zeichnungen zeitgenössischer italienischer Künstler belegen, daß gerade dieser Stich auf außerordentliches Interesse im Süden stieß. Als guter Geschäftsmann versäumte Dürer 1505 nicht, einen gehörigen Vorrat von Abdrucken der Adam und Eva-Platte nach Venedig mitzunehmen.

Wer als Leser neugierig geworden ist, wer sich die Mühe machen und Dürers ästhetischen Exkurs in seinem Buch „Hierin sind begriffen vier bücher von menschlicher Proportion" lesen will, sei gewarnt. Obwohl in deutscher Sprache und in knapper Diktion geschrieben, erscheinen viele Aussagen von 1528 unverständlich, schwer- und mehrdeutig. Zweifellos hatten schon die Zeitgenossen Schwierigkeiten mit Dürers Deutsch. Erst als der Humanist Joachim Camerarius, der mit Dürer befreundet war, die Proportionslehre in die damalige Weltsprache Latein übersetzte und 1534 herausbrachte, wurde das Werk für Gelehrte und Künstler eigentlich erst verständlich, praktisch anwendbar und rezipierbar.

Uns Schwierigkeiten bereitende, scheinbar unklare Aussagen im ästhetischen Exkurs der Proportionslehre liegen nicht an Dürers Denkstil, der sich, im Gegenteil, durch große Klarheit auszeichnet. Begriffe verändern sich, erhalten im Lauf der Zeit neue Bedeutungen und Funktionen. Verständnisschwierigkeiten bereiten deutsche Worte, die Dürer finden oder erfinden mußte, wenn es galt, schwierige Gedanken schriftlich auszuformulieren. Das Deutsch, das er bei der Druckvorbereitung seiner Bücher zwischen 1525 und 1528 vorfand, war noch keine Wissenschaftssprache. Als Autor wie Theoretiker betrat Dürer Neuland. Seine drei gedruckten Bücher haben rückblickend für das Durchsetzen des Deutschen als Schriftsprache ähnliche Bedeutung, wie Martin Luthers bekanntere Bibelübersetzung.

Als Sprachschöpfer und Sprachreformer hatte Dürer naturgemäß unterschiedlichen Erfolg. Der Begriff „Landschaftsmalerei", der sich erstmals bei ihm findet, setzte sich durch. Seine „Wiedererwachsung", für das italienische rinascità, Renaissance, in Vorschlag gebracht, kennen allenfalls Philologen und Dürer-Spezialisten. Selbst eine auf den ersten Blick so simple Aussage Dürers: „Die Kunst steckt in der Natur", entzieht sich raschem Verständnis. Das Wort „Kunst" kommt in der Dürerzeit in mannigfachen Formen und Verbindungen vor, oft als Kunstfertigkeit (im Sinne handwerklicher Fähigkeiten), bis hin zur ars moriendi, der Kunst des christlichen Sterbens, um Teilhabe am Himmel zu bekommen. Im Plural stehen die „Künst" häufig für die sieben freien Künste (artes liberales) des Altertums. „Klagred der neun muse oder künst über ganz Teutschland", überschrieb Hans Sachs, der Dürer noch persönlich kannte, ein Gedicht.

Kunst und Natur sind im Denken der Zeit häufig Gegensätze. Sebastian Franck schrieb eine Generation nach Dürer in seinem „Weltbuch" 1567, daß die Kunst die Natur nachahme, sie aber nicht erreiche. Sein Zeitgenosse Johann Mathesius nannte in einem Nürnberger Druck von 1562 die Kunst eine „Äffin der Natur". Die Vorstellung, daß die Kunst der Natur unterlegen sei, diese nie erreiche, war Dürer nicht fremd. Als Christ erkannte er in der Natur, wie er sie verstand, den wesentlichen Teil des göttlichen Schöpfungswerk. Kunst als Menschenwerk stand dabei für eine andere Kategorie. Ein theologischer Aspekt spielt herein, wenn Dürer über das Verhältnis von Natur und Kunst nachdenkt. Seiner zitierten apodiktischen Behauptung, daß „die Kunst" in der Natur stecke, fügte er ein bekräftigendes „warhaftig" bei. Naturstudium garantiere, schreibt Dürer, daß ein Künstler in seinen Werken nicht irren könne. Gleichwertig neben das Naturstudium, genau so unverzichtbar für angehende wie ausübende Künstler, stellte er die Geometrie, den Umgang mit Zirkel und Richtscheit. An anderer Stelle seines ästhetischen Exkurses ersetzte Dürer den Begriff „Natur" durch „Leben": Je genauer ein Kunstwerk „dem leben gemes ist", desto qualitätvoller sei es.

II.

Was wir heute für freie Natur halten und schätzen, kannte Dürer nur eingeschränkt. Sein Naturerlebnis und sein Naturverständnis müssen anders gewesen sein. Wie alle mittelalterlichen Großstädte, war Nürnberg innerhalb seines Mauerrings eng bebaut und dicht besiedelt. Grünanlagen, wie den Maxplatz im Westen, legte erst das 19. Jahrhundert an. Große Bäume waren in Nürnberg so selten, daß Dürer sie als Einzelwesen porträtierte. „Der Linden-

baum auf der Bastei" des schönen Aquarells im Museum Boymans-van Beuningen in Rotterdam konnte soeben erstmals topographisch bestimmt werden: Der einzelne Baum stand auf dem befestigten Anger auf der Ostseite der Nürnberger Burg, auf dem die Walburgis-Kapelle liegt. Im Vordergrund des Rotterdamer Blattes ist der Hohlweg zu denken, der auf die Burgamtmannswohnung zuführt. Eine so späte Identifizierung erstaunt, findet sich doch selbst die von Dürer wiedergegebene Laterne links auf der Mauerkrone bis heute in vergleichbarer Form. In abschreckender Kahlheit und in imponierender Höhe ragte die Nürnberger Stadtmauer zur Dürerzeit auf. Kein Vergleich mit dem dichten Bewuchs, der gegenwärtig Mauern und Grabensohlen bis zur Unkenntlichkeit der Wehranlage bedeckt. Die Flächen vor den Stadtmauern ließ der Nürnberger Rat als Schußfeld von Pflanzen frei halten. Eine Ausnahme bildete die Hallerwiese im Westen hinter dem Ausfluß der Pegnitz, doch gibt es urkundliche Nachrichten, daß im Kriegs- oder Spannungsfall selbst dort alle Bäume bis zur Kleinweidenmühle gefällt werden mußten.

Auch das so reizvolle Erholungsgebiet der Altnürnberger Landschaft im Osten der Stadt war im 16. Jahrhundert eine viel intensiver genutzte Kulturlandschaft. In der Gegend um Hersbruck beispielsweise gab es im 16. Jahrhundert weniger Waldflächen als heute. Weidende Viehherden hielten alles kurz. Selbst die Nürnberg umgebenden ausgedehnten Reichswälder waren vor allem Wirtschaftsfaktoren, nicht naturbelassene Natur. In ihnen wurde Holz geschlagen, lagen Steinbrüche mit Zu- und Abfahrten, blühte das Zeidelwesen. Lange glimmten in ihnen Meiler zur Herstellung von Holzkohle. Ökologisch waren Nürnberg und sein Umland zur Dürerzeit belasteter, zerstörter und gefährdeter als in der Gegenwart.

Als eine Antwort der Städter auf eine Natur, die durch Übernutzung nur noch wenig Natürliches hatte, entstand im 16. Jahrhundert in Europa die Gartenkultur neu. Es darf in diesem Zusammenhang daran erinnert werden, daß Dürer, als er zu Geld gekommen war, sich im Norden Nürnbergs einen Garten kaufte. Leider wissen wir über Größe und Aussehen dieses Areals, das in der Nähe des heutigen Friedrich-Ebert-Platzes zu denken ist, nichts. War es mehr Kräuter- und Nutzgarten der Frau

Agnes oder zog Dürer, nach italienischem Vorbild, seltene Zierpflanzen, legte geometrische Rabatten und Wege an? Sicher ist wohl, daß Dürer seinen Garten nicht brach liegen ließ. In diesem Falle wäre der Kauf des Grundstücks sinnlos gewesen.

Wir rechnen Dürer einschränkungslos zu den Humanisten. „Maler und Humanist" nennt ihn Ernst Rebel auf der Titelseite seiner 1996 in München erschienenen Dürer-Biographie, die flüssige Lesbarkeit mit wissenschaftlichem Anspruch verbindet und vorbehaltlos jedem Interessierten empfohlen werden kann. Humanist zu sein, setzte Bildung voraus, vor allem Kenntnis griechischer und römischer Autoren, aber auch Interesse für philosophische Strömungen wie den Neuplatonismus, der von Italien aus gegen Ende des 15. Jahrhunderts seinen Weg nach Norden fand. Die Hinwendung und Neigung deutscher Humanisten, wie Conrad Celtis und Willibald Pirckheimer, zur Natur, zur Landschaft, zur Gartenkultur, folgt literarischen Vorbildern der Antike und bleibt italienischer Lebensart verpflichtet. Wie sich der Nürnberger Rat in der Nachfolge des Senats der Stadt Rom sah, versetzte sich Dürer in die Rolle der berühmtesten antiken Maler. Bereits vor 1500 nannte ihn Conrad Celtis einen „zweiten Apelles", eigentlich im Vorgriff auf künftige große Werke, die er von ihm erwartete. Das Humanistenlob, ein „alter Apelles" auf deutschem Boden zu sein, rechtfertigte Dürer endgültig 1521 mit seinem Wandbild „Die Verleumdung des Apelles" im Nürnberger Rathaussaal. Diese auf die fensterlose Nordwand gemalte „Calumnia", eine Komposition, die in die Kategorie der abendländischen Gerechtigkeitsbilder gehört, zählt zu den weniger beachteten, obwohl eindrucksvollen Alterswerken des Meisters.

Die von Menschen geschaffene „künstliche" Natur überlagerte im Denken und Fühlen gebildeter Eliten im Altertum und in der Frühen Neuzeit die „natürliche" Natur. So entwickelte Cicero den Begriff der „zweiten Natur" – wir würden modern von Kulturlandschaft sprechen. Vor solchem Hintergrund wird die Künstlichkeit von Dürers meisterlichem Aquarell „Das große Rasenstück" von 1503 deutlich, das in der Graphischen Sammlung Albertina in Wien verwahrt wird. Es ordnet einzeln beobachtete Pflanzen zu einem so in der Natur nicht vorkommenden Ganzen: Letztlich eine Kopf-

geburt, zu der Augenschein nur Zubringerdienste leistete. Unter Dürers Pflanzendarstellungen ist das Große Rasenstück, neben der Iris in der Kunsthalle Bremen, das unbestrittene Hauptstück.

Die von Fritz Koreny in der Albertina in Wien 1985 zusammengestellte Ausstellung mit dem Titel „Albrecht Dürer und die Tier- und Pflanzenstudien der Renaissance" erbrachte das überraschende Ergebnis, daß viele bisher ohne Zweifel Dürer zugeschriebene Blätter Schöpfungen von Nachahmern oder Epigonen sein müssen. So strichen Experten inzwischen so beliebte Postkartenstücke wie das Kleine Rasenstück oder den Veilchenstrauß, beide in der Albertina, aus Dürers zeichnerischem Œuvre. Zugleich identifizierte Professor Koreny eine neu aufgetauchte Pflanzenstudie als Werk Martin Schongauers, den der junge Dürer auf seiner Gesellenwanderung in Colmar aufsuchen wollte, aber nicht mehr unter den Lebenden antraf. Mit diesem Fund gewinnt im Norden die Künstlergeneration vor Dürer für das Pflanzenstudium an entscheidender Bedeutung. Dürer ist auch in diesem Falle, wie oft, nicht Erfinder einer Gattung oder Technik, sondern deren genialer Vollender.

Auch bei populären Tierstudien Dürers müssen nach Expertenmeinung inzwischen Abstriche gemacht werden. Der sitzende junge Feldhase der Wiener Albertina, den Dürer 1502 datierte, bleibt das staunenswerte, von anderen Künstlern nie erreichte Vorbild von Tiermalerei schlechthin. Die bekannten Zwei Eichhörnchen mit Dürers Monogramm und der Jahreszahl 1512 in Privatbesitz werden heute mit guten Gründen dem Dürer-Nachahmer Hans Hoffmann (um 1530-1591/92) zugeschrieben. Der volkstümliche Hirschkäfer mit der Jahreszahl 1505, der lange dem französischen Schauspieler Alain Delon gehörte und jüngst in das J. Paul Getty Museum nach Malibu (Kalifornien) gelangte, ist in seiner Echtheit (was Dürer betrifft) ins Zwielicht geraten. Die Beispiele ließen sich fortsetzen.

In Dürers Tierstudien spiegelt sich nicht nur die sichtbare Wirklichkeit. Real, im Sinne von auf der Erde tatsächlich vorkommend, sind für ihn Phantasiewesen wie das sagenhafte Einhorn, ein altes mittelalterliches Mariensymbol, das in der Dürerzeit einen Bedeutungswandel durchmachte und im profanen Bereich für ungezügelte

Erotik stehen kann. Löwen finden sich bereits im Werk des jungen Dürer. Gesehen hat er lebende Exemplare jedoch erst in vorgerücktem Alter, 1521 im Tiergarten von Brüssel. Wie sollte er da, mangels Anschauung, Phantasieprodukt von realem Tier in jedem Falle trennen können? Das gilt für den Holzschnitt des Rhinozeros, der bis ins 18. Jahrhundert für Nashorn-Darstellungen als Vorbild herangezogen worden ist. Dürer hat das Tier, das er zeichnete, nie zu Gesicht bekommen. Ein portugiesischer Gewährsmann ließ ihm eine Skizze zukommen, die Dürer mit Phantasie zum Holzschnitt ausarbeitete.

Viele Tierstudien Dürers stehen noch in der Tradition mittelalterlicher Musterbücher. Sie gehören zum Bildvorrat, den Dürer sich anlegte und auf den er bei Kompositionen wie der „Maria mit den vielen Tieren", einer farbig angelegten, um 1498 geschaffenen Zeichnung (Wien, Albertina), oder Kupferstichen wie die „Maria mit der Meerkatze" und „Adam und Eva" von 1504 zurückgriff. Zu letzterem Stich haben sich eine Vorzeichnung mit Hasenstudien und die farbige Reinzeichnung eines nach links schreitenden Elchs im Britischen Museum in London erhalten. Im Adam und Eva-Stich haben die Tiere, die das Paradies bevölkern, zusätzlich symbolische Bedeutung. Mit vier Tieren neben und hinter den Beinen des nackten ersten Menschenpaares verkörpert Dürer zugleich die vier, seit der Antike beschriebenen menschlichen Temperamente. Der Elch steht für die Melancholie, ein von rückwärts gesehener Hase meint das sanguinische Temperament. Der ruhende Ochse versinnbildlicht den Phlegmatiker, während die dösende Katze die cholerischen Eigenschaften in sich birgt. Man muß Dürers Vielseitigkeit und Vieldeutigkeit bewundern, wie sie sich in dem Adam und Eva-Stich 1504 ausdrückt.

Der niederländische Maler Joos de Beer, der in der zweiten Hälfte des 16. Jahrhunderts in Utrecht tätig war, nahm diesen Stich zum Vorbild eines Gemäldes und ergänzte die Umgebung zu einer breitformatigen Paradieslandschaft mit zusätzlichen Tieren. Das Bild gehört zu den interessanten Stücken der Gemäldegalerie der Akademie der bildenden Künste in Wien, die zu wenige Kunstinteressierte genau kennen. Joos de Beer achtete bei seiner manieristischen Dürer-Paraphrase darauf, die vier Tiere, die bei Dürer die menschlichen Temperamente verkörpern, in gleicher Anordnung in sein

Gemälde zu übernehmen. Der symbolhaltige Bildsinn wurde offenbar in Malerkreisen im ganzen 16. Jahrhundert noch verstanden.

Komplex angelegt erscheint auch ein 1505 von Albrecht Dürer gefertigter Kupferstich, der in der Fachliteratur den wenig glücklichen Namen „Das kleine Pferd" trägt. Er entstand als Gegenstück zum Adam und Eva-Stich des Vorjahres, schon im Hinblick auf die geplante Reise nach Venedig. Vordergründig ist das Blatt eine Proportionsstudie zur Demonstration eines ideal konstruierten, in strenger Seitenansicht gegebenen Hengstes (und so wird die Arbeit in Katalogen auch beschrieben und interpretiert). Der eigentliche Bildsinn – Alexander der Große und sein Leibpferd Bucephalos – erschloß sich zu Dürers Lebzeiten allenfalls dem humanistisch Gebildeten. Heute gelingt die Lösung solcher und anderer ikonographischer Rätsel- und Verwirrspiele Dürers immer weniger. Zu seinem Kupferstich „Die vier Hexen" gibt es zur Zeit vier wissenschaftliche Deutungsversuche, die alle etwas für sich haben. Ähnliches gilt für den Stich, den Dürer in seinem Tagebuch der Reise in die Niederlande „Das Meeerwunder" nannte.

III.

In der Ausstellung wird ein undatierter Stich von etwa 1496 gezeigt, der dort den Titel trägt: „Der heilige Hieronymus in der Wüste" (Kat.Nr. 18). Der Heilige, der halb entblößt vor einem in eine Felsspalte geklemmten Kruzifix betend auf die Knie gesunken ist, hat einen faustgroßen Stein in seiner Rechten, mit dem er seine Brust martern wird. Sein Attribut, ein liegender Löwe, dem er der Legende nach einen Dorn aus der Tatze zog, worauf sich das Raubtier zum Haustier wandelte, ist ein Mischwesen aus Hund und Katze (wir erwähnten, daß Dürer vor 1521 keine wirklichen Löwen sehen konnte). Auffällig ist die Umgebung, in die Dürer den büßenden Greis versetzt. Von „Wüste" keine Spur.

Der Betrachter des Blattes sieht über dem Heiligen die senkrechten Wände eines aufgelassenen Steinbruchs. Deutlich sind Bearbeitungsspuren im Fels auszumachen. Mit Keilen wurden aus dem „gebirg" regelmäßige Blöcke gespalten. Nun wirkt der Steinbruch verlassen, Vegetation überwuchert den Ort, an dem vor nicht langer Zeit Steinbrecher und Steinmetze tätig waren. Der heilige Hieronymus hat ein Kirchlein in diese Gegend gesetzt, die an sich wenig Einsiedlerhaftes hat. Am rechten Bildrand öffnet sich der Blick auf ein von Bäumen gesäumtes Schloß am Wasser, auf dem ein Segelboot gleitet, dahinter wird eine felsige Steilküste angedeutet. Topographisch sind Schloß und Wasser bei dieser Kleinheit nicht bestimmbar, doch meint man, daß Dürer bei dem kastellartigen Bau Eindrücke seiner ersten Italienreise verarbeitet hat. Alle markanten Bauten in Dürers Vaterstadt, auch sein eigenes Wohnhaus am Tiergärtnertor, sind ganz oder teilweise aus Sandstein errichtet. Dieser wurde in der Umgebung Nürnbergs in den Wäldern gebrochen – bis heute sind solche aufgelassenen, längst überwucherten Steinbrüche, etwa am Schmausenbuck oder in Worzeldorf, zu sehen. Die Kulisse der Hieronymus-Szene ist folglich nicht „Natur", sondern eine verlassene menschliche Produktionsstätte. Jedem Käufer und Betrachter des Blattes in und um Nürnberg mußte klar sein, daß diese Heiligenlegende nicht in fernen Landen angesiedelt ist, sondern in einem der Nürnberger Brüche ihren Schauplatz hat. Das heimelige vertraute Ambiente erleichterte vor allem dem des Lesens Unkundigen den Zugang zur Geschichte. Solches Hereinziehen des biblischen Geschehens oder von Stoffen der Heiligengeschichte in die eigene Zeit, durch Landschaft, Umgebung, Kleidung der Handelnden, porträthaft-vertraute Gesichtszüge, findet sich bei Dürer, etwa in den Holzschnitten des Marienlebens, immer wieder. Er hat diesen Kunstgriff nicht erfunden, sondern folgt einer spätmittelalterlichen Frömmigkeitsvorstellung der Devotio moderna, die in der Nürnberger Kunst um 1500 auch bei anderen deutliche Spuren hinterließ.

Den Steinbruch als vertrauten Ort zeigt auch ein wenig jüngerer Stich mit der Buße des heiligen Johannes Chrysostomus. Der in der Literatur eingeführte Bildtitel für das Blatt mutet wenig plausibel an, steht doch im Mittelpunkt der Komposition die nackte, ihr Kind nährende Prinzessin, die der Überlieferung nach von Chrysostomus geschwängert worden sein soll. Fiktive Arbeiter im Steinbruch schufen der jungen Frau eine bequeme Steinbank, auf der sie, wie in einem Lehnstuhl, ruht. Trotz deutlicher Bindung an ein spätgotisches Frauenideal, ist diese Prinzessin eine der schönsten Aktdarstellungen des jungen Dürer. Ohne den klein, links im Mittelgrund, auf Knien büßenden Chrysostomus, würde man die Szene als säugende Urmutter Eva interpretieren. In der typologischen Begriffswelt mittelalterlicher Frömmigkeit fungiert Eva als Vorläuferin der Gottesgebärerin Maria. Über dem Kopf der Frau erscheint der Stein so ausgearbeitet, daß er wie ein angeschnittener Heiligenschein wirkt. Leicht möglich, daß der Interpretationsspielraum für diesen Stich nicht ausgeschöpft ist.

Das Schema „Menschliche Figur vor steiler Steinwand" reizte Dürer als Stecher anhaltend. 1514 entstand das Blatt eines stehenden heiligen Paulus vor fugenlosen Quaderwänden. Steinbruchartig, damit der rund dreißig Jahre älteren „Buße des heiligen Johannes Chrysostomus" formal vergleichbar, ist der Hintergrund eines stehenden Apostels Philippus im Profil mit Kreuzstab (Kat.Nr. 23). Die Arbeit, auf einem liegenden Täfelchen 1526 datiert, gehört zu den letzten Kupferstichen, die Dürer im Selbstverlag herausgab. Es ist ein trotziges Blatt, bedenkt man, daß 1525 in Nürnberg die Reformation eingeführt und damit der Heiligenkult abgeschafft worden war. Dürer bekennt sich, gegen den Zeittrend, zu Glaubenszeugen wie dem heiligen Philippus. Im gleichen Jahr vollendete er die bekannten Tafeln der sog. Vier Apostel und machte sie dem Rat seiner Vaterstadt zum Geschenk. Schon im 17. Jahrhundert kamen sie nach München, wo sie heute Hauptwerke der Alten Pinakothek sind.

Alle Felsformationen und Steinbrüche, wie sie als Hintergrundskulissen in Dürers Stichen Verwendung fanden, basieren auf farbigen, um 1495/96 vor Ort entstandenen Zeichnungen, von denen sich ein halbes Dutzend erhalten haben. Der Künstler blickt in das Innere und in die Vergangenheit der Erde. Geologisches Interesse paart sich mit dem Wunsch, der Erschaffung der Welt, wie sie die Bibel beschreibt, auf die Spur zu kommen. In dieser Mischung aus mittelalterlicher Gebundenheit und naturforschendem Interesse gleicht Dürer Leonardo da Vinci, für den Gebirgsformationen atmende Lebewesen waren, durchzogen von Flußläufen wie Adern. Im Kastell der Sforza in Mailand gibt es einen kleinen Raum, auf dessen Wände Bäume gemalt sind, deren dichte Kronen, verbunden mit goldenen Schnüren, als illusionistische Deckenmalerei den Raum überspannen. Hinter einer Vertäfelung fand man in diesem Jahrhundert, was lange verdeckt war: Einen illusionistisch gemalten Blick unter die Erdoberfläche, in die Dunkelheit und in das verzweigte Wurzelwerk der Bäume. Die Dekoration dieser Sala delle Asse, um 1498 entstanden und 1901 erneuert, geht auf Leonardo da Vinci zurück. Bei den engen Beziehungen von Dürers Freund Willibald Pirckheimer zu Graf Galeazzo de Sanseverino aus Mailand, der einige Zeit im Exil bei ihm in Nürnberg lebte, ist vorstellbar, daß Dürer später von diesem Saal Kunde erhielt. Dürers Felsstudien, farbig seine kühnsten Aquarelle, entstehen in den Jahren, in denen Leonardo die Dekoration der Sala delle Asse konzipierte. Eine solche, eigentlich unerklärliche Parallelität künstlerischer Ereignisse südlich und nördlich der Alpen gibt es in Dürers Biographie mehrfach.

IV.

Lange interpretierte man einseitig Dürers Landschaftsaquarelle als realistische Wiedergabe gesehener und erlebter Wirklichkeit. Ein Irrtum, wie Hermann Leber 1988 in seinem Buch „Albrecht Dürers Landschaftsaquarelle. Topographie und Genese" nachweisen konnte. Dürers scheinbar naturgetreue Landschaftsaufnahmen erweisen sich als Bildkombinationen, die kunsttheoretischen Vorgaben folgen. Maße werden von ihm systematisch verändert (oft überhöht), Teilmotive, an entfernten Orten skizziert, fügen sich zu einer topographischen Idealansicht, die mit der Wirklichkeit wenig gemein hat. Dürers Sehwinkel entspricht oft, um einen modernen Ausdruck zu gebrauchen, dem einer Weitwinkeloptik. Landschaften, vor allem Felsformationen, werden anthropomorphisiert, das heißt, sie werden menschenähnlich geformt. „Felsgesichter" kann man in Zeichnungen Dürers nicht hineinsehen, sie sind unbezweifelbar da! Natürlich folgt Dürer erneut Vorgaben und Spuren von ihm verehrter italienischer Meister, etwa Andrea Mantegna, bei dem Felsgesichter und Wolkengesichter gehäuft vorkommen.

Dem Gesetz der Geometrie als Wissenschaft räumte Dürer Priorität ein, ihm ordnete er seine Sinneseindrücke unter. Er ist sich sicher, daß „Schönheit" in der Natur steckt und, daß rationales Denken und praktische Arbeit des Messens mit Zirkel und Richtscheit diese Schönheit erfassen und in sichtbare und bleibende Kunstwerke um-

setzen kann. Mit seinen eigenen Worten: „Vnd durch die Geometria magstu deins wercks vil beweyssen. Was wir aber nit beweyssen kuennen, das musen wir bey gutter meynung vnd der menschen vrteyl bleyben lassen." Mehr noch als der mathematischen Wissenschaft vertraute Dürer den Schriften „der Alten", vor allem den kompilatorischen zehn Büchern „De architectura" des römischen Architekten und Baupraktikers Vitruv. Dieses einzige, im Mittelalter bekannte, architekturtheoretische Handbuch der Antike, dessen vollständiger lateinischer Text 1414 in Italien ans Licht kam und ab 1487 in Drucken verbreitet wurde, gewann für Dürer kanonischen Charakter. Er kannte den lateinischen Text und besaß vermutlich die erste italienische Übersetzung, die prachtvolle, mit Holzschnitten versehene Ausgabe durch Cesare Cesariano 1521. Zwei Illustrationen zeigen die sog. Vitruv-Figur: Ein mit geschlossenen Füßen stehender Mann mit waagerecht ausgebreiteten Armen fällt ein Quadrat; ein Mann mit ausgestellten Füßen und schräg noch oben gestreckten Armen kann von einem Kreis umschlossen werden, dessen Zirkelpunkt im Nabel der Figur liegt. Dürer hat im Dresdner Skizzenbuch und im Dürer-Codex des British Museum in London diese Vitruvschen Proportionsschemata gezeichnet. Er war selbst dann noch von deren Richtigkeit überzeugt, als eigenen Reihenmessungen an Männern und Frauen ergaben, daß der Zirkelpunkt nie der Nabel sein kann, sondern daß dieser bei normal proportionierten Menschen in der Schamgegend liegt. Dürers Textgläubigkeit rührt an. Rückblickend unverständlich, daß er dem eigenen Augenschein und den eigenen Messungen weniger traute, als den Vorgaben bei Vitruv. Er brauchte Jahrzehnte, ehe er „Natur" (in Form seiner Aktmodelle) mit „Kunst" (im Sinne der klassischen Normen Vitruvs) versöhnen konnte.

Was Schönheit sei, das wisse er nicht, zog Dürer gegen Ende seines Lebens einmal ein resignierendes Fazit. Dabei wußte kein anderer Künstler des 16. Jahrhunderts es so genau.

Zur Verwandlung der Naturstudien in Dürers graphischen Drucken

von Kristina Herrmann Fiore

Das Thema dieser Ausstellung zum Naturerlebnis und Verstehen in Dürers Druckgraphik [1] enthält bereits eine Frage, die hier im folgenden näher untersucht werden soll: Wie hat Dürer seine vor der Natur erlebten Eindrücke, die er spontan in Zeichnungen und Aquarellen festhielt, in seinen druckgraphischen Werken verwendet?

Nur ein geringer Teil dessen, was der Künstler nach der Natur portraitiert hat [2], blieb uns erhalten, und viele dieser Zeichnungen waren für Gemälde bestimmt und betrafen graphische Exerzitien an sich. Der heute allgemein übliche Begriff der Naturstudien ist bei Dürer nur bedingt anwendbar, denn auch die zahlreichen geometrischen Proportionszeichnungen Dürers entstanden als Naturstudien, um zahlenmäßig in den Griff zu bekommen, was die wahre Natur und Schönheit der menschlichen Formen nach ihrer proportionalen Gesetzmäßigkeit bedeute. Dieser Bereich der Bemühungen Dürers, der im bekannten Dürerwort gipfelte „Waß aber dy schonheyt sey, daz weis jch nit" [3], wird in diesen Betrachtungen ausgeklammert, denn bei der Umsetzung von geometrischen Studien in die Druckgraphik blieb das proportionale Gerüst erhalten, es änderten sich aber in künstlerischer Freiheit die expressiven Details. Was Holzschnitte, Kupferstiche und Radierungen betrifft, seien im Kontext dieser Ausstellung im folgenden nur einige Beispiele herausgegriffen, um den künstlerischen Schaffensprozeß Dürers im Umsetzen von der reinen Naturstudie in ein Bildgefüge zu erwägen. Bei Dürer handelte es sich keineswegs um ein reproduktives Verfahren der verschiedenen in der Natur genau erfaßten Erscheinungen, vielmehr vollzog sich ein vielschichtiger Prozeß der Verwandlung entsprechend dem jeweiligen thematischen Kontext.

Dürer formulierte seine Teilnahme an den Daten der Sichtbarkeit mit Feder und Pinsel, in Silberstift, Kohle, Tinte, Wasser- oder Deckfarben. Von den objektiven nahen Zeichnungen ausgehend, spannte Dürers Phantasie weite Bogen und schaffte Bildgefüge, neu gefaßte Themen und Visionen von Welten bis hin zur Apokalypse; Werke, die ihre Überzeugungskraft über Jahrhunderte bewahrten, nicht zuletzt wegen jener eigentümlichen Treue im Detail. Das intensive Studium auch der geringsten Dinge der Natur [4], und sei es nur ein Grashalm, äußert ein Interesse Dürers am Kosmos, dessen künstlerische Beschreibung er sich selbst als Aufgabe gestellt hatte. Er erfaßte graphisch die vier Elemente, Licht, Wellen, Windeffekte, Atmosphäre und die Bewegung der verborgenen Kräfte der Natur, dort wo sie an der Oberfläche faßbar werden, und nicht zuletzt geologische Bewegungen, auch wenn sie scheinbar erstarrt erscheinen, wie in den Schichten der Steinbrüche und den Bergeszügen. Bäume, Menschen, Pflanzen und Tiere sind dem Künstler als Kosmographen ein Teil jener Natura naturans und Natura naturata [5]. Bei der Erfindung der druckgraphischen Blätter entwirft Dürer ein neues Ganzes entsprechend dem Thema, zu dessen Ausdruck alle Elemente beitragen, indem sie sich teilnehmend verwandeln; in der Tat beschränkt sich der Ausdruck nicht nur auf einzelne Figuren, sondern teilt sich dem Zusammenhang mit, an dem belebte und unbelebte Elemente, wie etwa Stoffe oder Steine, wesentlich mitspielen in einer symphonischen Orchestrierung der graphischen Formen.

Allgemein kann beobachtet werden, daß Dürer (abgesehen vom Gerüst der Proportionskonstruktionen) seine Naturstudien, so wie er sie zeichnete oder malte, keinesfalls direkt und unverändert in seine Druckgraphik übernahm. Es mag zum Beispiel eingewendet werden: Ist es nicht derselbe Windhund, der auf der Zeichnung in Windsor (W 241) nach oben blickt, und im Stich des Hl. Eustachius auftaucht (M 60)? Bei ähnlicher Stellung hat sich in der Tat alles verändert. Der Hund ist im Kupferstich von weit schlankerer Proportion, eleganter schwingt der Rhythmus der Linien von der nun spitzeren Schnauze, die höher wittert, bis hin zur beleuchteten Kurve des Schwanzes. Die Wirbel des Fells über den Rippen sind feiner bis in die Muskelknoten unterschieden, und jeder Nerv um Auge und Schnauze vibriert. Die blitzenden Bahnen des Seidenglanzes im Fell artikulieren den Übergang vom Hals zum Kopf, von den Beinen zum Thorax. Indem Dürer den Hund absetzt vor einem dunklen Wiesengrund, - der gleichwohl von filigranem Wurzelwerk hell durchädert ist, - erhöht er die plastische Präsenz des Tieres; in rhythmischer Eleganz und vom Licht getroffen, begleitet der Hund den knienden Burgherrn Eustachius.

Eine weitere farbige Naturstudie, die der Felsenburg dieses Stiches zugrundeliegt, ist im Berliner Kupferstichkabinett erhalten (W 101). Das Blatt ist mit der Bezeichnung „ein welsch schlos" eigenhändig beschriftet und stellt das Schloß Segonzano im Cembraltal dar. Aus dem ruhig lagernden, verfallenen Schloß auf dem Hügel im unteren Teil der Zeichnung wird eine Hochburg auf Felsen. Dürer restauriert in der Phantasie und errichtet im Stich die in der Zeichnung bereits verfallenen Türme, den runden im Zentrum von fernen Vögeln umschwärmt, und unweit einen kantigen Turm. Gesteilt erscheinen die Proportionen der Bauten, die Felsen umringen hochschnellend die Veste. Die Architekturen sind näher aneinandergerückt, und werden zum Stadtbild verdichtet. Erhöhung [6] und Verdichtung der Elemente steigern die Dramatik des Geschehens im Kupferstich. Was das Verhältnis von gefüllten und leeren Bereichen betrifft, so ist im Aquarell ein weiterer Raum der Leere gewidmet. Die Tatsache, daß diese Leere nicht nur zufällig den Restbestand des Blattes betrifft, sondern zu einem Gestaltungsmittel erhoben wird, das zeigt sich auch im Stiche Dürers. Im Hintergrund der Eustachius-Szene kontrastiert die Helle des Himmels und der Wasserfläche mit der in den feinsten Nuancen dichter Druckerschwärze artikulierten Berglandschaft. Die Mehrzahl der Stiche Dürers enthält ähnliche Kontraste zwischen Fülle und Leere. Das Thema der Leere in Dürers Graphik dient zur Dramatisierung und zur reicheren plastischen Erscheinung der dunkleren Zonen. Die Bildtradition von Holzschnitten und Kupferstichen hatte bereits Vorstufen in der weiß gelassenen Horizontbehandlung geliefert, aber nicht in dieser entschiedenen Konsequenz in der Verbindung von relativ

nahen, höchst differenzierten Formgebilden und Luft oder Himmelszonen. [7] Bei der oben erwähnten kosmographischen Orientierung Dürers, scheint es nicht ausgeschlossen, daß die akzentuierte Verwendung der weißen, leeren Gründe durch die Kenntnis naturphilosophischer Texte antiker Autoren gefördert wurde, und im besonderen durch den im 16. Jahrhundert in humanistischen Kreisen erfolgreichen [8] Text des Lukrez „De rerum natura". [9] Im ausführlichen Kapitel über die Leere und die Materie wird der Ort oder der Raum als Leere bezeichnet, die allein die Erscheinungen in sich aufnimmt und ihnen Bewegungsmöglichkeit und damit Leben gewährt.

Wie Panofsky [10] bereits beobachtet hatte, führte Dürer nach seiner zweiten venezianischen Reise einen graphischen Mittelton ein, demgegenüber die figürlichen und Landschaftsdarstellungen ein reiches Modulationsspektrum boten. Dieser graue Mittelton erscheint etwa im späten Stich des Hl. Antonius von 1519 (M 51): der lichte leere Himmel ist in einer leicht grauen Nuance verschleiert. Nur so wird es möglich, den heiligen Pilger im Vordergrund in gleißendes Licht zu tauchen und mit tiefen Schattenzonen zu artikulieren. Der starke Hell-Dunkel-Kontrast verliert sich der Ferne zu durch das atmosphärische Wirken der Luft bei zunehmender Distanz. Für die Erfindung der Stadt im Hintergrund griff Dürer auf zwei Aquarelle zurück, die er 24 Jahre früher auf seiner Italienfahrt gestaltet hatte, nämlich die Vedute von Innsbruck (W 66) und das Schloß von Trient (W 95). Beide Ansichten waren bereits in einer Zeichnung von circa 1496, von fremder Hand 1515 datiert, mit dem Titel Pupila Augusta (W 153) verschmolzen worden. Neben der Streckung, Verdichtung und Monumentalisierung in Licht und Schatten hat Dürer im Stich die Seitenfassade des Castello di Buon Consiglio ohne die zierliche gotische Loggia dargestellt, und somit den Wehrcharakter der Burg im Antoniusstich gemehrt.

Wie verschieden Dürer ein und dieselbe Naturstudie je nach dem thematischen Zusammenhang modulieren konnte, mag am Beispiel der Studie des Steinbruchs der Biblioteca Ambrosiana in Mailand (W 107) erläutert werden. Das Hauptmotiv dieser geologischen Naturstudie beruht in der Abfolge und Nähe großer, rund abgeschliffener Felsenformen seitlich einer Öffnung, während darüber dünngespaltene, splittrige, horizontale Platten geschichtet sind, und nach oben zu eine Humuskuppe folgt, mit spärlicher Vegetation und Buschwerk bewachsen. Im Chrysostomosstich (M 54) verwendet Dürer das große Motiv einer weich geformten Felsen-Öffnung, um die junge Mutter mit dem Kinde aufzunehmen. Die spröden Felsplatten tauchen dagegen nur am Rande auf, ihre Menge ist verringert und ihre Lage nun leicht gesteilt; in den Steinformen lassen sich unschwer physiognomische Anklänge an menschliche Gesichter wahrnehmen, etwa im Profil mit der Felsnase im Schatten, der zum fernen Chrysostomos, dem auf Knien büßenden Vater des Kindes, überleitet. Diese Tendenz der Naturelemente wie Felsen, Wurzeln und Bäume in Dürers Werk, die wie Metamorphosen menschlicher Formen wirken, ist vielfach beobachtet worden. In ganz anderem Tenor moduliert Dürer die Felsenformen des gleichen Aquarells in der Radierung des Frauenraubes von 1516 (M 67). Erhalten hat sich aus der Farbstudie im graphischen Blatt die Zweiteilung des Massives seitlich der Öffnung, nun werden die runden Kuppen zu dynamischen Spitzen, die an Tierpranken erinnern können; die horizontale Gesteinslage gewinnt an Bedeutung, die Platten erscheinen eingeklemmt zwischen der Basisformation und der Felskuppe. Die Situation des 'Gesteins in der Klemme' reflektiert das Drama der Geraubten auf dem Einhorn, die beseelten Naturelemente beteiligen sich, so auch die geballten Wolken oder das abwärts gleitende Terrain unter den Hufen des gehörnten Wildpferdes. In der Pierpont Morgan Library ist eine Studie zur Figurengruppe erhalten, die aber in anderem motivischen Zusammenhang entstand, denn die Raubszene vollzieht sich über einer Leichenszene mit weiblichen und männlichen Körpern, die am Boden liegen, darunter ein abgeschlagenes Haupt (W 669). Das Pferd der Zeichnung ist noch ohne Horn, seine Hufe gleichen noch nicht denen eines riesigen Paarhufers, und noch hat nicht ziegenartiges zottiges Fell die Beine überzogen, auch fehlt noch der Bocksbart unter dem Kinn, im Stich dagegen steigern diese Züge die phantastische Erfindung des Reittieres. Die Umrisse des Pferdes und der Figuren aber in der Zeichnung bereiten bereits die Radierung vor. Blitzartig hell leuchtet die Szene auf vor dem nächtlichen Dunkel der

Ferne. Die Technik der Radierung erlaubt es Dürer, zeichnerisch den Impetus der Aktion im spontanen Duktus der Linien zu vermitteln.

In Dürers Kupferstich 'Sol iustitiae' (Kat. Nr. 11), um 1498/9 datierbar, erscheint die Sonne der Gerechtigkeit in Gestalt eines zornflammenden Richters mit Waage und Schwert. Friedrich T. Bach hat kürzlich die ikonographischen Quellen von neuem aufschlußreich untersucht und dem 1499 bei Anton Koberger in Nürnberg gedruckten 'Repertorium morale' des Petrus Berchorius Gewicht beigemessen, in dem es heißt: „So wird Christus in der Hitze des Gerichts erscheinen als ein grimmiger und löwengleicher Mann und die Sünder verwelken lassen und das Glück der Menschen zerstören." [11] In diesem kleinen, aber monumentalen Werk zum Thema der göttlichen Gerechtigkeit, gleich dem Planeten „Sonne", Recht und Unrecht beleuchtend, abwägend und urteilend, hat Dürer Vorstudien verarbeitet, die einen Einblick in die schrittweise Bilderfindung gewähren. Am Beginn steht das nach dem Leben gezeichnete Portrait eines mageren Knaben, der wohl in Dürers Studio auf einer Holzbank mit großem Kissen Platz nehmen mußte, um ein gewichtiges, großes Schwert, das mit der Spitze den Boden berührt, in der einen und eine Waage in der anderen Hand zu halten; er saß Modell, auch um den Faltenwurf der üppigen Draperie des Mantels zu klären (W 166). In der Dresdner Zeichnung (W 173) ersetzt Dürer die Holzbank durch einen Löwen mit strähniger Mähne. Die nun stärkere Figur erhebt das große Schwert nach oben, vor allem aber korrigiert Dürer die Proportionen des mageren Modells zugunsten einer mächtigeren Figur. Der Richtermantel bedeckt nun in reicherer Fülle auch die Unterarme, die Knie sind in größerer Distanz gegeben, während die Füße der Richtertradition nach überkreuzt bleiben. Das Haupt wird in eine Lichtglorie gehüllt und vom oberen Bildrand überschnitten, wie auch vom großen Schwert die Spitze nicht zu sehen ist. Die Überschneidungen des Bildrandes lassen die Figuren näher, unmittelbarer erscheinen. Nach der Art der Blattmasken bei antiken Köpfen des Okeanos, verwandelt sich im Kupferstich das Gesicht des Richters in lodernde Feuerflammen, die vom Auge ausgehen und den 'Sol invictus', die unbesiegte Sonne des göttlichen Herrschers bezeichnen. [12] Die kugelige Form des gelockten Hauptes, aus dem blitzende Lichtkeile hervorbrechen, verstärkt die Nähe von Naturphänomenen und menschlicher Physiognomie. Auch der Löwe nimmt teil an dem hochdramatischen Moment. Anstelle seiner schlapp hängenden Mähne in der Zeichnung in Dresden, schwingen sich die gestochenen Haarlocken hochspannungsgeladen um den feurigen Richter, und des Löwen Miene verfinstert sich mit tiefen Furchen um die Augen. Dürers Monogramm prangt nun in der Mitte zwischen den Beinen des Richters und des Löwen. Dieser Stich ist mit den um 1499 allgemein verbreiteten apokalyptischen Ängsten in Zusammenhang gebracht worden. [13]

Für Dürers Stich Ritter Tod und Teufel von 1513 (Kat. Nr. 16) [14] ist in der Biblioteca Ambrosiana eine beidseitige Zeichnung (W 617/618) erhalten. Dürer experimentierte darin mit einer geometrischen Konstruktion des Pferdes, das nach dem Proportionskanon von Leonardo für die Darstellung des Pferdes entstand. [15] Wesentliche Unterschiede in der Redaktion des Stiches betreffen den Ausdruck des Pferdes, das nun mit geblähten Nüstern wild zu wiehern scheint. Durch die bereits in der Mailänder Zeichnung verbreiterte und im Stich noch fülliger formulierte Kruppe des Rosses sitzt nun die Panzerhand des Reiters direkt im Nacken des Pferdes; die Macht der Erscheinung erhöht sich auch durch diese Varianten. Für den Reiter griff Dürer bekanntlich auf seine aquarellierte Zeichnung von 1498 zurück, die als Kostümstudie eines mit dem Panzer geharnischten Reiters entstand (W 176). Trotz ähnlicher Rüstungselemente wird die Wucht des gestochenen Kriegers im Hell-Dunkel gesteigert; die Physiognomie eines Kondottiere ersetzt nun die leichteren Züge des schnurrbärtigen kleineren Soldaten und das labile, leicht diagonal stehende Pferd verwandelt sich in ein proportioniertes Roß all' antica, dessen Gewicht und Relief bildparallel anschaulich werden. Der Hund wurde von Dürer auf der Mailänder Proportionsstudie nachträglich eingeführt: eine hetzende Bulldogge im Sprung durch die Luft. Die aggressive Form des Hundes wurde im Stich gemildert, seine Spezies geändert, nun ähnlich der eines Setters, der in einer Zeichnung des British Museum in London nach der Natur vorbereitet ist (W III/19). Die Hinterpfoten berühren im Stich den Boden, die vorderen sind bildparallel

zum Sprung erhoben, divergieren also nicht mehr wie in der Londoner Zeichnung. Diese Veränderung begünstigt das bildparallele Vorbeiziehen des Reiters, dem sich der Hund in seinem Lauf treu anpaßt. Die Kopfform des Hundes, noch in der Londoner Studie einem Setter ähnlich, erhält im Stich eine gestrecktere, nahezu lammgleiche Gestalt. Diese gestrecktere Variante kommt der pfeilartigen Schnelle des Hundes entgegen und suggeriert eine Stromlinienform, an der auch das nach hinten getriebene Ohr teilnimmt. An Stelle des knappen Schwanzbogens der Mailänder Zeichnung, der als schneidige Säbelform den Rhythmus des Pferdes ablenkte und störte, erlaubte nun im Stich der buschige Setterschwanz einen Lichtfang in flammenden Formen einzuführen, dort wo die vordere Ebene zum nächtlichen Schwarz des Grundes umschlägt. Für den Graphiker enthielt das üppige Fell des Schwanzes ein weit größeres Potential der Verbindung im Kontext des Stiches.

Die kahlen Äste über dem Steinbruch in Ritter, Tod und Teufel, die rechts im Stich vom Himmel abgesetzt sind, entstammen bekanntlich der im Berliner Kupferstichkabinett erhaltenen Aquarellstudie eines Steinbruches (W 111). Das Geäst befindet sich nun tief geschwärzt an einem mehr abschüssigen Hügel und das Pathos der Überschneidungen der Baumstämme und Zweige ist gesteigert. Die Wurzeln hängen tiefer, frei über dem Erdrutsch, des festeren Haltes entbehrend. In der Berliner Zeichnung ist bereits eine vage Erfindung des gehörnten Teufels im bläulich-grauen Schattenbereich zu erkennen, wo in schemenhaften Pinselzügen eindeutig die Kurve des Krummhornes, die Form der Schnauze mit den nach unten hängenden Hautlappen, die Richtung der Hellebarde seitlich des Teufels und die Kralle der rechten Hand angedeutet sind. Diese Vorwegnahme der Figur des Stiches dürfte auch auf eine Entstehungszeit zumindest der blaugrauen Zone deuten, die in relativ chronologische Nähe zur Druckgraphik weist, weshalb die oben auf der Zeichnung eingetragene Jahreszahl von 1510 an Interesse gewinnt. Das Studium der Zeichnung mit Inschriften kann auch für die ikonographische Deutung der Graphik von Nutzen sein. Die Interpretation des Ritters ist bisher nach kontroversen Ansätzen versucht: einerseits wurde im Geharnischten ein Raubritter angenommen, der eine Lanze mit dem Fuchsschwanz als Zeichen der Habgier, Wollust und Unzucht trage. [16] Demgegenüber ist Dürers Inschrift von 1498 auf der Wiener Zeichnung zu beachten, wo der Gewappnete auf dem Pferd bereits eine Lanze mit Fuchsschwanz trägt: „dz is dy rustung Zw der zeit Im tewtzlant gewest", d.h. nach Dürers eigenen Worten und graphischer Illustration gehörte zur Ausrüstung der deutschen gepanzerten Reiter damals allgemein eine mit dem Fuchsschwanz gezierte Lanze. Die Annahme, daß Dürer der Verherrlichung eines Übeltäters in formaler Perfektion ein so bedeutendes graphisches Blatt widmete, das mit dem Stich des Heiligen Hieronymus (Kat. Nr. 37) und der Melancholie (Kat. Nr. 77) im Zusammenhang gesehen wurde, scheint eher modernen Assoziationen zu entsprechen als den Tendenzen, die im gesamten Œuvre des pictor christianissimus vorliegen. [17] Demgegenüber hat die Interpretation des Ritters als miles christianus, der unbeirrt von Tod und Teufel seinen Weg verfolgt, nicht an Bedeutung verloren. Diese Version ist durch Panofskys Studien umso wahrscheinlicher geworden, als er die Zusammenhänge mit der Schrift des von Dürer geschätzten und später portraitierten Erasmus von Rotterdam aufwies, dem „Enchiridion militis christiani", einem Erfolgstext, der Dürer und Pirckheimer, der mit Erasmus in wissenschaftlichem Kontakt stand, fesseln mußte. [18]

Zurückkehrend zum Thema der Metamorphosen von Naturstudien im druckgraphischen Werk Dürers, wählen wir nun einige Holzschnitte. Bekanntlich eignet sich die Technik des Holzschneidens weniger für die Darstellung der feinsten Qualitäten der Oberfläche, vielmehr für die allgemeinen, großen Visionen weiter gesehener Gegenstände. In der Spröde des Materials liegt ein Zug, der ornamentale Strahlen, Zacken und Kurven begünstigt.

Dürer portraitierte 1515 in einer Zeichnung des British Museum ein Rhinozeros (W 625) [19], das 1513 aus Indien importiert dem König von Portugal gesandt wurde. Dürer publizierte dieses Naturwunder im Holzschnitt von 1515 (M 273), unternahm dabei aber für seinen Stil kennzeichnende Veränderungen. Er wählte im Holzschnitt ein sehr eng gerahmtes Rechteck, um die monumentale Erscheinung des Panzernashorns zu steigern. Schwanz und Horn sprengen nahezu das Bildformat. Dürer vermehrte die Unebenheiten des Konturs, und führte eine Sägelinie ein, die die Kurve des Hinterteils beschrieb und nahezu an Dinosaurier erinnert. In stacheliger Qualität werden die Haare um das Maul im Holzschnitt hinzugefügt. Das Horn auf der Nase wirkt schärfer, die bizarren Formationen der Falten um den Hals sind eingehender geprägt, auf der Schulter ist eine dornartige Erhöhung gewachsen. Die helle runde Wölbung unter dem Ohr wird durch einen Wirbel gekurvter Striche umzingelt und dynamisch in seinem Relief gesteigert. Der Kontur der Platten über der rechten Hinterhand schwingt dachartig aus, so daß sie nicht mehr überlappend wie in der Zeichnung, sondern getrennt erscheinen. Die Schuppenhaut der Beine gewinnt im Holzschnitt Aspekte eines Panzerharnisches mit Nieten, und die Krümmung der Erdlinie hinter dem Nashorn unterstreicht die Beweglichkeit des Panzertiers, die auch der beschreibende Text betont. [20] Zusammenfassend läßt sich feststellen, daß Dürer das Rhinozeros im Holzschnitt in Richtung des Wunderlichen stilisierte und durch tiefere Schwärze und größere Helle die Dramatik der Formen hervorhob. Eine ähnliche Tendenz, das Schauerliche der Feindschaft zwischen Rhinozeros und Elefant zu schildern, geht aus dem Text hervor, der das sensationelle Tier im Holzschnitt ausführlich erklärt.

Die Mailänder Zeichnung des Hl. Hieronymus in der Zelle (W 590) kann die Passagen von Natur und Kompositionsstudie im Vergleich zum Holzschnitt (Kat. Nr. 36) illustrieren. In der gedruckten Graphik läßt Dürer eine Vielzahl von Details der Einrichtung der Stube aus, es fehlen die Gitterbalustrade, die Türe, die Pilaster und Bogenformen oder die Vielzahl der Bücher im Vordergrund. An ihrer Stelle liegt nur ein großes Buch auf einem lichtgetränkten Kissen. Das Buch ist aufgrund seines Gewichtes im Kissen eingesunken und schafft Schattenkonturen an den Grenzstellen, die sein Licht erhöhen. Für die Architektur genügt nun der große Ansatz der Wölbung im Kontrast zum hellen Bühnenvorhang, und aus dem Möbel des überdachten Schreibpultes wird eine der Wand eingefügte Struktur. Die Proportion des Heiligen wächst im Raume, sein lichtes, faltenreiches Gewand verbindet zu den nach oben schwingenden Kurven des Vorhangs. Der

Löwe, nun vom Bildrand überschnitten, ist näher und größer, Schnurrhaare und Lockenmähne krümmen sich in gesteigerter Spannung, der Löwe blickt aus dem Raum den Betrachter an, während er die Quaste seines Schwanzes zwischen den Pfoten umfängt. Zur Schilderung des Raumes um Hieronymus begnügt sich Dürer nicht mit den horizontalen Strichen der Federzeichnung, sondern durchkreuzt sie mit kleinen schrägen Linien, die in verschiedenen Richtungen nach oben wirbeln und sich dem Raumdunkel mitteilen. Sie rufen den Eindruck einer Atmosphäre hervor. Die Verteilung von hellen und dunklen Zonen inszeniert Dürer im Unterschied zur Zeichnung mit wenigen kräftigen Hieben und konzentriert im Holzschnitt das Interesse auf den Heiligen und seine Zelle: Denn alles im Licht, der Löwe, der Vorhang und das Kissen mit dem Buch, führen zum Focus des Bildes, dem Heiligen in aufleuchtendem Gewand. Ein Lichtakzent trifft auch das Tintenfaß des Schreibenden im Zeichen des Kreuzes.

Der Portraitbegriff kann bei Dürer auf alle Darstellungen der Formen der sichtbaren Natur ausgedehnt werden. Der hohe Stil des graphischen Vortrages von Dürer erweist sich vor allem im Bereich des menschlichen Portraits, das der psychosomatischen Erscheinung des individuellen Charakters gilt. Betrachten wir daher den späten Kupferstich Dürers von 1526, der das Bildnis eines Freundes, des gelehrten Humanisten Philipp Melanchthon, der Nachwelt überlieferte (M 104). [21] Daß Dürer dieses Portrait von Anfang an großartig angelegt hatte, geht bereits aus dem Schnitt der Büste in der Zeichnung der Sammlung Horne in Florenz hervor (W 901). In der Tat reichen Schultern und Scheitel Melanchthons bis an die Ränder des Blattes, ein Kunstmittel, das sich bereits in frühen Portraitstichen Dürers für Friedrich den Weisen, Willibald Pirckheimer und Albrecht von Brandenburg bewährt hatte. Dürer ließ diese bedeutenden Portraits jeweils von monumentalen Inschriften all' antica begleiten. Im Kupferstich Melanchthons [22] umgibt er dagegen die Büste mit weitem Raum, indem er sie leicht in die Schräge wendet. Der Hintergrund aber wird von Wolken in waagrechten Linien durchzogen, während kein Land zu sehen ist, als stünde Melanchthon auf der Höhe eines Berges. Das Portrait ist also aus einer besonderen

Albrecht Dürer: Philipp Melanchthon. Kupferstich, 1526.

Perspektive nur gegen Himmel und Wolken abgesetzt. Gleichzeitig ist der luftige Grund in Licht- und Schattenzonen geschieden, wodurch das Spannungsverhältnis des Dargestellten zur umgebenden Welt gesteigert wird. Aus den spontanen Gewandformen der Zeichnung entsteht eine rigorose stereometrische Ordnung. Anstelle des windgetriebenen asymmetrischen Mantelkragens in der Zeichnung öffnen sich nun die Kragenenden in großen klaren Formen nach Licht und Schatten und geben den Blick auf die Halspartie frei. Das edlere Hemd mit gekräuseltem Kragen führt zum Ausschnitt des Gewandes, nunmehr horizontal, wobei Dürer auf die malerische Schwingung des Bausches in der Zeichnung verzichtet. Die Waagrechte des Ausschnittes setzt sich in den horizontalen Nähten der Mantelpasse fort, die in perspektivischer Kurve vom Bildrand nach hinten biegen. Die allzu großen, summarisch behandelten Flächen des Mantels in der Zeichnung werden durch raffinierte Nähte etwa vom Hals zur Schulter artikuliert und helfen, das Relief der Figur zu erhöhen. Während das gezeichnete Schraffurnetz über der Schulter im Schatten in großen gekurvten Zügen entsteht, orthogonalisiert Dürer im Stiche die Kreuzlagen, zur stereometrischen Klarheit beitragend. Der Außenkontur der Büste ist weniger gesteilt und begünstigt die

Macht der Erscheinung in Korrespondenz zur großen Inschriftentafel mit dem lateinischen Text: „1526 / VIVENTIS POTVIT DVRERIVS ORA PHILIPPI / MENTEM NON POTVIT PINGERE DOCTA / MANVS / AD." Dürer betont, seine 'gelehrte Hand' könne wohl die äußere Gestalt des Philipp erfassen, nicht aber seinen Geist. In diesem späten Text hebt Dürer den alten Disput über das Wesen des künstlerischen Schaffens zwischen gelehrter Hand und Geist wieder hervor, ein Thema, das für Dürer seit seinen Anfängen mit dem Durchbrechen der handwerklichen Beschränkung durch die malende Natur-Wissenschaft ein Leitmotiv war.

Es mag dem Betrachter überlassen sein, die Dürersche Behauptung in Frage zu stellen. Gewiß ließ sich der Geist Melanchthons nicht graphisch festhalten, wohl aber durch jene expressive Meisterschaft, zu der Dürer seine Linienkunst entfaltet hatte, suggerieren. Während der strähnige Fall der Locken um das Haupt des Melanchthon mit der Spannung energischer Kurven aufgeladen wird, verwandelt sich das spröde Spiel der Haare seitlich des Stirnkonturs und wird geklärt und geglättet. Des langen Halses prononcierter Muskel wird im Kupferstich vermindert, da die Proportion zwischen Hals und Gesicht zugunsten des letzteren entschieden ist. In subtilen Zügen schildert Dürer die Qualität der Oberfläche, insbesondere in der Zone des Inkarnates um die Schläfen. Dürer verändert den Blick, das Auge empfängt mehr Licht, es ergibt sich eine neue Verbindung der Helle im Tränenwinkel mit der des Augenlides. Nicht zufällig vollzieht sich genau in Höhe der Pupille außerhalb des Gesichtes am Horizont der Übergang von der dunklen atmosphärischen Welt zur lichten Klarheit der himmlischen Sphäre. Aber spiegelt das rechte Auge nicht ein Fensterkreuz, als befände sich die Figur in einem Innenraum? Von der Voraussetzung ausgehend, daß einem reifen Meister der exakten künstlerischen Darstellung wie Dürer diese Inkongruenz nicht entgangen sein kann, dürfte die Interpretation in einer weiteren Stufe zu suchen sein. Das Portrait des Melanchthon erscheint in der Tat in einer metaphysischen Schwebe zwischen Innen und Außen, denn was auf den ersten Blick als freier Raum oder Raum der Freiheit um den gewölbten Kopf erscheint, kann gleichwohl dem Raum als Vorstellung nach dem inneren Auge des humanistischen Denkers ent-

sprechen. Die Unterscheidungskraft der geistigen Sehfähigkeit wird im Stiche anschaulich, indem sie entlang jener oben beschriebenen Grenzlinie peilt - am Übergang vom Schattenbereich zur Klarheit. In dieser Einheit wissenschaftlicher und ethischer Qualitäten im Blick des Gelehrten trägt Dürer mit seinen graphischen Mitteln die Züge des Geistes des befreundeten Melanchthon vor.

Textstellen aus dem literarischen Vermächtnis beider Meister können zur hier gegebenen Interpretation herangezogen werden. In der Einleitung seines geplanten Lehrbuches zur Malerei [23] spricht Dürer von den 'Gesichts-' bzw. Sehlinien, die zum Ermessen der Landschaft, der Architekturen, aber auch des Schattens, des Dunkels, des Glanzes und des Lichtes verhelfen. Der Text beschränkt sich nicht auf rein geometrisch-optische Hell-Dunkel-Phänomene, sondern greift in der Reihung der vier Begriffe - Schatten, Dunkel, Glanz, Licht - darüber hinaus, denn insbesondere die Erscheinung des Glanzes entzieht sich geometrisch linearer Definition. Der Übergang vom Dunkel zur Helle in Augenhöhe Melanchthons im Stich verweist auf die traditionelle Gleichsetzung von Licht und dem Guten gegenüber dem Dunkeln als Bereich der Finsternis. Diese Thematik berührt Albrecht Dürer in der Verteidigung der darstellenden Kunst an sich: „Dagegen sage ich, daß keine Kunst bös sei, sondern alle gut, auch diejenigen, die man zu Bösem brauchen mag. Denn, ist der kunstreiche Mensch fromm aus guter Natur, so meidet er das Böse und wirkt das Gute. Dazu dienen die Künste, denn sie geben das Gute und das Böse zu erkennen." [24] Die Kunst Dürers und die Wissenschaft Melanchthons ist ethisch bildend legitimiert, in jener Unterscheidungsfähigkeit des Lichten und Dunklen, die im Portrait des Melanchthon symbolische Form angenommen hat. Der Humanist seinerseits hatte Dürers Kunst auf die höchste Stufe rhetorischer Überzeugungskraft erhoben, indem er sie als Paradigma in einer Erörterung über die drei Kategorien der Rhetorik einführte. Nach den verschiedenen von den Griechen definierten „Charakteren" der Werke bestünden drei Arten der Rhetorik: der bescheidene Stil (humile) und sein Gegenteil, der große Stil (grande), sowie der dritte, der mittelmäßige (mediocre), was an Hand der Malerei leicht einzusehen sei. Denn Dürer stelle alles größer und variiert mit reichen Liniengefügen dar, während die Bilder des Lucas (Cranach d.Ä.) nur anmutig und sanft seien, Matthias (Grünewald) aber der mittleren Stufe angehöre. Wie bei den Musikern die Töne gemischt werden, so gäbe es auch wirksame Mischformen der drei Arten des rhetorischen Vortrages. [25] Wie aber die 'überzeugende große Form' Dürers - entsprechend Melanchthons Kategorien aus der antiken Rhetorik - entstand, daß läßt sich besonders nahe im Vergleich von Studien und Ausführung in der Druckgraphik mit ihren reichen Tonmodulationen verfolgen, was der Gegenstand dieser Untersuchung war.

[1] M. Mende: Dürer-Bibliographie, Wiesbaden 1971; G. Bräutigam / M. Mende: „Mähen mit Dürer". Literatur und Ereignisse im Umkreis des Dürer-Jahres 1971. In: Mitteilungen des Vereins für Geschichte der Stadt Nürnberg, 61, 1974, S. 208-282.

[2] W. E. Strauss (Hg.): The Complete Drawings of Albrecht Dürer, 6 Bde., New York 1974.

[3] Rupprich II, S. 100, Z. 53-54.

[4] Zur Geschichte des Begriffes von Natur und Natura (communis, naturans/naturata, universalis / particularis) s. J. Ritter / K. Gründer (Hg.): Historisches Wörterbuch der Philosophie, Bd. 6, Basel 1984, Sp. 421 - 517.

[5] M. Kemp: Leonardo and Dürer. Man, Nature and the Art of Understanding. In: Kat. d. Ausst. „Circa 1492. Art in the Age of Exploration", National Gallery of Art, Washington, New Haven / London 1991, S. 105ff.

[6] D. Kuhrmann: Über das Verhältnis von Vorzeichnung und ausgeführtem Werk bei Albrecht Dürer, Diss. Berlin 1964, S. 87.

[7] Herrmann Fiore, Dürer, 1972, S. 25 ff., 79 ff.; vgl. Dies.: Leonardos „Gewitterlandschaft" und Dürers Nemesis. Zur kosmographischen Vision der Landschaft um 1500. In: Akten des Leonardo-Kolloquiums 1996, veranstaltet vom Kulturhistorischen Zentrum, Essen (in Druck).

[8] C. A. Gordon: A Bibliography of Lucretius, London 1962, führt die folgenden Ausgaben auf: 1486 Verona, 1500 Venedig, 1511 Bologna, 1512, Florenz, 1514 Paris, 1515 Bologna usw.

[9] T. Lucretius Carus: De rerum natura, (De Rer. Nat. I, 330-455) mit ital. Übersetzung, E. Cetrangolo (Hg.), Florenz 1978, S. 22-30.

[10] E. Panofsky: La vita e le opere di Albrecht Dürer, Mailand 1967, S. 167.

[11] Bach, Struktur, 1996, S. 95-120 mit neuen Ergebnissen zur inhaltlichen Aussage als Planetenbild in Form von Christus als Richtersonne gegenüber dem Pendant des gleichformatigen Stiches des Planetenbildes der Luna mit der Madonna auf der Mondsichel.

[12] E. Panofsky: Dürers Stellung zur Antike. In: Jahrbuch der preußischen Kunstsammlungen, 41, 1920, S. 59-77.

[13] Bach, Struktur, 1996, S. 95-120.

[14] Schneider, in: Dürer I, Nr. 59 und M. Mende, in: Kat. d. Ausst.„Dürer in Dublin", Nürnberg 1983, Nr.74.

[15] Koreny, Tierstudien, 1985, S. 23-25; D. Kuhrmann, in: Kat. d. Ausst. „Dürer und seine Zeit", Staatliche Graphische Sammlung, München 1967/68, S. 26-27, Nr. 29.

[16] S. Karling: Ritter, Tod und Teufel. Ein Beitrag zur Deutung von Dürers Stich. In: Evolution générale et developements régioneaux en histoire de l'art. Actes du 22e congrès interna tionale d'histoire de l'art, Budapest 1969, Budapest 1972, S. 731-737, Taf. 271-272.

[17] Vgl. M. Mende, in: Kat. d. Ausst. „Dürer in Dublin", Nürnberg 1983, Nr. 74 (mit Bibliographie).

[18] Panofsky, Dürer, 1948, Nr. 205.

[19] Eisler, Animals, 1996, S. 283-288.

[20] Text s. Herrbach, in: Kat. d. Ausst. „Kunst", 1985, S. 164.

[21] Philipp Melanchthon (Bretten 1497 - 1560 Wittenberg), bedeutender Altphilologe und Theologe, als Universitätslehrer maßgeblich für die Einrichtung „öffentlicher Schulen" und methodischer Didaktik in Deutschland, „Praeceptor Germaniae" betitelt, Hauptmitarbeiter Luthers, führender Verfasser des Textes der Augsburger Konfession, seine Anhänger (Philippisten) von den orthodoxen Lutheranern abgelehnt.

[22] K.-A. Knappe: Dürer. Das graphische Werk, Wien / München 1964, S. 106.

[23] Rupprich II, S. 128, Z. 49-64 „Da mit man durch manigerlay ekh vnd linien mist dy hoch der gepirg, dy prayten der velder, welder, wasser vnd der landschafften, auch heuser, gewelb, seulen, spicze, cirkel, tieff der prunnen, der teler, der grueb, der gleychen auch dy maß der schatten der tunkl, des glancz des hellen liechtz. Vnd solichs nit alain durch schlecht gerad linien, sunderlich durch korperlich schlecht gesicht linien, durch wider kert gesicht linien, als von wassern, von spiegeln oder andern poliertn dingen ...".

[24] Rupprich II S. 130, Z. 40-45 „Darwider sag jch, das kein Künst pös sey, sunder all gut, awch dy jenen, dy man zw pössem brawchen mag. Dan ist der künstlich mensch frum aws guter natur, so meit er das pos vnd würckt daz gut. Darczw dinen dy künst, dan sy geben zw erkennen gutz vnd pöses."

[25] Rupprich I, S. 306, nach Philipp Melanchthon: Elementa rhetorices. Wittenberg 1531: „De tribus generibus dicendi. ... Plurimum etiam conducit ad iudicandum, agnoscere diversa genera dicendi. Nam ingeniorum dissimilitudo, diversas formas, seu ut Graeci nominant charakteras operum, non solum in hac arte, sed in plaerisque aliis peperit. Et tamen certi quasi gradus animadversi sunt, intra quos hae formae consistunt, videlicet humile genus, et ille oppositum grande. Tertium est mediocre, quod primo genere plenius est, et tamen aliquantulum a summo abest, in picturis facile deprehendi hae differentiae possunt. Durerus enim pingebat omnia grandiora, et frequentissimis lineis variata. Lucae picturae graciles sunt, quae et si blande sunt, tamen quantum distent a Dureri operibus, collatio ostendit. Matthias quasi mediocritatem servabat. Miscentur autem haec genera inter se, sicut musici tonos miscent. Nam et illi qui sunt tenuiores, interdum aliquid efficiunt plenius."

KATALOG DER AUSGESTELLTEN WERKE

Katalogbearbeitung:
Erich Schneider (ES)
Anna Spall (AS)

Die technischen Angaben erfolgen unter Verwendung der Vorarbeiten von Peter Krüger. Die Maße sind in Millimeter, Höhe vor Breite angegeben. Wenn nicht anders angegeben, handelt es sich um die Blattmaße.

Die mit * gekennzeichneten Exponate sind bereits im Katalog der Ausstellung DÜRER ALS ERZÄHLER enthalten.

I. „GEPRAWCH VND VERSTAND"

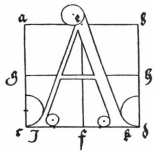

Albrecht Dürer wuchs als Handwerker wie als Künstler zunächst in die spätgotisch geprägte Tradition der Reichsstadt Nürnberg hinein. Auf eine kurze Zeit als Goldschmiedelehrling beim eigenen Vater folgten Lehrjahre bei dem Nürnberger Maler Michael Wolgemut. Von 1490 bis 1494 erweiterte Dürer jedoch seinen „Horizont" auf seiner Wanderschaft, die ihn u.a. nach Colmar, Basel und Straßburg führte. Dort lernte er insbesondere das Werk Martin Schongauers und wohl auch des Hausbuchmeisters kennen.

Dürers Schaffen weist in den frühen Graphiken und Aquarellen unverkennbar genialische Züge auf. Die ersten Portraitzeichnungen und die möglicherweise noch vor der Wanderschaft entstandenen Aquarelle der Nürnberger Landschaft, wie die „Drahtziehmühle" (W 61), lassen Traditionelles bereits weit hinter sich. In seinem druckgraphischen Werk der Lehrjahre dagegen mangelt es Dürer meist noch an dieser Frische und Spontaneität des unmittelbaren Erlebens. In der Regel bemühte er sich, die Natur nach dem Vorbild des Werkes der großen Meister seiner Zeit wiederzugeben. Ein nur noch in einem Exemplar in Amsterdam erhaltener Kaltnadelstich des Hausbuchmeisters mit der „Heiligen Familie in der Landschaft" dürfte Dürer im Hinblick auf Landschaftsaufbau und Figurenbildung bei seinem Holzschnitt „Die Heilige Familie mit den drei Hasen" beeinflußt haben. Ikonographische Prägungen als vorbildhaft angesehener Meister flossen ebenso in sein Frühwerk ein, wie er z.B. Schongauer bestimmte Schraffurtechniken absah.

Solche Abhängigkeiten sind auch in den anderen frühen, in Nürnberg oder Basel entstandenen, unselbständigen Holzschnitten Dürers unschwer zu beobachten. Beispielhaft mag man mit Holzinger den jungen Dürer als Entwerfer für die in der Werkstatt Michael Wolgemuts zu dem 1489 erschienenen Andachtsbuch „Zeitglöcklein" gefertigten Holzschnitte annehmen. Erwin Panofsky dachte bei dem Blatt „Circe und Odysseus" für das 1493 erschienene „Liber chronicarum" (Weltchronik) des Hartmann Schedel an Dürer. Die Reihe ließe sich mit den ihm zugeschriebenen Holzschnitten des „Narrenschiffes" oder auch des „Ritters vom Thurn" fortsetzen. In all diesen Fällen ist die Darstellung von Mensch und umgebender Natur zeichenhaft reduziert, die Figurenproportionen folgen dem üblichen Bedeutungsmaßstab und die Lichtführung ist in der Regel formelhaft schematisiert.

Nicht anders ist die Situation bei der Gruppe von Holzschnitten, zu der „Johannes d. T. und Onuphrius mit der Hopfengirlande" oder „Die Hll. Einsiedler Antonius und Paulus" gerechnet werden. Hier versuchte Dürer, erlernte Tradition und eigenes Naturstudium in das Medium einer Druckgraphik umzusetzen, die plakativ-populären Ansprüchen genügte. Ihren Höhepunkt fanden solche Bemühungen in den zwischen 1509 und 1511 entstandenen Holzschnitten der Kleinen Passion. Dennoch hat Dürer im Grunde genommen für die Bildende Kunst ähnliches geleistet, wie später Martin Luther in seiner Übersetzung der Bibel für die deutsche Sprache.

Dürer hat den harten Prozess der Annäherung von „geprawch und verstand" der frühen Jahre in seinem ab 1504/05 einsetzenden kunsttheoretischen Werk mehrfach reflektiert, „dan geprawch vnd verstand mus pey ein ander sein." Im „Ästhetischen Exkurs" von 1528 heißt es erläuternd: „... Dann der verstandt muß mit dem gebrauch anfahen zu wachsen, also das die hand kuen thon, was der will im verstand haben wil." Der Weg aus der handwerklichen Tradition führt über das Studium der Natur, „darumb sich sie fleysig an, richt dich darnach vnd gee nit von der natur in dein gut geduncken". Eine solche Warnung schließt jedoch ausdrücklich nicht aus, daß Dürer in einer entwickelteren Stufe von „geprawch und verstand" vom Abbilden der Natur in ein Wetteifern mit der Natur eintrat, „dan dein vberkumne kunst macht dir ein gute augen maß". Für diesen aus der intimen Kenntnis des Naturvorbildes erwachsenen, freien Umgang mit der Natur mag der 1512 datierte Holzschnitt des „Hl. Hieronymus in der Felsgrotte" stehen.

ES

37

1 DER KLEINE KURIER, *ca. 1496*

monogrammiert (mit verkehrtem A)
Kupferstich, 110 x 80 mm
B 80, M 79, S 12
Inv. Nr. D - 79

Ein Kurier galoppiert auf seinem Pferd in dieser kleinformatigen Darstellung nach links in die Tiefe der Landschaft. Der Reiter hat die Zügel straff angezogen und stemmt sich in die Steigbügel, um das Tier anzutreiben, ja er gebraucht sogar die Peitsche, die er in der rechten Hand demonstrativ emporhält. Der Kopf des Kuriers mit seiner federbesetzten Pelzhaube ist jenem des Hellebardiers in dem etwa ein Jahr älteren Kupferstich M 81 ähnlich. Das Ziel der wilden Jagd wird nicht recht deutlich; vielleicht geht es zu der links auf bergiger Anhöhe skizzierten Burg. Roß und Reiter sind in ihrer körperlichen Erscheinung sorgfältig und doch schematisch, ohne tieferes Verständnis für Bewegungsabläufe und Lichtführung modelliert.

In der charakteristischen Art der frühen Kupferstiche Dürers verdichtet sich die Zeichnung entlang des Umrisses bzw. wichtiger Binnenkonturen. Darin äußern sich Einflüße von Martin Schongauer oder auch des Hausbuchmeisters. Eine solche Manier trägt jedoch wesentlich dazu bei, daß die verschiedenen Bewegungsabläufe nicht wirklich lebendig anmuten, sondern wie „gefroren" wirken. Das Fell des Pferdes oder der Stoff der Bekleidung des Kuriers sind hinsichtlich ihrer Erscheinung nicht unterschieden.

Der Bewegung des Pferdes folgend, ist die umgebende Landschaft in verschiedene Tiefenschichten organisiert: Vorne ein keilförmig angelegtes Rasenstück, in der Mitte ein lediglich mit wenigen Strichen bezeichneter Bodenstreifen, hinten rechts eine kleine Gruppe hochragender Bäume und links der Ausblick in eine weite hügelige Landschaft.

Entsprechend den Regeln der Luftperspektive, hat Dürer selbst in diesem kleinen Kupferstich den Realitätsgrad der Natur bereits differenzierend darzustellen verstanden. Das Rasenstück vorne setzt sich aus unterschiedlichsten Blättern und Gräsern zusammen. Jeder Halm und jede Rispe ist sorgfältig gezeichnet. Anders dagegen die Baumgruppe rechts. Diese ist in der Art der frühen Druckgraphik nur als von Licht und Schatten definiertes summarisches Relief bzw. als Umrißfigur zusammengefaßt. Noch weniger Zeichnung erfuhr der Landschaftsausblick in der Tiefe des Blattes, dessen Oberfläche in wenige größere Formen aufgelöst wurde.

Die Darstellung von Mensch, Tier und umgebender Natur folgt bei diesem frühen, genreartigen Kupferstich weniger der eigenen Anschauung Dürers bzw. Studien nach der Natur, sondern reproduziert überlieferte Rezepturen. Noch spürt man kaum etwas von der unterschiedlichen Materialität der abgebildeten Gegenstände: Das Fell des Pferdes hat die gleiche Erscheinung wie die Kleidung des Reiters oder das Blattwerk der Bäume im Mittelgrund. Bemerkenswert ist der Kupferstich dennoch im Hinblick auf die z. B. hinsichtlich des Größenverhältnisses glaubwürdig inszenierten Versuche der Verknüpfung von Figur und Landschaft.

ES

Lit.: Flechsig, Dürer, 1928, Bd. I, S. 223 - Panofsky, Dürer, 1977, S. 92 f.

2 DIE HEILIGE FAMILIE MIT DEN DREI HASEN, *ca. 1496/97*

monogrammiert
Holzschnitt, 388 x 282 mm
B 102, M 212 (a), K 141, St 36
Inv. Nr. D - 212 a

Maria sitzt mit dem Jesusknaben auf einer von rohen Brettern gehaltenen Rasenbank, die von allerlei naturähnlich erscheinenden Gräsern und Kräutern umgeben ist. Im Vordergrund tummeln sich ohne Scheu drei Hasen. Obwohl Maria den Betrachter anblickt, präsentiert sie diesem das Kind auf ihrem Schoß nicht wirklich. Mit beiden Händen stützt sie den noch unsicher stehenden, nackten Knaben. Dieser blättert mit tapsigen Bewegungen und zugleich sehr konzentrierter Miene in einem Buch – der Bibel – als Anspielung auf das Passionsgeschehen.

Während Maria und das Jesuskind alleine in der Art des pyramidalen Figurenaufbaues eine thematische und kompositorische Einheit bilden, ist der rechts hinter der Rasenbank stehende Joseph von beiden merklich abgerückt. Er ist ein alter Mann, der sich dementsprechend auf einen Stock stützt. Diese Bildformel soll auf suggestive Weise eine Vaterschaft Josephs an dem Jesusknaben als biologisch unmöglich darstellen. Joseph blickt gleichwohl fürsorglich-väterlich auf die Mutter-Kind-Gruppe vor ihm. Er hat den Hut abgenommen und bezeugt so seinen Respekt vor dem Geschehen, an dem er nur mittelbar beteiligt ist. Im Himmel präsentieren zwei kindliche Engel eine Krone direkt über dem Haupt Mariens. Eine hohe, festgefügte Mauer schützt den „hortus conclusus" vor dem im Hintergrund sich weit in die Tiefe erstreckenden Weltgeschehen.

Wie viele der frühen Blätter verbindet dieser prachtvolle Holzschnitt Detailmotive aus Stichen von Schongauer mit Prägungen des Hausbuchmeisters. Andererseits ist das Werk hinsichtlich des monumental-pyramidalen Figurenaufbaues oder der „raschelnden" Plastizität der Darstellung Mariens ohne italienische Erfahrungen, insbesondere des Werkes von Mantegna, nicht vorstellbar.

Im Sinne der Thematik der Schweinfurter Ausstellung gilt es insbesondere Dürers

Umgang mit der Darstellung der Natur zu beachten. Sehen wir einmal ganz davon ab, daß Dürer wesentlich genauer beobachtet hat, als sich dies in der Namensgebung des Holzschnittes niedergeschlagen hat: Die sog. drei „Hasen" sind nämlich Kaninchen, wie man an der Erdhöhle, in die sich eines flüchtet, unschwer erkennen kann. Andererseits ist der Holzschnitt jedoch alleine aus technischen Gründen weit entfernt von jenem einfühlsamen Tierportrait, wie es Dürer in der bekannten Zeichnung in der Wiener Albertina von 1502 gelungen ist.

Wie schon beim „kleinen Kurier" bemerkt, folgt Dürer auch in diesem Holzschnitt in der Hauptsache einer schematisierenden Luftperspektive, die entfernte Gegenstände nur noch in Umrissen darstellt. Die Möglichkeiten des gegenüber dem Kupferstich „spröderen" Holzschnitt ausreizend, hat Dürer es verstanden, die Darstellung von Natur und Materialität gleichwohl intensiv auszuarbeiten. Friedrich Winkler sah darin sogar den „Wunsch nach stärkster Verlebendigung aller Einzelheiten". Darüber hinaus setzt Dürer das Mittel einer stärkeren optischen Präsenz des Einzelmotivs auch thematisch sinnvoll ein: Sowohl die Hasen vor Maria als auch die Mauer hinter der Gottesmutter, sind im Gegensatz zur Mutter-Kind-Gruppe oder zur Figur des Joseph deutlich zurückgenommen, ja geradezu schematisiert. Im Hintergrund dagegen arbeitet Dürer manches Detail stärker heraus. Auffällig ist die Burg mit Fachwerkobergeschoß und Erker an einem von dichtem Buschwerk umstandenen See, über den ein Schelch mit zwei Ruderern übersetzt. Einer der beiden führt das Ruder im Heck stehend in der Art venezianischer Gondolieri; ein winziges Stück bildgewordenen Naturstudiums?

ES

Lit.: Winkler, Dürer, 1957, S. 100 - Knappe, in: Kat. „Dürer", Nürnberg 1971, Nr. 593 - Mende, in: Kat. „Wirkung", 1976, Nr. 8 - Herrbach, in: Kat. „Kunst", 1985, Nr. D-1

³DIE HLL. JOHANNES D. T. UND ONUPHRIUS MIT DER HOPFENGIRLANDE, *ca. 1502*

monogrammiert
Holzschnitt, 212 x 141 mm
B 112, M 230 (a), K 196, St 84
Inv. Nr. D - 230 a

In einer aus wenigen „Naturkulissen" geformten Waldeinsamkeit sind die zwei stehend vorgestellten Heiligen Johannes d.T. und Onuphrius dem Betrachter ganz nahe gerückt. Das Pflanzenwerk, ein abgestorbener, hochragender Baumstumpf, verschiedene Bäume und ein in der Art Schongauers gleichmäßig dunkel schraffierter Hügel links hinterlegen die beiden Einsiedler teilweise bis über Kopfhöhe. Nur oberhalb Johannes des Täufers öffnet sich der Blick auf eine aus großer Höhe gesehene, weiträumige Landschaft.

Der links stehende Johannes der Täufer, aus Sicht des Alten Testamentes der Vorläufer und Wegbereiter Christi, ist an seinem Fellgewand erkennbar. Zu seinen Attributen gehören das zu seinen Füßen lagernde Gottes-Lamm mit der Fahne, auf das Johannes ausdrücklich hinweist. Außerdem sind das Buch, das ihn als Propheten und wortmächtigen Prediger kenntlich macht, und auch die Wurzel, bzw. der abgestorbene Baum, Symbol des Alten Testamentes, zu nennen. Johannes gegenüber steht rechts der Hl. Onuphrius. Er hält das Neue Testament und die Hostie mit einer Kreuzigungsdarstellung als seine üblichen Attribute in Händen.

Obwohl die beiden Heiligen, abgesehen von ihrer abgeschiedenen und lehrenden Lebensweise, nichts gemeinsam haben, sind sie in der Art einer fiktiven Begegnung in einem Bild vereint. Eine solche Zusammenstellung war zu Lebzeiten Dürers durchaus geläufig. In der 1475 von Johann Sensenschmidt in Nürnberg veröffentlichten Sammlung von Heiligenlegenden gilt der Lebenswandel Johannes des Täufers als vorbildhaft für das Einsiedlerdasein schlechthin. Dürer verstand es jedoch, durch den Kunstgriff der Anordnung seine Darstellung deutlich in zwei Hälften zu gliedern und damit die „historische" Wahrheit anzuzeigen. So schafft der langgezogene Gewandzipfel, mit dem Onuphrius seine rechte die Bibel und die Hostie haltende Hand um-

wickelt hat, eine anschauliche Zäsur im Bild, die von dem darüber aufragenden Baumstumpf noch verstärkt wird.

Der Holzschnitt gehört wie auch das nächste Blatt zu einer Folge von volkstümlichen, gleichformatigen Heiligendarstellungen, die weitgehend in den Jahren 1500 bis 1504 entstanden sind. Wahrscheinlich waren sie für ein Gebetbuch gedacht, das möglicherweise aufgrund der zweiten italienischen Reise Dürers nicht im Druck erschien.

Anders als bei dem etwa gleichzeitig geschaffenen „Marienleben" hat Dürer scheinbar nur wenig Wert auf Bilderfindung und Sorgfalt in der Ausführung gelegt. Man hat gerade Blätter wie dieses in der Literatur immer wieder gerne mit jenen in Verbindung bringen wollen, die Dürer im Tagebuch seiner niederländischen Reise mit der Bezeichnung „schlechtes Holzwerk" charakterisiert hat. Im Sprachgebrauch des 16. Jahrhunderts bedeutet „schlecht" jedoch soviel wie „schlicht" oder „einfach" und war durchaus nicht negativ belegt. Vielmehr blitzt gerade in solchen, nicht von gelehrter Kunsttheorie durchdrungenen Holzschnitten Dürers Interesse an sorgfältiger Naturbeobachtung auch im Holzschnitt durch. Die hinreißend mit wenigen Strichen „skizzierte" Baumruine oder die vielgestaltig modellierten Bäume mögen sich einer botanischen Bestimmung zwar verschließen, sind aber hinsichtlich ihrer „impressionistischen", reliefhaften Erscheinung prachtvoll formuliert. Daß Dürer gleichwohl auch im naturwissenschaftlichen Sinne genaue Naturdetails liefern konnte, belegt die „Hopfengirlande" eindringlich.

ES

Lit.: Jürgens, Salus Animae, 1969, S. 67 ff. - Deneke, in: Kat. „Dürer", 1971, Nr. 350 - Herrbach, in: Kat. „Kunst", 1986, Nr. D-7

₄ DIE HLL. EINSIEDLER ANTONIUS UND PAULUS, *ca. 1503*

monogrammiert
Holzschnitt, 214 x 142 mm
B 107, M 221 (a-b), K 219, St 83
Inv. Nr. D - 221

Der Legenda aurea zufolge besuchte der Hl. Antonius aufgrund eines Traumgesichtes den Einsiedler Paulus, um von diesem Demut zu lernen. In Dürers Holzschnitt lagern die zwei bei einer Quelle am Rande eines dichten Waldes mit hochragenden Bäumen. Diese entspringt zwischen den Felsen zu ihren Füßen und verbreitert sich gegen den Vordergrund zu einem Bächlein. Das Motiv des Wassers wird durch den Hirsch im Waldmittelgrund thematisch noch einmal verstärkt, der an den Psalmvers erinnern soll: „Wie der Hirsch schreit nach frischem Wasser, so schreiet meine Seele, Gott, zu dir" (Psalm 42,2).

Ähnlich dem vorhergehenden Blatt Kat. Nr. 3 aus der gleichen Serie populärer Holzschnitte, ist den Eremiten eine dichte Waldkulisse hinterlegt, die nur links oben den Blick in die Tiefe einer Landschaft freigibt. Diese wird im Hintergrund von einem hochragenden, bewaldeten Berg abgeschlossen. Die beiden Heiligen haben ein rohes Holzbrett über die Quellfassung gelegt und darauf ihre wenigen Habseligkeiten abgestellt. Glöcklein und Doppelkreuz weisen den links sitzenden, bärtigen Mönch als den Eremiten Antonius d. Gr. aus, der sich im vierten Jahrhundert in die Einsamkeit eines Felsengrabes zurückgezogen hatte. Ihm gegenüber sitzt auf der rechten Seite Paulus von Theben. Dürer hat sich der seit dem Mittelalter üblichen Attribute bedient und den Heiligen als bärtigen alten Mann in weitem, faltenreichem Umhang, barfuß und mit Krückstock dargestellt.

Die Einsiedler disputieren miteinander und bilden nun – anders als im vorangehenden Blatt – anschaulich eine Gruppe. Von links oben fliegt ein Rabe heran, der ihnen ein in der Mitte auffällig geteiltes Brot bringt und damit auf die bekannte Legende anspielt. Auf geschickte Weise gelingt es Dürer, räumliche Tiefenwirkung zu schaffen, indem er den Hl. Antonius neben und den Hl. Paulus vor dem provisorischen Tisch anordnet.

Auch sonst hat der Künstler den Grad seiner Naturbeobachtungen erheblich gesteigert. Der Wald ist durch Anordnung der Bäume und Lichtführung wirkungsvoll in den Raum hinein entwickelt, wo der querende Hirsch die entscheidende Stelle der endgültigen Schematisierung der Naturdarstellung markiert. Die einzelnen Bäume sind nicht mehr nur nach „impressionistischen" Gesichtspunkten als Relief vorgestellt, sondern tragen zur Inszenierung räumlicher Tiefe bei. Darüber hinaus sind sie auch hinsichtlich ihrer Gattung andeutend unterschieden. Andererseits fehlt gerade diesem Holzschnitt jene, die Phantasie so ungemein anregende Wirkung, die eine skizzenhafte Landschaftszeichnung von ca. 1505 anschaulich ausstrahlt, die dem gleichen Themenkreis angehört und sich im Berliner Kupferstichkabinett befindet.

ES

Lit.: Panofsky, Dürer, 1977, S. 128 f. - Herrbach, in: Kat. „Kunst", 1986, Nr. D-8

5 CHRISTUS ALS GÄRTNER, *ca. 1510*

monogrammiert
Holzschnitt, 128 x 98 mm
B 47, M 156, K 253, St 131
Inv. Nr. D - 156 a

Der Holzschnitt „Christus als Gärtner" und auch das „Emmausmahl" der folgenden Kat. Nr. 6 entstammen der sog. „Kleinen Holzschnittpassion". „Der Stil der Holzschnitte entspricht dem der Szenen, die 1510 zur 'Großen Passion' hinzugefügt wurden" (Strieder). Die 36 Illustrationen erschienen 1511 in Nürnberg als Buch unter dem Titel „Passio Christi ab Alberto Dürer Nurenbergense effigiata cu[m] variis carminibus Fratris Benedicti Chelidonii Musopili". Dürer arbeitete mindestens seit 1509 an der Folge, da zwei Holzschnitte (M 141 und M 146) dieses Datum tragen. Die Kleine Holzschnittpassion dürfte im druckgraphischen Werk Dürers die meiste Verbreitung erfahren haben. Außer der Buchausgabe lassen sich zahlreiche Nachdrucke von den originalen Stöcken ohne rückseitigen Text und sogar Kopien mehrerer Künstler belegen.

Die von Dürer dargestellte Begebenheit wird ausführlich im Johannes-Evangelium (20, 11 - 18) überliefert: Christus erscheint der am leeren Grab weilenden Maria von Magdala als erster nach seiner Auferstehung. In ihrer Trauer hält sie Christus jedoch zunächst für den Gärtner. Erst als sie der Heiland anspricht, erkennt sie ihn, darf ihn aber nicht berühren („Noli me tangere"), da er noch nicht „zum Vater hinaufgegangen" ist. Christus beauftragt sie aber, den übrigen Jüngern von seiner Auferstehung zu berichten.

Dürer schildert genau diesen Augenblick des Erkennens und der Aussendung durch Christus. Maria von Magdala ist in die Knie gesunken und stützt sich dabei mit der linken Hand auf das am Boden abgestellte Salbgefäß. Ihre rechte Hand hat sie mit verhaltener Geste zu dem vor ihr stehenden Christus erhoben. Dieser blickt die Kniende an und macht mit seiner vom Kreuznagel durchbohrten rechten Hand eine vielfach deutbare Bewegung: Einmal weist er gemäß der Schrift Maria von Magdala zurück. Zugleich ist sein Zeigefinger sowohl Maria segnend, als auch in Richtung der sich aus dem Hintergrund aus einem Stadttor Drängenden erhoben,

denen Maria von der Auferstehung berichten soll. Schließlich präsentiert Christus seine Wundmale und legitimiert sich damit gegenüber der Frau. Der Auferstandene ist noch in ein weites Leichentuch gehüllt. Über der linken Schulter trägt er eine Schaufel und auf dem Kopf eine breitkrempigen Hut; diese Attribute machen ihn als Gärtner kenntlich.

Trotz einiger psychologisierender Feinheiten, etwa in den beiden sich begegnenden Händen von Christus und Maria von Magdala, ist die Bildsprache recht einfach. Die beiden Figuren sind stark schematisiert und die umgebende Naturkulisse lediglich skizzenhaft angedeutet. Auch die Stadtmauer mit dem Tor im Hintergrund ist nur durch schlichte geometrisierende Formen bezeichnet. Die Anordnung von Licht und Schatten, von Hell und Dunkel kommt nahezu ohne vermittelnde Zwischentöne aus. Dürer hat in seiner Kleinen Holzschnittpassion mit den eher „plakativen" Mitteln einfacher Ausdrucksformen gearbeitet, die wesentlich dafür verantwortlich gewesen sein dürften, daß gerade diese Folge so außergewöhnlich „volkstümlich" geworden ist.

ES

Lit.: Strieder, in: Kat. d. Ausst. „Vorbild Dürer", 1978, Nr. 136 ff., bes. Nr. 149

Die Kleine Holzschnittpassion:

6 EMMAUSMAHL, *ca.1510*

monogrammiert
Holzschnitt, 127 x 96 mm
B 48, M 157, K 254, St 132
Inv. Nr. D - 157

Auch das Emmausmahl gehört zu den im Neuen Testament überlieferten Begebenheiten nach der Auferstehung Christi, bei denen Christus von seinen Jüngern zunächst nicht erkannt wird. Im Lukas-Evangelium heißt es wörtlich: „Da ging er mit hinein, um bei ihnen zu bleiben. Und als er mit ihnen bei Tisch war, nahm er das Brot, sprach den Lobpreis, brach das Brot und gab es ihnen. Da gingen ihnen die Augen auf, und sie erkannten ihn; dann sahen sie ihn nicht mehr" (Lukas 24, 29 - 31). Wieder hat Dürer, wie schon im vorhergehenden Blatt in Kat. Nr. 5, den Augenblick des Erkennens zum Thema seiner Darstellung gemacht.

Wir schauen durch ein oben halbrund geführtes, offenes „Portal" in einen nur sparsam angedeuteten Innenraum. Die Möblierung mit gedecktem Tisch und zwei beidseits stehenden Truhenbänken entstammt der Lebenszeit Dürers. Je zwei in der Tracht ebenfalls des frühen 16. Jahrhunderts gekleidete, bärtige Gestalten besetzen die Längsseiten des Schragentisches. Sie blicken gebannt auf Christus, der, dem Betrachter genau gegenüber, die Schmalseite des Tisches einnimmt und gerade das Brot bricht. Das Haupt des Auferstandenen wird von einer leuchtenden Gloriole umsonnt, die die Tiefe des Raumes völlig überstrahlt.

Noch konsequenter als bei dem vorangehenden Holzschnitt hat sich Dürer im „Emmausmahl" über alle Konventionen hinweggesetzt. Im Verhältnis zum entsprechenden Blatt in der Großen Passion berücksichtigt Dürer insbesondere die erhebliche Reduktion des Formates. Da sich beim Holzschnitt die einzelne Linie jedoch nicht beliebig verschmälern läßt, muß Dürer versuchen, „mit weniger Strichen mehr" zu sagen (Hubala). Das führt erneut zu einer im positiven Sinne plakativen Monumentalisierung der Darstellung. Von den elf anwesenden Jüngern stellt er nur vier dar und weist diese durch Habitus und Kleidung als Zeitgenossen aus. Auf Angaben zur Stofflichkeit etwa des Interieur oder auf eine konsequente Durchformung der Zentralperspektive verzichtet er weitgehend zugunsten einer expressiv übersteigerten Aussage.

Genauso unkonventionell wie hinsichtlich der Anordnung seiner Figuren verfährt Dürer bei der Perspektivdarstellung des Raumes. Nach den Gesetzen der Zentralperspektive wurden im Grunde nur die Leibung des rahmenden Bogens und die Möbel gezeichnet. Wie man insbesondere an der Tischplatte ablesen kann, treffen sich die einzelnen Fluchtpunktlinien im Gesicht Christi, dem Zentrum des Geschehens. Die Konstruktion der Perspektive ist also – abgesehen von der linken Truhenbank – im geometrischen Sinne richtig. Dennoch hat Dürer die Perspektive im Sinne der Ikonographie und zur Steigerung der Bildaussage eingesetzt und interpretiert. Er verlagert, um Christus gegenüber seinen Jüngern herauszuheben, den Fluchtpunkt sehr weit nach oben. Dadurch ergibt sich für den Betrachter nahezu der Effekt einer Unteransicht. Nicht zuletzt deshalb dürfte Dürer auf nähere Angaben zur Architektur des dahinter befindlichen Raumes verzichtet haben.

ES

Lit.: Herrbach, in: Kat. „Kunst", 1986, Nr. D-8

7 DER HL. HIERONYMUS IN DER FELSGROTTE, *1512*

monogrammiert und datiert 1512
Holzschnitt, 173 x 128 mm
B 113, M 229 (I/a), K 269, St 167
Inv. Nr. D - 229 a

Der Hl. Hieronymus, einer der vier großen lateinischen Kirchenväter, wird von Dürer in der Einsamkeit einer Felsenhöhle geschildert, wie er mit konzentrierter Miene jenen Worten des Gekreuzigten lauscht, die dieser ihm in die Feder diktiert. Im Hintergrund öffnet sich die Felsenhöhle und gibt den Blick frei auf einen an einem See gelegenen Flecken mit Kirche. Der bärtige Kirchenlehrer trägt entsprechend seinem Eremitendasein einfachste Kleidung. Seine Füße sind nackt. Er sitzt auf einem Felsbrocken. Seine Manuskripte, an denen er gerade schreibt, hat er auf einem pultartig zugerichteten Felsen abgelegt. Dort steht auch das kleine Kreuz mit dem Gekreuzigten, dessen Weisungen der Heilige lauscht. Tintengeschirr und ein lederner Köcher für die Schreibfedern vervollständigen das karge Interieur. Ein abgelegter Mantel mit Kardinalshut sind als Attribute für die hohe kirchliche Würde des Einsiedlers zu deuten. Ein weiteres Attribut des Hieronymus ist der am linken unteren Bildrand ruhende und aus dem Bild herausblickende Löwe. Wie ein Menetekel und doch überraschend auffällig hat Dürer sein Monogramm in die Felswand hineingeschrieben, während sich die Datierung an der Wange des steinernen Schreibpultes findet.

Natürlich ist es zunächst diese Darstellung des Hl. Hieronymus, die dem Holzschnitt Inhalt und Sinn verleiht. Andererseits erscheint die Inszenierung der Felsenhöhle so dominant, daß darüber das Thema aus der Heiligenlegende ins Hintertreffen zu geraten droht. Dürer hat solches offenbar ganz bewußt angestrebt, denn er rückte die Darstellung des Heiligen zwar in den Vordergrund, hob ihn jedoch in seiner Art der Linienführung oder der Licht- und Schattenbehandlung nicht weiter heraus. Der Hl. Hieronymus ist in seiner graphischen Durchformung nicht anders behandelt als die umgebende Natur. Die Landschaft einschließlich des Löwen und die Darstellung des Heiligen als Schreibenden haben in diesem Blatt hauptsächlich ikonographische Bedeutung, da sie wesentliche Eigenschaften des Lebens und Wirkens des Hl. Hieronymus versinnbildlichen.

Die Felsengrotte ist ein „starkes Stück" inszenierter Naturkulisse. Da türmen sich Felsformationen unterschiedlichster Schichtungen und Lagen zu einer kunstvollen und doch zugleich labil erscheinenden Höhle. Allenthalben ragt Wurzelwerk aus den Ritzen hervor und mancher abgestorbene Baum hindert einen Felsen gerade noch am Abstürzen. Die Felsdecke der Grotte ist ausgesprochen dünn, denn am oberen Bildrand erkennt man das darauf wachsende Knüppelholz und etliche Gräser.

Schon alleine ein solches Aufeinandertreffen verschiedenster Steine und Lagen läßt darauf schließen, daß Dürer hier nicht das „Portrait" einer in der Natur wirklich vorhanden gewesenen Felsgrotte wiedergegeben hat. Als geschickter Regisseur arrangiert er diverse Einzelbeobachtungen zu einer stimmigen Kulisse, die der zeitgenössischen Vorstellung vom Eremitendasein des Hl. Hieronymus entsprochen haben mag. Dürer bildet die Natur nicht einfach ab, sondern bedient sich einzelner Elemente, um selbstbewußt aus diesen völlig neue Bilder zu formen.

ES

Lit.: Strieder, in: Kat. „Vorbild", 1978, Nr. 171

II. „... INWENDIG VOLLER FIGUR"

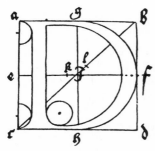

Die „Kunst" steckte für Dürer in der Natur, „darumb sich sie fleysig an, richt dich darnach vnd gee nit von der natur in dein gut geduncken". Tatsächlich hat der Meister zeitlebens und intensiv, insbesondere in seinen Zeichnungen und Aquarellen, das Studium der Natur gepflegt, denn „ein gut bild kann aüsserhalb fleis vnd müe nit gemacht werden". Aber das Üben der eigenen Hand und das vertiefte Eintauchen in die Gesetzmäßigkeiten der Natur war nur die eine Seite von Dürers Bestreben. Mehr und mehr erkannte er, daß sich objektive Schönheit nicht ausschließlich als mathematisch-geometrische Gesetzmäßigkeit definieren und ableiten läßt.

Das Abbilden der Natur war für den reifen Dürer somit nicht mehr das endgültige Ziel seines Strebens. Als höchste Stufe schöpferischen Wirkens stand für ihn das Wetteifern mit der Natur, „aber gar wenig kumen zu disem verstand. Aber der sind vil, die da mit grosser muee viel vnrechtz machenn." Erst aus dem fleissigen Studium der Natur „wirdet der versamlet heymlich schatz des hertzen offenbar durch das werck vnnd die newe creatur, die einer in seinem hertzen schoepfft inn der gestalt eins dings. Das ist die vrsach, das ein wol geuebter kuenstner nit zu einem yetlichen bild [be]darff lebendige bilder ab[zu]machen, dann er geust gnugsam herauß, was er zeyt von aussen hineyn gesamlet hat."

Wirklich der Natur „entrissen" sind denn auch, wenn überhaupt, nur Zeichnungen und Aquarelle nach dem Augenschein. Schon in seinen Proportionsstudien wurde der menschlichen Figur eine mathematische Annahme zugrundegelegt. Jede Studie nach der Natur wurde von Dürer im Bild den dort geltenden Gesetzen der Komposition unterworfen, oder, um es erneut mit seinen eigenen Worten auszudrücken, „jn jren glidern gebogen". Kein Naturvorbild ist in allen Teilen vollkommen und bedarf deshalb „der menschen vrteyl". Gerade der um 1500 zu datierende Kupferstich eines „Wappenschildes mit Löwe und Hahn" belehrt uns, wie souverän Dürer damals bereits unmittelbar erlebtes Naturvorbild und eigene Erfindungsgabe zu einem überzeugenden Bildganzen zu verbinden wußte.

Weil Dürer so viele Bilder in sich aufgenommen hat und deshalb „inwendig voller Figur" war, gelang es ihm in seinem Werk eine neue Natur schaffen. Diese hat ihren Anlaß und Ursprung zwar in der sichtbaren Welt, wird jedoch zu einer Welt der Kunst umgeformt. Dürer vermochte Landschaften zu bilden, die wir kennen, die aber mehr sind als ein topographisch genaues Abbild. Er konnte z.B. in seinem Kupferstich „Adam und Eva" (Dürer I, Nr. 2) die Schönheit des menschlichen Körpers so formen, daß sie uns glaubhaft und vertraut erscheint, und doch ist sie auch das Ergebnis des heftigen theoretischen Ringens mit Proportion und antiker Überlieferung. Dürer führte uns in der Apokalypse die scheußlichsten Monster vor, die keines Menschen Auge je gesehen hat, und doch sind all diese Unnaturen zunächst das Ergebnis addierenden Studiums der Natur oder älterer Vorbilder in der Kunst. Ein bescheidenes Flugblatt oder gerüchteweise kursierende Nachrichten aus dem Ausland genügten dem Nürnberger, um aus der wenige Stunden alten Mißgeburt eines Ferkels die ausgewachsene „Sau von Landser" (Dürer I, Nr. 77) oder DAS „Rhinozeros" (Dürer I, Nr. 80) zu schaffen, das unsere Vorstellung von diesem Tier bis in die Gegenwart bestimmt hat.

Natürlich spielt die Frage der verwendeten künstlerischen Technik eine nicht unerhebliche Rolle. In unserem Zusammenhang geht es um Druckgraphik. Man könnte das Verhältnis von Holzschnitt und Kupferstich in Bezug auf den Betrachter in Anlehnung an ein Wort von Georg Dehio charakterisieren. Danach ist der Holzschnitt zugleich weniger und mehr als der Kupferstich: „Weniger im Erzeugen von Illusion, mehr im Anregen der Phantasie".

ES

53

8 JOHANNES, DAS BUCH VERSCHLINGEND, *1498*

monogrammiert; aus der deutschen
Urausgabe; Holzschnitt, 395 x 287 mm
B 70, M 172, K 114, St 53
Inv. Nr. D - 172 a

Die Texte der Offenbarung des Johannes boten Dürer reichen Stoff für seine überbordende Phantasie, die durch kein wirkliches Vorbild in der Natur angeregt worden sein konnte. Dabei ist es interessant zu beobachten, wie Dürer in diesem Hauptwerk seiner Frühzeit Naturvorbild und Naturbeobachtung einsetzt, um die in der Apokalypse mit Worten beschriebenen „übernatürlichen" Erscheinungen in anschauliche und allgemeinverständliche Bilder umzusetzen.

Der entsprechende Text lautet: „Ein andrer gewaltiger Engel kam aus dem Himmel herab; er war von einer Wolke umhüllt, und der Regenbogen stand über seinem Haupt. Sein Gesicht war wie die Sonne, und seine Beine wie Feuersäulen. In der Hand hielt er ein kleines, aufgeschlagenes Buch. Er setzte seinen rechten Fuß auf das Meer, den linken auf das Land und ... erhob seine rechte Hand zum Himmel ... Und die Stimme aus dem Himmel, die ich gehört hatte, sprach noch einmal zu mir: Geh, nimm das Buch, das der Engel, der auf dem Meer und auf dem Land steht, aufgeschlagen in der Hand hält ... Da nahm ich das kleine Buch aus der Hand des Engels und aß es. Als ich es aber gegessen hatte, wurde mein Magen bitter" (Offenbarung 10, 1-10).

Im Grunde genommen hat Dürer die zitierte Stelle der Apokalypse nahezu wörtlich in seinen Holzschnitt übertragen. Der Text spricht von einem „gewaltigen Engel". Das gab Dürer die Möglichkeit, sich zunächst an die traditionelle Vorstellung von Engeln als menschenähnliche Wesen zu halten. Die Wolke, die diesen Engel umhüllt, läßt nur dessen Antlitz und die beiden Hände frei. Der „Regenbogen" steht tatsächlich über seinem Haupt und sein Gesicht wird von einem dichten Kranz spitzer Sonnenstrahlen umhüllt. Die Beine des Engels hat Dürer als Säulen gebildet, aus denen oben Flammen schlagen – „Feuersäulen". Das rechte dieser Feuersäulen-Beine steht auf dem Land, während er das linke auf dem Meer aufsetzt, ohne im Meer einzutauchen.

Diese Vergleiche ließen sich fortführen und belegen eindringlich, daß es Dürer verstanden hat, für den Text kongeniale Bilder zu finden, die im Grunde bis heute nichts von ihrer Anschaulichkeit verloren haben. Darüberhinaus gelang es Dürer, das besondere Mysterium, das diese Offenbarung umgab, die ja nur dem Johannes als einem Auserwählten mitgeteilt wurden, ebenso in seine Bildersprache zu übersetzen. Während Johannes mit ekstatischer Geste das Buch verschlingt, welches ihm der Engel hinhält, und im Himmel sich ein vielfältiges Geschehen um den dort aufscheinenden Altar Gottes abspielt, ein Vorgriff auf das 11. Kapitel der Apokalypse, bekommt die umgebende Welt davon nichts mit. Weder die hochragenden Bäume rechts „reagieren" auf das Ereignis, noch ist das Meer links in irgendeiner Weise berührt. Die Schiffe ziehen ruhig ihre Bahn, ein delphinartiger Fisch durchpflügt die Fluten und zwei Schwäne suchen im seichten Uferwasser nach Futter.

Ähnlich wie der Johannes-Text bei der Schilderung von in der sichtbaren Welt nicht vorkommenden Visionen sich sprachlicher Vergleiche bedient, hat Dürer den gleichen Kunstgriff in die Möglichkeiten des Holzschnittes übersetzt und der Wirklichkeit entlehnte Bilder und Zeichen gebraucht. Auf diese Weise und dank eines ausgesprochen „zupackenden" neuen graphischen Stils vermochte Dürer, farbige oder gar akustische Elemente der Visionen für das Auge des Betrachters anklingen zu lassen. Solches haben schon Zeitgenossen wie Erasmus von Rotterdam bemerkt, der über Dürer schrieb: „... er weiß auch das gar nicht Darstellbare auszudrücken, wie Feuer, Strahlen, Gewitter, Blitze, Wetterleuchten und Nebel ... alle Leidenschaften ... ja fast die Sprache selbst."

ES

Lit.: Arndt, Dürer, 1971/72, S. 48 ff. - Herrbach, in: Kat. „Kunst", 1986, Nr. D-3

9 DAS TIER MIT DEN WIDDERHÖRNERN, *ca. 1497*

monogrammiert
Holzschnitt, 392 x 285 mm
B 74, M 175 (I), K 117, St 46
Inv. Nr. D - 175 a

Im Zentrum der Schilderung des 13. Kapitels der Apokalypse steht der Kampf des Teufels gegen das Volk Gottes: „Ein Tier stieg aus dem Meer, mit zehn Hörnern und sieben Köpfen. Auf seinen Hörnern trug es zehn Diademe ... Das Tier, das ich sah, glich einem Panther, seine Füße waren wie die Tatzen eines Bären und sein Maul wie das Maul eines Löwen ... Einer seiner Köpfe sah aus wie tödlich verwundet; aber die tödliche Wunde wurde geheilt. Und die ganze Erde sah dem Tier staunend nach. Die Menschen warfen sich vor dem Drachen nieder ... und sie beteten das Tier an ... Und ich sah: Ein anderes Tier stieg aus der Erde herauf. Es hatte zwei Hörner wie ein Lamm, aber es redete wie ein Drache. Die ganze Macht des ersten Tieres übte es vor dessen Augen aus. Es brachte die Erde und ihre Bewohner dazu, das erste Tier anzubeten, dessen tödliche Wunde geheilt war. Es tat große Zeichen; sogar Feuer ließ es vor den Augen der Menschen vom Himmel auf die Erde fallen."

Drei der vier in diesem Holzschnitt versammelten Gruppen bzw. das Geschehen auf der unteren Hälfte des Blattes lassen sich mit Hilfe dieses Textes benennen: Das siebenköpfige Tier, von Franz von Juraschek als „Todsündendrachen" bezeichnet, steigt links aus dem Meer heraus über felsige Klippen. Dürer hat sich bezüglich der Realien wieder genau an den Text gehalten: Die beschriebene „tödliche", aber geheilte Wunde am rechten Kopf des „Tieres" fehlt genauso wenig, wie sieben Köpfe, zehn Hörner und zehn Diademe vorhanden sind.

Den Leib des „Tieres" und den mittleren seiner sieben Köpfe hat Dürer in direkter Anlehnung an die Vorlage der Apokalypse geschildert: Der Körper soll dem eines Panthers gleichen, seine Tatzen denen eines Bären und sein Maul dem eines Löwen. Zum Zeitpunkt der Entstehung der Apokalypse dürfte Dürer sicher nicht von allen drei genannten Tieren bereits eine vertiefte Kenntnis ihres Aussehens nach eigenem Augenschein gehabt haben. Ungeachtet des-sen sind auch die anderen sechs Bestienköpfe wahrhaft „phantastische" und zugleich glaubwürdige Beispiele für Dürers „inwendige" Erfindungsgabe von Figuren. Die schreckensschwangeren Visionen in der Offenbarung des Johannes boten Dürer schier unerschöpfliche Anregungen für die Erfindung und Darstellung von scheußlichsten Bestien und Fabelwesen.

Bei dem zweiten, namengebenden Tier mit den Widderhörnern, das über den Köpfen der sündigen Menschlein emporsteigt, hat Dürer die Erscheinung dieser Bestie wirkungsvoll als Bild im Bild gesteigert. Es ist nicht nur seine körperliche Präsenz, es sind nicht nur die Zeichen seiner Macht, etwa der vom Himmel fallende Feuerregen, der gerade für dieses Löwentier einnimmt, nein es ist noch etwas anderes: Dürer ist es gelungen, diesem Tier etwas von jener besonderen Ausstrahlung anschaulich zu vermitteln, der im Text der Offenbarung mit „es redete wie ein Drache", „übte Macht aus", „es tat große Zeichen" usw. umschrieben wird.

Im Gegensatz zu diesem Schreckensgetümmel in der unteren Bildhälfte mutet die obere mit dem auf einer weißen Wolke Thronenden, der „wie ein Menschensohn aussah", im glänzenden Ornat, von Engeln umgeben, seltsam still und geradezu unwirklich an. Wie ein Szepter hält er in der rechten Hand „eine scharfe Sichel", die er dem Text zufolge über die Erde schleudern wird, um sie abzuernten (Apokalypse 14, 14 - 20). Die Anwesenheit Gottes wird in der Apokalypse nicht ausdrücklich geschildert, aber Dürer hat Wert darauf gelegt, daß alle Plagen und Prüfungen der Menschen letztlich von Gott selbst geschickt wurden und Teil seines Heilsplanes sind.

ES

Lit.: Juraschek, Todsündendrache, 1937, S. 189 ff. - Herrbach, in: Kat. „Kunst", 1986, Nr. D-4

10 DIE BABYLONISCHE HURE, *ca. 1496/97*

monogrammiert
Holzschnitt, 383 x 282 mm
B 73, M 177 (I), K 119, St 45
Inv. Nr. D - 177 a

Noch stärker als in den anderen ausgewählten Holzschnitten der Apokalypse hat Dürer hier Szenen und Motive aus den verschiedensten Kapiteln der Offenbarung zusammengefaßt. Hauptmotiv ist das in Kap. 17 beschriebene Strafgericht über die Hure Babylon. Der Engel spricht zu Johannes: „Komm, ich zeige dir das Strafgericht über die große Hure, die an den vielen Gewässern sitzt ... Der Geist ergriff mich, und der Engel entrückte mich in die Wüste. Dort sah ich eine Frau auf einem scharlachroten Tier sitzen ... und sieben Köpfe und zehn Hörner hatte. Die Frau war in Purpur und Scharlach gekleidet und mit Gold, Edelsteinen und Perlen geschmückt. Sie hielt einen goldenen Becher in der Hand". Dürer hat das siebenköpfige Tier diesmal als vierfüßige Vogelbestie gebildet, die der babylonischen Hure als Thron dient; nach Erich Hubala eine Anspielung auf die Verführungskünste der antiken Sirenen. Merkwürdig unberührt sind dieses Vogelwesen und die in kostbare Gewänder und prächtig aufgeputzte Hure, die einen reich verzierten Buckelpokal vorweist und bei der Dürer eine Trachtenstudie einer Venezianerin in der Albertina verarbeitete, vom umgebenden Geschehen. Nicht Feuer noch die Erscheinungen des Himmels können den beiden scheinbar etwas anhaben.

Die Menschengruppe vor ihnen verharrt eher unentschieden. Dürer hat aus Gründen der Schlüssigkeit seiner Darstellung dem Text im 18. Kapitel eine besondere Wendung gegeben. Es handelt sich um „Die Könige, die mit ihr gehurt und in Luxus gelebt haben" sowie um „die Kaufleute der Erde". Diese aber „weinen und klagen [nicht] um sie", sondern „sie bleiben in der Ferne stehen aus Angst". Zwar weist der in Rückenansicht gezeigte Turbanträger auf Hure und Vogelbestie, aber sein Begleiter gegenüber stemmt die Arme auf anschauliche Weise abwartend in die Seite und das Gesicht des Schwertträgers mit der Federhaube spricht Bände. Nur der Mönch am linken Bildrand ist in die Knie gesunken. Wie aus seiner Kopfhaltung hervorgeht, hat er jedoch bereits die Himmels-

erscheinung bemerkt und beugt sein Knie davor und ausdrücklich nicht vor der Hure Babylon.

Am Himmel ist ein „gewaltiger Engel" zu sehen, der einen Stein, „so groß wie ein Mühlstein" schleppt, um diesen ins Meer zu werfen, als Anspielung auf die Brutalität der Zerstörung Babylons. Ein zweiter, kleinerer Engel rechts dieser Szene weist auf das in einem Feuersturm untergehende Babylon auf der Erde. Von links her aber öffnet sich der Himmel, und es prescht das weiße Pferd „Treue und Wahrhaftigkeit" heran, dessen Augen wie „Feuerflammen" sind und auf dem Haupt „viele Diademe" trägt, angetan mit einem „blutgetränkten Gewand", zu richten „die ganze Schöpfung". Begleitet wird das Pferd von allen „Heeren des Himmels".

Das, was man sich buchstabierend hinsichtlich der Einzelmotive verdeutlicht hat, nimmt der Betrachter zunächst als Gesamtbild auf. Ein dichtes Gewebe von groß und klein, von Ruhe und Bewegung, von Licht und Schatten in den unterschiedlichsten Abstufungen überzieht das Blatt. Himmel und Erde sind auf merkwürdige Weise ineinander verwoben und die Grenzen zwischen Wirklichkeit und Vision sind verwischt. Gerade diese Unruhe, die dem Auge nur mühsam Halt bietet, verstärkt das Horrorszenario, das jedoch schon in sich den Sieg über alles Übel trägt. Gerade darin liegt ein wesentliches Stück der Überzeugungskraft von Dürers Holzschnitten zur Apokalypse. Er vermag mit den vertrauten Elementen der umgebenden Wirklichkeit - Natur, Menschenbild, Stadtansicht - ein glaubhaftes Schreckensbild des Unterganges zu zeichnen.

ES

Lit.: Juraschek, Rätsel, 1955, Abb. 110 f. - Herrbach, in: Kat. „Kunst", 1986, Nr. D-5 - Boorsch, in: Kat. d. Ausst. „Print", 1997, S. 27 f.

11 DIE SONNE DER GERECHTIGKEIT *(SOL IUSTITIAE)*, *ca. 1499*

monogrammiert
Kupferstich, 106 x 77 mm
B 79, M 73 (a), S 25
Inv. Nr. D - 73 a

Ein „sonnenköpfiges", gleichwohl „menschlich" anmutendes Wesen in weitem Gewand sitzt auf einem grimmig dreinblickenden Löwen, der ihm als Sitz dient. Das wie entrückt wirkende Gesicht des Sonnenwesens ist von einem strahlenförmigen Nimbus eingefaßt. In seiner rechten Hand hält es hocherhoben ein Schwert und in seiner linken weist es eine Bügelwaage mit zwei Schalen vor. Die umgebende Natur bleibt auf einen schmalen, karg bewachsenen Bodenstreifen reduziert; der Hintergrund ist unbestimmt.

Sinn und Inhalt des Kupferstichs wurden durch Erwin Panofsky unter Hinweis auf astrologische Vorstellungen der Verbindung der Planeten mit den Tierkreiszeichen überzeugend gedeutet. Eine solche Vorstellung entstammt der Welt des islamischen Ostens. Ein visuelles Vorbild dafür konnte Dürer an einem Kapitell des Dogenpalastes in Venedig finden. Als unmittelbare literarische Quelle diente ihm ein 1489 und 1498 bei Anton Koberger in Nürnberg erschienenes „Repertorium Morale" von Petrus Berchorius. Darin wird beschrieben, wie am Tage des Jüngsten Gerichts die lodernde und alles verbrennende unerbittliche Sonne der Gerechtigkeit erscheinen wird. Genauso, wie die Sonne, wenn sie im Juli im Zeichen des Löwen auf der Höhe ihrer Macht steht, Blumen und Pflanzen verdorren läßt, genauso grollend und löwengleich wird Christus in der Gluthitze des Jüngsten Gerichtes die Sünder ausbrennen.

Die kleinformatige Darstellung der „Sonne der Gerechtigkeit" strahlt die gleiche. Geisteshaltung aus, die auch die Holzschnitte der Apokalypse bestimmt. Parallel zu den Texten der Apokalypse oder auch des „Repertorium Morale" formt Dürer sein Bild aus bekannten Elementen der Natur und erfindet kaum neue. Mensch, Löwe, Schwert und Waage waren vertraute, wenn auch, wie im Falle des Löwen, gewiß nicht alltägliche Erscheinungen. Alleine deshalb müssen den Zeitgenossen die wenigen, „kritischen" Abweichungen von den bekannten Bildformen besonders aufgefallen sein. Bei dem Kupferstich ist es das maskenartige Sonnengesicht des Richters. Am nächsten kommt dem Blatt der Holzschnitt der Apokalypse „Johannes erblickt die sieben Leuchter" (M 165). Derjenige inmitten der sieben Leuchter, „der wie ein Mensch aussah" (Apokalypse 1, 13 - 16), weist große Ähnlichkeiten mit der Sonne der Gerechtigkeit im vorliegenden Fall aus.

Intensiv hat sich Dürer seit seiner ersten italienischen Reise mit der Darstellung des Löwen beschäftigt. Beispiele dafür sind eine Löwenzeichnung von 1494 in der Hamburger Kunsthalle, der Löwe in dem Hieronymus-Stich von ca. 1496 (Kat. Nr. 18) oder das machtvolle Ungeheuer in dem Samson-Holzschnitt von ca. 1498 (Dürer I, Nr. 1). Keiner dieser Löwen dürfte auf eigenes Naturstudium zurückzuführen sein. Mit Sicherheit hatte Dürer jedoch in Venedig hinreichend Gelegenheit Skulpturen und andere Darstellungen solcher Wüstentiere kennenzulernen. Dafür spricht insbesondere das 1494 zu datierende Studienblatt mit dem Raub der Europa in der Albertina in Wien, das rechts oben drei Löwenköpfe zeigt, die alle dasselbe Vorbild von drei verschiedenen Seiten wiedergeben.

In unserem Zusammenhang ist die Frage, ob Sonnenwesen oder Löwe nach der Natur studiert wurden oder nicht, jedoch eher nebensächlich. Wesentlich ist, daß es Dürer gelang, die Vorstellungskraft des Betrachters von den einem Löwen zugeschriebenen Eigenschaften zu wecken. Der Löwe, mächtigstes aller Tiere bietet sich einem noch Mächtigeren als Thron an. Der eingezogene Schwanz ist ein anschauliches Zeichen dieser Unterwerfung. „Allein die 'imaginative stravagante' Dürers war fähig ... die Vorstellung einer Sonne, die Beides ist, Gerechtigkeit und Christus," in ein Bild zu fassen.

ES

Lit.: Panofsky, Dürer, 1977, S. 105 f. und Abb. 104 - David, Löwen, 1909 - Strieder, in: Kat. Dürer", Nürnberg 1971, Nr. 460 f. - Simon, in: Kat. „Dürer", Nürnberg 1971, Nr. 505 - Heiden, in: Kat. „Dürer", Nürnberg 1971, Nr. 560.

12 LÖWENWAPPEN MIT HAHN, *ca. 1500*

monogrammiert
Kupferstich, 185 x 120 mm
B 100, M 97, S 31
Inv. Nr. D - 97

Drei Hauptelemente bestimmen diesen Kupferstich: Der Wappenschild mit dem Löwen, der Stechhelm mit seiner ausgreifenden Zier und der mit ausgebreiteten Schwingen heraldisierend inszenierte Hahn. Durchaus in Balance dazu, befindet sich am unteren Rand, etwa zu Beginn des rechten Blattdrittels, Dürers Monogramm in einer frühen Form. Trotz seiner klar definierten, „heraldischen" Bestandteile wird von der Literatur angenommen, daß es sich nicht um das Wappen eines bestimmten Geschlechtes handelt, sondern um ein reines Phantasieprodukt. Dafür spricht auch die schon von Hüsgen 1778 mitgeteilte Beobachtung, daß der Kupferstich ausgesprochen selten ist. Für den Kupferstich sind zwei Zeichnungen W 177 und W 257 als Vorarbeiten bekannt. Die Konstruktion des Turnierhelmes für das „deutsche Gestech" dagegen könnte bereits von einer Vorlage in Matthäus Roriczers 1498 bei Peter Wagner in Nürnberg erschienenem Büchlein „Geometria deutsch" angeregt worden sein.

Das Blatt bildet ein interessantes Beispiel für die Umsetzung verschiedenartigster Realitäten und Stofflichkeiten in die Technik des Kupferstiches. Dürer hat es verstanden, eine solche rein formale Problemstellung durchaus spannend und zugleich nicht ohne Witz vorzutragen.

Da sind zunächst die beiden Tiere, Löwe und Hahn, zu nennen. Der auf dem Schild nach links gewendete Löwe ist als Wappenfigur entsprechend stilisiert. Seine Erscheinung ist zeichenhaft verfestigt. Umriß und Zeichnung sind nur als flaches Relief mit zartem Strich aus dem Wappenschild herausmodelliert worden. Der Wappenlöwe ist deshalb weit davon entfernt, nach dem Leben gezeichnet zu erscheinen. Gleichwohl lassen die energisch aufgespreizten Gliedmaßen und die Drohgebärde des Kopfes den Löwen „natürlich" erscheinen und verleihen ihm ein machtheischendes Erscheinungsbild.

Anders dagegen der Hahn: Er präsentiert sich mit weit ausgebreiteten Flügeln auf dem Stechhelm balancierend. Jeder unterschiedlichen Feder hat Dürer nachgespürt. Solche sorgfältigen Studien nach der Natur haben ihren Niederschlag beispielsweise in dem 1512 datierten, aquarellierten „Flügel einer Blauracke" in Wien gefunden, die vermutlich auf ein Vorbild des Jahres 1500 zurückgeht. In seinem Kupferstich hat Dürer in Figur und Habitus ein glaubwürdiges Bild eines krähenden Hahnes geschaffen. Der Hahn galt, wie von Panofsky bemerkt, als das einzige Tier, das selbst einem Löwen Angst einjagen konnte. Dennoch wirkt sein ausgezeichnet beobachtetes „aufgeregtes" Geflattere im Vergleich mit dem „heroischen" Löwenwappen eher wie die „Karikatur" eines Wappenadlers, der selbst einem sehr viel kleineren Löwen nicht ernsthaft etwas anzutun vermag.

Wenn man so will, zeigt uns Dürer mittels seiner besonderen Inszenierungskunst, daß es möglich ist, dem zu Stein erstarrten Wappenlöwen eine größere Anmutung von Lebenskraft zu vermitteln, als dem auf den ersten Blick so natürlich und lebensnah vorgeführten Hahn. Ähnliches gilt auch für den Stechhelm mit seiner überbordenden Helmzier. Dürer hat der Erscheinung dieses Helms und seiner Materialität bis ins Detail nachgespürt. Das getriebene Metall und seine Erscheinung im Licht, die unterschiedlichen Schatten, sind buchstäblich „glänzend" vor Augen geführt. Und doch steckt die wahre Meisterschaft des Künstlers in den Phantasiegebilden der Helmzier, für deren gischtende Formen sich kein Vorbild in der Natur wirklich studieren ließ.

ES

Lit.: Winkler, Zeichnungen, 1936 ff., 177, 257, 614 - Strieder, Dürer, 1996, S. 53 und Abb. 235.

13 Der Hl. Franziskus, die Wundmale Empfangend, *ca. 1503/04*

monogrammiert
Holzschnitt, 220 x 147 mm
B 110, M 224 (a), K 195, St 85
Inv. Nr. D - 224 a

Es ist Nacht. Der Hl. Franziskus und sein ständiger Begleiter Bruder Leo haben sich, den strengen Regeln ihres Ordens folgend, außerhalb jeder menschlichen Behausung, die im Hintergrund durch umzäunte Häuser und eine Kirche angedeutet werden, zum Schlafen niedergelegt. Die umgebende Natur ist ausgesprochen unwirtlich, von strüppigem Buschwerk umgeben; in der Mitte erhebt sich ein knorriger Baum mit zahlreichen abgebrochenen Ästen. Die Pflanzenwelt zieht sich in der Art der anderen zu diesem Zyklus von „schlechtem Holzwerk" gezählten Blättern (vgl. Kat. Nr. 3 f.) weit in die Höhe und läßt nur einen relativ schmalen Streifen des Nachthimmels frei bzw. einen Ausblick in die Tiefe zu. Bruder Leo schläft im Mittelgrund auf dem Boden kauernd mit der Bibel im Arm. Im Vordergrund aber findet der wundersame Vorgang der Stigmatisation des Hl. Franziskus statt, in der seine Imitatio des Leidens Christi kulminierte.

Anders als bei den „lärmenden" Inszenierungen der vorangegangenen, der Apokalypse entnommenen Holzschnitte, hat das Blatt mit der Darstellung des „Hl. Franziskus, die Wundmale empfangend" geradezu stillen, vielleicht sogar intimen Charakter. Dies entspricht durchaus den Intentionen des Textes der Legenda aurea, dem Dürer hier gefolgt ist: Franziskus „sah einst im Gesicht einen Seraphim über sich, der war gekreuziget: der drückte ihm die Male seiner Kreuzigung so sichtbarlich ein, daß es schien, daß Sanct Franziskus selber gekreuziget sei; also daß seine Hände und Füße und seine Seite mit den Zeichen des Kreuzes waren gezeichnet. Doch verbarg er die Wundmale vor aller Augen mit Fleiß ...".

Wie gestaltet Dürer ein solches, sich der Legende nach im Jahr 1224 an einem Abhang des Berges Alverna jenseits jeder irdischen Wirklichkeit vollziehendes Wunder, für das es außer dem Hl. Franziskus keine Augenzeugen gab, und der es zudem noch „verbarg"? Der Künstler schildert diesen Vorgang als nächtliches Ereignis. Dies ist die bildliche Umschreibung dessen, was die Legenda Aurea als „Gesicht" ausgedrückt hat. Der im Hintergrund schlafende Bruder Leo verstärkt die Vorstellung von einem nächtlichen (Traum-)Gesicht des Heiligen zusätzlich und zeigt außerdem an, daß sogar sein engster Begleiter nichts davon bemerkt hat.

Schwieriger dürfte es für Dürer jedoch hinsichtlich des gekreuzigten Seraphim geworden sein, der Franziskus diese Wundmale „eingedrückt" hatte, die richtige bildhafte Umsetzung zu finden. Wieder griff er auf bekannte Zeichen bzw. Erfahrungen aus der Naturbeobachtung zurück. Dürer ließ z.B. den Gekreuzigten selbst in Gestalt eines Kruzifixes als Himmelserscheinung die Stigmatisation vornehmen. Von den entsprechenden Wunden Christi aus verband er Hände, Füße und die Seite des in die Knie gesunkenen Franziskus mit langen, deutlichen Strahlenlinien. Diese Strahlen sind bis auf die verdoppelte Linie zur Seitenwunde nur einfach gezeichnet worden. Die Vorstellung des sechsflügeligen Seraphs reduzierte Dürer auf die sechs Flügelschwingen eines solchen Engelwesens. Interessant und aufschlußreich für Dürers Einsichten in Naturvorgänge ist dabei die Tatsache, daß er zwei Flügelpaare in der Art von Armschwingen eines Vogels an den Querbalken des Kreuzes anheftete und ein weiteres Flügelpaar, Schwanzfedern gleich, an das untere Ende des Kreuzstammes anbrachte.

ES

Lit.: Jacobus, Legenda, ed. Benz 1979, S. 772 - Deneke, in: Kat. „Dürer", Nürnberg 1971, Nr. 342

VVLNERA QVAE PROPTER CRISTVM FRANCSE TVLISTI
ILLA ROGO NOSTRIS SINT MEDCINA MALIS :~

14 DER HL. GEORG ZU PFERDE, *ca. 1504*

monogrammiert
Holzschnitt, 212 x 143 mm
B 111, M 225 (a - b), K 198, St 90
Inv. Nr. D - 225

Ein geflügeltes Drachenwesen mit langem Schwanz, fürchterlichen Klauenfüßen und riesigem Maul haust in einer dunklen Felsenhöhle, die nahezu das Blatt in seiner ganzen Höhe einnimmt. Nur links ist ein Ausblick in eine mit wenigen Strichen skizzierte Landschaft angedeutet, in der sich ein gekröntes Haupt hinter einem Felsen versteckt. Herumliegende Menschenknochen künden von den grausigen Mahlzeiten des Drachen. Der in modischer Kleidung mit geschlitztem Wams und aufgeputzter Federhaube vorgestellte Ritter St. Georg ist mit seinem feurigen Schimmel mutig herangesprengt. Eben bäumt sich das Pferd über dem am Boden sich windenden Drachen auf, und Georg stößt ihm mit energischer Geste seine riesige Lanze senkrecht in das weit geöffnete Maul hinein.

Auch dieser Holzschnitt wird, wie der vorangehende mit der Stigmatisation des Hl. Franziskus, zu jenen Blättern gezählt, die nach Meder ursprünglich für ein Andachtsbuch bestimmt waren (vgl. Kat. Nr. 3 f.). Der im Hintergrund sich verbergende König ist der einzige Hinweis auf den legendenhaft überlieferten Grund des heldenhaften Einsatzes des Ritters, der das hohe Töchterlein vor dem Drachen schützen wollte. Auch hauste der Drache der Legende nach in einem See und nicht in einer Höhle. Weitgehend losgelöst von allen literarischen Überlieferungen des Themas, etwa in der vielgelesenen Legenda aurea, hat sich Dürer auf den dramatischen Höhepunkt des Lanzenstichs konzentriert.

In keinem der anderen Holzschnitte hat Dürer seine graphischen Ausdrucksmittel so konsequent reduziert, wie bei dieser Darstellung des Drachentöters zu Pferde. Der Holzschnitt baut sich im Wesentlichen aus hellen und dunklen Flächen auf, die ausgesprochen sparsam durch Binnenlinien modelliert werden. Als Kontur erscheint die Linie in der Regel nur im Hintergrund oder bei der Lanze, die Georg „mit großer Macht" geschwungen hat. Eine solche bewußte Beschränkung der Ausdrucksmöglichkeiten

konzentriert den Blick des Betrachters auf die beiden Protagonisten der Handlung. Zugleich führt sie dazu, daß nur der entscheidende Moment des Sieges und nicht der siegreiche Verlauf des Kampfes in den Mittelpunkt gerückt wird. Die Darstellung zeichnet im doppelten Wortsinn ein Schwarzweiß-Bild der Handlung ohne Zwischentöne.

Auf den ersten Blick ist auf dieser „andachtsbildhaften" Darstellung kaum noch etwas von den furchterregenden, sich wild gebärdenden Drachenungeheuern der Apokalypse mehr zu spüren. Und doch ist der Drache in diesem Holzschnitt ohne die dort entwickelte Phantasie Dürers nicht vorstellbar. Auch das Pferd mit seinen teigigen Nüstern und den manierierten Stirnlocken ist ein direkter Verwandter der aus Studien nach Leonardo da Vinci entwickelten beiden Kupferstich-Pferde der gleichen Zeit (Dürer I, Nrn. 78 und 79). Die Reduktion der Mittel ist also nicht eine Frage des Könnens, sondern der gewählten Aufgabenstellung. Dürer beabsichtigt hier nicht die Modellierung der umgebenden Natur in all ihren Facetten, er will keine anatomische Studie des bewegten Pferdes und will keine voyeuristische Schilderung eines möglichst grauenvoll wirkenden Drachens. Sein Thema ist die Vision des Sieges des „heiligen Streiters" Georg über das den Satan vorstellende Untier. Dies vermag er dank seiner „inwendigen" Figurenvorstellung, in klaren und einfach zu verstehenden Bildformeln vor Augen zu führen.

ES

Lit.: Mende, Dürer, 1976, Nr. 188 - Jacobus, Legenda, ed. Benz 1979, S. 300 ff.

15 Der Hl. Georg zu Pferde, 1508 (1505)

monogrammiert und datiert 1508
Kupferstich, 109 x 85 mm
B 54, M 56 (a), S 46
Inv. Nr. D - 56

Der in Eisen gerüstete und ein schweres Pferd reitende Ritter Sankt Georg hat im Zeichen des christlichen Kreuzes den satanischen Drachen erschlagen, der zu seinen Füßen liegt. Bis auf einen schmalen Bodenstreifen hat Dürer auf die Andeutung einer Landschaft völlig verzichtet. Roß und Reiter heben sich denkmalhaft von seitlich hinten gesehen vom hellen Grund des Blattes ab. Die Lanze mit der Kreuzfahne im Arm, hält der siegreiche Georg nach dem Kampf inne. Mit durchgestrecktem Rücken, die Beine in die Steigbügel gestemmt und straff geführtem Zügel blickt er hocherhobenen Hauptes in die Ferne. Er zeigt keine Spuren eines Kampfes, auch sein Pferd wirkt eher unbeteiligt. Ähnlich ungewöhnlich wie diese Ansicht ist auch der Blick auf den Drachen, von dem uns Dürer den Bauch bzw. die Unterseite des Schwanzes zeigt. Der Kupferstich wird in der Literatur dem erst Anfang des 16. Jahrhunderts aufkommenden Typ des triumphierenden Hl. Georg zugerechnet.

Reiter, Pferd und Drache sind in dem kleinen Kupferstich mit großer Sorgfalt modelliert. Dies gilt zunächst nur für die Komposition als Gruppe und die Anatomie der Figuren. Bemerkenswert ist darüberhinaus Dürers Vermögen, die stoffliche Beschaffenheit der einzelnen Oberflächen im Kupferstich nachzubilden. Das hart-glänzende Metall der Rüstung erscheint anders, als der weich-fallende Stoff der Kreuzfahne oder die schwere Satteldecke. Die strähnig-glatte Mähne ist von Dürer anders dargestellt worden, als das samtig-schimmernde Fell des Pferdes. Ein besonders „starkes Stück" im Hinblick auf Dürers Vorstellungs- und Imaginationskraft ist jedoch der bäuchlings gesehene, erlegte Drache. In welcher „Kunst- und Wunderkammer" Dürer ein Vorbild für ein solches Fabeltier möglicherweise in Gestalt eines ausgestopften Krokodils gesehen haben mag, ist ungeklärt und letztlich auch unwichtig. Tatsache ist, daß es ihm gelungen ist, die verschiedenartigen Hauterscheinungen an Bauch, Schwanz, Beinen usw. für die Anschauung glaubhaft zu zeichnen.

Der vorhergehende Holzschnitt M 225 bedient sich einer ganz einfachen Bildsprache. Er erzählt uns die Geschichte des Georgskampfes gewissermaßen nur in „Hauptsätzen". Die Struktur des Kupferstiches dagegen ist wesentlich feinteiliger und sensibler. Dürer stellt uns nicht nur den Moment des Sieges vor Augen, sondern läßt uns in der anschaulichen körperlichen Präsenz von Sieger und Besiegtem auch etwas vom vorangehenden Drachenkampf und zukünftigen weiteren Prüfungen des „Miles christianus" ahnen.

Der Kupferstich ist für Dürers Kunstauffassung bzw. Stilentwicklung von besonderem Interesse, weil er nach allgemeiner Einschätzung noch vor der zweiten Italienreise (1505 - 1507) begonnen wurde. Erst nach Rückkehr nach Nürnberg wurde das Blatt vollendet und die „5" der Datierung in eine „8" korrigiert. Der Kupferstich steht im Kontext der beiden Pferde von 1505 (Dürer I, Nrn. 78 und 79). Insbesondere mit dem „Großen Pferd" teilt er das Interesse an der gesuchten Perspektive. Dürers Engagement am genauen Studium von Mensch und Tier reicht bis weit in die Frühzeit zurück und wird u.a. durch eine Zeichnung von 1498 in Wien (W 176) unter Beweis gestellt. Und doch steht das Pferd des Georgsritters dieses Kupferstiches von 1505 bzw. 1508 jenem in dem Meisterstich „Ritter, Tod und Teufel" von 1513 näher. Aus dem Reitpferd der frühen Jahre ist, vermittelt durch die unter dem Eindruck Leonardos in Italien gewonnenen Erfahrungen, ein Kampfroß geworden. Dieses erscheint stark genug, bei der Unterwerfung eines Drachens mitzuwirken, dessen Kadaver „vier paar Ochsen" von der Walstatt ziehen mußten. Nachträgliche Überarbeitungen des Pferdes dürften nicht nur seine körperliche Präsenz betroffen zu haben. Der Putz an Kopf und Schwanz wiederholt sich zudem nahezu wörtlich in dem Kupferstich von 1513.
ES

Lit.: Volbach, Georg, 1917, S. 79 - Deneke, in: Kat. „Dürer", Nürnberg 1971, Nr. 355 - Strieder, Kat. „Vorbild", 1978, Nr. 124 - Jacobus, Legenda, ed. Benz 1979, S. 303

16 RITTER, TOD UND TEUFEL, 1513 *

monogrammiert und datiert „S. 1513"
Kupferstich, 244 x 189 mm
B 98, M 74 (a), S 71
Inv. Nr. D - 74

In diesem 1513 entstandenen sog. „Meisterstich" zog Dürer unzweifelhaft eine Bilanz seines bisherigen künstlerischen Schaffens. Dazu zählt nicht zuletzt die „meisterliche" Beherrschung der technischen Möglichkeiten des Kupferstiches. Auffällig ist aber auch ein tiefes Verhaftetsein in den Fragestellungen und Problemen des „Zeitgeistes" seiner Tage. Das alles kulminiert in diesem Kupferstich, dessen Grundaussage jedoch, trotz intensiver wissenschaftlicher Auseinandersetzung, bis heute in vielerlei Hinsicht rätselhaft geblieben ist.

Auf dem eng begrenzten, bühnenartig ausgebildeten Raum eines Hohlweges mit hochragenden, baumbestandenen Felswänden im Mittelgrund und nur einem schmalen Ausblick auf eine in der Tiefe gelegene Burg, drängt Dürer das äußerst verschiedene Personal zusammen. Da ist einmal der nahezu im reinen Profil gezeigte Reiter mit seinem in gemessener Gangart schreitenden Pferd. Der Ritter wird begleitet von einem Hund, der achtlos an einem kleinen Reptil vorbei eilt, das seinen Weg kreuzt. Der in sich gekehrt blickende und konzentriert reitende, geharnischte Ritter hat eben ein schreckliches, gehörntes Teufelswesen, das im Halbprofil nach links gewendet vorgestellt wird, hinter sich gelassen. Er beachtet auch nicht den auf einer klapprigen Mähre reitenden schlangenhäuptigen Tod mit seinem Stundenglas, der sich ihm in den Weg gestellt hat, und dessen Oberkörper wir en face sehen. Ausgesprochen anschaulich und nahezu wörtlich wird auf diese Weise eine Verheißung Christi ins Bild gesetzt: „So jemand mein Wort wird halten, der wird den Tod nicht sehen ewiglich" (Johannes 8, 51).

Jede Figur ist sorgfältig gezeichnet und hinsichtlich ihrer Körperlichkeit, aber auch nach ihrer Erscheinung im Licht, genau studiert. Das prachtvolle Pferd ist im Grunde genommen ein „Solitär", wie auch der geharnischte Reiter oder die Unnaturen von Tod und Teufel solche „Einzelpersönlichkeiten" sind. Obwohl jeder dieser Solitäre in seiner optischen Präsenz mit der gleichen Intensität modelliert worden ist, fällt dieser Kupferstich dennoch nicht auseinander. Dürers Fähigkeit zu einer sehr differenzierten Modulation der Grauwerte ist hier wahrhaft meisterlich entwickelt. Er erreicht auf diese Weise eine räumliche Tiefe, die es ihm ermöglicht, sogar die im Hintergrund aufscheinende Burg ebenfalls noch zu modellieren und nicht nur als Umrißfigur anzulegen.

Zu solch handwerklich-technischer Perfektion tritt in diesem Fall aber auch das besondere Vermögen, den Verlauf einer Handlung zum Ausdruck zu bringen: Der Reiter ist am Teufel vorbeigeritten und wird in diesem Augenblick – dem Höhepunkt der Handlung – vom Tod angesprochen, den er aber ebenfalls passieren wird, denn das Pferd schreitet hocherhobenen Hauptes ungerührt an dem gesenkten Kopf des Kleppers vorbei. Wir können sogar etwas über die unterschiedliche Geschwindigkeit dieser Bewegungsabläufe aussagen, die von Stehen (Teufel) über Schreiten (Reiter), Innehalten (Tod) oder Eilen (Hund) reicht.

Dürer zieht in diesem Blatt eine Bilanz seines bisherigen Studiums der Natur. Das Thema vereinigt eine Fülle unterschiedlichster Erscheinungsformen von Mensch und Tier, von Natur und Unnatur, wie es im Grunde genommen seit der Apokalypse von 1498 in dieser Dichte nicht mehr erfolgt ist. Die Unterschiede sind evident. Dort theatralisches Spektakel, hier subtile Psychologisierung. Dort eine collagierende, aus der Addition von Einzelbildern und Einzelbeobachtungen resultierende Kompositionsweise, hier ein einziges, komplexes Bildganzes. Dieses Bild ist ohne ein sorgfältiges Studium der Natur nicht möglich und reicht doch weit über das Abbilden der Natur hinaus.

ES

Lit.: Panofsky, Dürer, 1948, Nr. 205 - Strieder, in: Kat. „Vorbild", 1978, Nr. 181 - Schneider, in: Dürer I, Nr. 59

17 BASIS DER MITTELSÄULE RECHTS DES HAUPTTORES, *1515*

Holzschnitt, 22. Bogen der Gesamtausgabe; 405 x 650 mm; 31 Bogen Holzschnitte von 192 Stöcken und 5 Bogen xylographischer Text in einem holländischen Sammelband von 1637. Montage aus 29 Bogen der Erstausgabe von 1517/18 und 7 Bogen der dritten (Erzherzog-Karl-) Ausgabe von 1559.
B 138, M 251, K 277 - 292, St 175
Inv. Nr. D - 251

Das Blatt zeigt einen Ausschnitt der „Ehrenpforte" für Kaiser Maximilian I. mit einer von Dürer üppig dekorierten Säulenbasis im Stil der „deutschen" Renaissance. Die architektonischen Grundformen werden dabei geradezu von Motiven der verschiedensten Art „überwuchert". Antikisierende Motive wie Lorbeerkränze, Festons und Akanthusfriese wechseln sich mit so überraschenden Einfällen wie Kränzen aus Erbsenschoten oder Reihen von Maiglöckchen um Säulenbasis oder Schaft ab. Hauptmotiv in diesem Fall sind die drei Phantasiewesen einer „Damenkapelle" der besonderen Art. Bei den fischschwänzigen, geflügelten Wesen mit Löwenpranken, Tierohren sowie Mädchengesichtern und üppigen weiblichen Brüsten handelt es sich um Darstellungen der antiken Sirenen, denen Dürer Musikinstrumente der frühen Neuzeit in die knotigen Tierpfoten gedrückt hat.

Dem gelehrten Programm des Hofhistoriographen und Astronomen Stabius folgend, erfüllen sie jedoch nicht alleine dekorative Aufgaben in diesem Holzschnitt, sondern symbolisieren das Laster der Wollust, dem der Kaiser widerstanden haben soll. Die Architektur zu dieser „Ehrenpforte" entwarf der Innsbrucker Hofmaler Jörg Kölderer. Dürer und andere zeitgenössische Künstler lieferten die Vorlagen für die Detailszenen.

Die Arbeit an den zahlreichen Einzelbildern dieser „Ehrenpforte" beschäftigten Dürer eigenen Angaben zufolge bis Juli 1515, rund drei Jahre im Dienste des Kaisers. Trotz aller Widrigkeiten, die das Werk begleiteten, nahm der Künstler doch für sich in Anspruch, seinen ganzen Fleiß in dieses Unternehmen gelegt zu haben. In der Tat sind die Vielzahl der Einzelmotive ohne eine gehörige Portion Fleiß und ohne den aus der Fülle seines künstlerischen Vermögens und einer schier unerschöpflichen Erfindungskraft mit vollen Händen schöpfenden Dürer kaum vorstellbar. Man muß sich im Grunde nur vor Augen halten, daß dessen Risse zur Ehrenpforte gleichzeitig mit den sog. „Meisterstichen" von 1513/14 entstanden sind. Die Ehrenpforte ist zudem eines der seltenen Beispiele der Druckgraphik der reifen Schaffensperiode, in denen sich Dürer noch einen Ausflug in den Reichtum seiner „inwendigen" Bilderwelt gestattete, wie er sich insbesondere in der „Apokalypse" geäußert hatte. Nur in dem einen oder anderen Wappen, etwa für Jacob Bannissis (M 286) von 1520 oder Johann Tscherte (M 294) von 1521, sollte er dieses Sujet später noch einmal aufnehmen.

ES

Lit.: Mende, Dürer, 1976, Nrn. 265 ff. - Schneider, in: Dürer I, Nr. 63

III. „Vergleichung zu finden jn vngleichen Dingen"

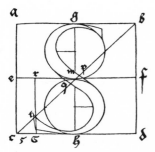

Schon immer hat man in Naturerscheinungen menschliche Formen, Gesichter und Gesichte hineingelesen. Der Mann im Mond ist sicherlich die bekannteste Form für das Erkennen solcher anthropomorpher Bildungen. Nicht weniger geläufig ist dieses Phänomen bei knorrigen Baumrinden oder Wurzeln. Lange hat die Kunstgeschichte nicht wahrhaben wollen, daß auch Albrecht Dürers Wahrnehmung in Richtung einer solchen „Gestalterkenntnis" tendierte und, daß gerade seine künstlerische Phantasie gesichtshafte Qualitäten in der Natur suchte. Doch die künstlerische Einbildungskraft Dürers „aus der Natur Gesichter herauszulesen, um sie gestalterisch zu verstehen und dabei zu vermenschlichen, war ein Bestreben, das ihn später zum immer und überall porträthaft und charakterologisch denkenden 'Seher' machen sollte." (Rebel) Schließlich formulierte Dürer selbst einmal: „Es ist eine grosse vergleichung zu finden jn vngleichen dingen."

Bereits 1493 hatte Dürer eine naturgetreue Federstudie von sechs zerknautschten Kissen gezeichnet und in die weichen Verformungen jeweils unterschiedliche, menschliche Physiognomien hineingesehen. Eindeutig interessierte ihn der „Gaukelcharakter zwischen Zufallsform und angedeuteter Gesichtsähnlichkeit". (Rebel) Die „Ansicht von Arco" (W 94), sein wohl schönstes, weil bildmäßig am meisten herausgearbeitetes Italienaquarell, legt ähnliche Tendenzen dar. Der von Dürer detailliert geschilderte Landschaftsaufbau, der wie eine in sich geschlossene, prägnante Figur erscheinen soll, zeigt Felspartien mit auffällig gegliederten und zerklüfteten Gesteinsformen. Dieses inhaltliche „Gesicht" des Bildes ist selbst in Menschengestalt gekleidet: Ein riesiges Kopfprofil springt ins Auge.

Auch für die Druckgraphik Dürers spielt das Hineinsehen von Gesichtern und Gesichten in die wirklichkeitsgetreue Bilderfindung eine wichtige Rolle. In vielen seiner Werke

nehmen Landschaften, Häuser oder Dinge physiognomischen Charakter an und werden so vermenschlicht, verlebendigt. Dürer verleiht den Bildgegenständen seiner frühen Werke nicht nur ein gegenstandsspezifisches Aussehen, sondern zusätzlich ein Gesicht, ein „Aus-Sehen". Sie blicken als Zeugen auf die Bedeutungsträger und die Hauptpersonen der Bilderzählungen. Felsgesichter starren auf den büßenden „Hieronymus in der Wüste" und auf den von Zweifeln geplagten Christus in der Ölbergszene der Großen Passion. Die Landschaft verliert den zitathaften Zeichencharakter, der ihr bei vielen mittelalterlichen Bildern anhaftet, und bindet die körperlichen Figuren in den Bildraum ein.

Nach 1500 ändern sich die Relationen zwischen Figur, Raum und Rahmen. Die Figuren sind zunehmend größer entworfen, ihre Umgebung weniger mit Landschafts- und Gebäudemotiven verdichtet. Jetzt erhalten die Landschafts- und Architekturformen eher Hinweischarakter wie der Baumstumpf im „Fahnenschwinger".

Die Experimente Dürers mit der Kaltnadelradierung und der Eisenätzung beleben das Hineinsehen als künstlerischen Darstellungswillen erneut. Die Möglichkeiten dieser Techniken, das Schemenhafte, Diffuse und Unscharfe zu inszenieren, eröffnen ihm nun neue Wege, Gesichter und Gesichte in die Natur hineinzulesen und Doppeldeutigkeiten ins Bild zu bringen. Nun ist es das Atmosphärische, das er mit seinen Physiognomisierungen einzufangen trachtet: Mehrgesichtige Vexierbilder lassen eine buchstäblich belebte Natur, das geheimnisvolle Flüstern einer fränkischen Idylle im „Hieronymus am Weidenstrunk" spürbar werden. Das unfaßbare Wunder des unauslöschlich eingedrückten Antlitzes Christi wird im „Schweißtuch von einem Engel gehalten" dramatisch vorgeführt. In Dürers späten Arbeiten dominiert der Mensch vor der Umgebung. Die prägnanten Bildfiguren haben sich vom Ambiente gelöst und beherrschen den Bildraum. Im „Hl. Philippus" allerdings tauchen nochmals Felsgesichter auf, die jedoch verhalten hinter der souveränen Heiligenfigur verschwinden. Sie sind nur mehr kontrapunktisch gesetzt. AS

18 HIERONYMUS IN DER WÜSTE, *ca. 1496* *

monogrammiert
Kupferstich, 305 x 224 mm
B 61, M 57(a), S 8
Inv. Nr. D - 57

Mitten in einer steinigen Einöde, fernab von der im Hintergrund angedeuteten Zivilisation, kniet der Hl. Hieronymus und kasteit sich. Mit einem Stein schlägt er seinen unbekleideten, sehnig-mageren Oberkörper. Den Blick hat er fest auf ein kleines vor ihm in einem Baumstumpf steckendes Kruzifix gerichtet, der Löwe, sein Begleittier, ruht hinter ihm. Sonst ist die unmittelbare Umgebung, abgesehen von ein paar Gräsern, karg und öde. Vegetation sprießt nur jenseits der Kante des Steinbruchs. Der um 347 geborene, spätere Kirchenvater und Bibelübersetzer hatte sich vor seiner Priesterweihe zwei Jahre als Einsiedler in die Wüste Chalkis zurückgezogen.

Hieronymus und der Löwe sind von der steinernen Wüstenei umschlossen. Eingebettet in die verschattete Senke wirken die beiden fast unbedeutend angesichts der sie umgebenden Schlucht aus hellen und glatten Felswände und den unheimlich wirkenden, zerklüfteten Steinmassen im Mittelgrund. Ein gestalterischer Trick fördert diese Vorstellung von der Übermächtigkeit der Natur: Die Kanten des Hohlweges zeichnen grob die Umrisse des Heiligen und seines Begleittieres nach. Den Knienden überragt kantig-schroff der spröde Felsenturm, der kauernde Löwe wird vom niedrigeren, kleinteiligeren Massiv davor gestalterisch aufgegriffen.

Nur scheinbar ist die stark auf Mensch und Tier bezogene Umgebung unbelebt. Aus dem Schatten der zerklüfteten Felswand blicken bei genauem Hinsehen eine Vielzahl von Gesichtern. Die Risse in der zerklüfteten Felswand im Hintergrund haben alle gesichtsähnliche Qualität: Schon in der glatten, hochrechteckigen Front des Gesteins läßt sich ein in die Blattmitte gewandter Profilkopf erkennen mit gerader langer Stirn, tiefliegendem Auge unter einer Braue, Nase und schmalem Mund über dem abfallenden Kinn. Entsprechend lassen sich auch in den folgenden Felsrissen menschliche Profile entdecken. Körperlich bewegte, plastische Grimassenköpfe mit „Grasbüschelfrisuren"

sind in der vorkragenden Steinbruchkante imaginiert. Der kantig herausstehende Felsbrocken unterhalb des Kirchleins wird zum plastischen Halbprofil mit zwei Augen, knorpeliger Nase und schauerlich geöffnetem Mund. Das Unheimliche der Einöde wird erlebbar.

Vorbild für die steinerne Wüste war ein Steinbruch bei Nürnberg, der sog. Schmausenbuck, den Dürer bereits 1495 in Naturstudien, beispielsweise einem verschollenen Aquarell (W 108, ehemals Kunsthalle Bremen) und einer Federzeichnung in Bayonne (W 106), wirklichkeitsgetreu festhielt. Der Vergleich des Kupferstichs mit diesen beiden Blättern zeigt, daß sich Dürer bei der Umsetzung des Themas in den Kupferstich im Großen wie auch in einigen Details an die exakte, vor Ort bereits eingefangene Naturvorgabe hielt. Zugleich belebte er diese aber mit seiner künstlerischen Phantasie. Er geheimniste Gesichter und Fratzen in sie hinein und entwickelte seine Eindrücke der primär eingefangenen Natur zu Vexierbildern erkennbar menschlicher Gesichtsausdrücke.

Es gelang Dürer, in diesem Blatt seine Forderung nach exakter Naturwiedergabe zu erfüllen, und gleichzeitig zwischen dem Büßenden und der ihn umgebenden Natur eine dramatische Beziehung herzustellen: „Denn Gegenstände haben nicht nur ein ihnen spezifisches Aussehen, sie vermögen auch auszusehen: zum Beispiel von der Seite aufs Talende hin oder von dort heraus auf den büßenden Heiligen." (Möseneder) Auch in seinem Stich „Der verlorene Sohn" (Dürer I, Nr. 70), der im selben Jahr entstand, kniet die Hauptfigur inmitten einer Gebäudekulisse, die organische Qualität besitzt. Man hat den Eindruck, daß die Häuser des Gutshofes auf den Sünder blicken. Auch hier ist die Umwelt nicht augenlos.

AS

Lit.: Winkler, Zeichnungen, 1936, S. 80 - Panofsky, Dürer, 1977, S. 103 f. und S. 110 - Deneke, in: Kat. „Dürer", Nürnberg 1971, Nr. 352 - Möseneder, Dinge, 1986, S. 18 ff. - Leber, Dürer, 1988, S. 147 ff. - Schneider, in: Dürer I, Nr. 43.

19 CHRISTUS AM ÖLBERG, *um 1496/97*

monogrammiert
Holzschnitt, 393 x 280 mm
B 6, M 115 (I/a), K 121, St 38
Inv. Nr. D - 115 a

Das Gebet am Ölberg ist der Beginn der Passion Christi. Während Jesus in Todesangst im Garten Gethsemane betet, der Kelch des Leidens möge an ihm vorübergehen, werden seine Begleiter, die drei Apostel Petrus, Johannes und Jacobus d. Ä. immer wieder vom Schlaf übermannt. In den Evangelien bei Markus 14, 32 ff. und Matthäus 26, 36 ff. wird anschaulich beschrieben, wie sich bereits hier die Wege der Jünger und des Herrn trennen.

Petrus hat sich an einen Steinwall gelehnt und ist erschöpft eingeschlafen. Das Schwert zwischen seinen Beinen droht ihm aus der Hand zu rutschen. Sein zur Seite gewandtes Haupt mit dem leicht geöffneten Mund ist nach hinten gesunken und hat Halt an einem Felsblock gefunden. Dieser zeichnet abstrahiert die Züge seines Profils nach. Die anderen beiden Jünger sind in ihrem sorgenvollen und doch gelösten Schlaf noch verzahnter mit ihrer Umgebung geschildert. Ihre Gewänder verschmelzen mit der sie hinterfangenden Natur, so unmerklich sind die Übergänge vom Faltenwurf in die Felsstrukturen. Nur die Gesichter der beiden Zebedäussöhne heben sich deutlich vom Felsen ab. Ein Grasbüschel wirkt auf den ersten Blick wie der Kopf eines dritten Schlafenden. Jakobus ist an die Felskante kauernd entschlummert, der jüngere Johannes unter diese geduckt auf einen Baumstumpf gestützt. Die Felsbrocken trennen die drei „fest wie Stein schlafenden" Jünger von der Hauptszene im Mittelgrund.

Der Garten Gethsemane hat sich um den verzweifelten Christus zu einer dramatischen Gesteinsbühne verdichtet. Zwischen zwei hoch aufragenden Felswänden erscheint ihm der Engel mit dem Kelch. Er selbst kniet bang auf einem Steinplateau. Die Hände und das Haupt hat er flehend zu der himmlischen Erscheinung gewandt. Seine Haltung ist zaghaft, der Rücken leicht gebeugt. Mit erhobenen Händen und dem von Furcht durchzogenen Antlitz ist der Menschensohn psychologisierend geschildert, der vor seinem Schicksal erschaudert. In der schroffen, durchfurchten Felsgestalt hinter ihm, die an die schrecklichen Bestien der Apokalypse erinnert, ist sein banges Grausen dramatisch aufgegriffen und nachgezeichnet. Gleichzeitig erscheint die Kontur des figürlichen Kernmotivs wiederholt in der landschaftlichen Formung. Das Gewand Christi scheint fest mit der Scholle verwachsen zu sein, auf der er kniet; die Gewandfalten werden durch das Gestrüpp vor ihm paraphrasiert. Nicht der Gottessohn, der trotz aller Furcht gehorchen wird, ist hier gezeigt, sondern ein vor seinem Schicksal erschaudernder, buchstäblich „erdverbundener" Mensch. Gesteine, die an Totenköpfe erinnern, verweisen auf seinen nahen Kreuzestod auf dem Hügel Golgatha, dem Schädelberg.

In weiten Bereichen tritt das Ambiente als figurähnliche, anthropomorphe Natur auf. Es greift die Kernmotive der figürlichen Darstellung nochmals auf und umschreibt sie in Formen der Natur. Diese Wiederholungen verdichten die Bildpsychologie. Die Landschaft wird hier nicht mehr – wie noch bei Wolgemuts Ölbergszene im Schatzbehalter – nur zeichenhaft zitiert. In sie sind die plastisch körperhaften Figuren eingebunden; sie verankert die bewegten Personen in der Bildebene. Eine gleichmäßige Bilddichte ist erreicht. Jede der drei Hauptszenen der Bilderfindung zeigt einen solchen Gleichklang in der Korrespondenz der Gegenstände. Dies gilt auch für den Erzählstrang im Hintergrund, der vorführt wie Judas und die Schächer in den Garten Gethsemane eindringen.

AS

Lit.: Kat. „Dürer", Boston, 1971, Nr. 47 - Appuhn, Bücher, 1979, S.144 f. - Möseneder, Dinge, 1986, S. 17 f.

20 DER FAHNENSCHWINGER, *ca. 1502*

monogrammiert
Kupferstich, 116 x 72 mm
B 87, M 92 (a), S 35
Inv. Nr. D - 92

Tänzelnd nimmt der Fahnenschwinger in einer ausgreifenden Bewegung den ganzen Bildraum für sich ein. Eine erhöhte Klippe dient ihm dabei als Bühne; die Landschaft ist zurückgetreten. Vor niedrigem Horizont erstreckt sich hell das Meer. Selbstsicher in elegantem Kontrapost, die Hüfte leicht herausgedreht steht der Fahnenschwinger am Küstenrand. Nur den Oberkörper bewegt er, um die Fahne zu schwingen. Gerade hat er aus dem Handgelenk heraus die Richtung der Fahne geändert und wird den Stab nun wieder nach vorne führen. Den Kopf hält er leicht geneigt. Balancierend hat er den linken Arm angewinkelt und umgreift den Knauf des Schwertes, das er hinter seinem Rücken führt. Mit stolz geschwellter Brust präsentiert er sich in seiner modischen Montur: ein Bausch aus Straußenfedern über der Schulter, die gepufften Ärmel und der hauteng am Leib gegürtete Anzug, der nur an den Armen und am Knie Falten wirft.

Das kompositorische Gegenstück zum Fahnenträger ist der Baumstumpf in seiner tief in die Kupferplatte eingegrabenen, markanten Schraffur. Einige Rindenreste sind von dem ansonsten glatt abgesägten Baumstamm stehen geblieben. Wie der aufgerissene Rachen eines Lindwurms reckt er sich dem Fahnenträger entgegen und weckt die Assoziation an Darstellungen des Hl. Georg mit dem Drachen.

Dürer wandte hier, wenn auch etwas verhaltener das gleiche gestalterische Konzept an, das er im vorherigen Blatt „Christus am Ölberg" aus der Holzschnitt-Passion (Kat. Nr. 19) bereits erprobt hatte. Die Natur folgt dem figürlichen Kernmotiv. Hier ist es der Baumstumpf, der die Linienführung des figürlichen Standmotivs nachzeichnet: Der Schwung der Hüfte des Fahnenträgers wird in der Silhouette des „aufgerissenen Rachens" erneut aufgegriffen. In den so entstandenen „schlundartigen" Stumpf ist die Monogrammtafel des Künstlers gestellt. Stolz „blickt" sie auf die gelungene Proportionsfigur.

Nach 1500 ändern sich die Relationen zwischen Figur, Raum und Rahmen in Dürers Schaffen. Die Figuren sind zunehmend größer entworfen, ihre Umgebung weniger mit Landschafts- und Gebäudemotiven verdichtet. Der Fahnenschwinger ist in Zusammenhang mit den Proportionsstudien Dürers zu sehen, die er unter dem Einfluß Jacopo de' Barbaris seit etwa 1500 anstellte, und die im „Adam und Eva"-Stich (Dürer I, Nr. 2) von 1504 kulminieren. Die Landschafts- und Architekturformen erhalten nun eher Hinweischarakter.

Friedrich Teja Bach hat in seiner kürzlich veröffentlichten Habilitationsschrift den „Fahnenschwinger" und eine Gruppe anderer früher Kupferstiche Dürers als Planetenbilder gedeutet. Er sieht in der Bildfigur des Fahnenträgers den Kleinbuchstaben des Vokales „e", der dem Planetengott Jupiter zugeordnet ist. Angefangen beim Spielbein, über die Hüfte des Mannes, hoch zur Schulterpartie und wieder hinab zum Bogen des angewinkelten Armes schreibt Bach die Minuskel ℓ der Bildperson ein.

AS

Lit.: Panofsky, Dürer, 1977, S. 123 - Bach, Struktur, 1996, S. 46 ff.

21 HIERONYMUS AM WEIDENSTRUNK, 1512

monogrammiert und datiert
Kaltnadel, 208 x 185 mm
B 59, M 58 (II/d), S 56
Inv. Nr. D - 58

Um 1512 hat sich Dürer mit der Technik der Kaltnadelradierung auseinandergesetzt. Nur drei Arbeiten in dieser Technik, die er ohne ein Ätzverfahren mit der Radiernadel in die Druckplatte ritzte, sind bekannt: Neben dem „Hieronymus am Weidenstrunk", der wohl erst nachträglich um 1550 von der Platte gezogen wurde, besitzt die Sammlung Otto Schäfer auch jeweils ein Exemplar der beiden anderen Kaltnadelradierungen in hervorragender Qualität: den „Schmerzensmann mit gebundenen Händen" (M 21) und „Die Heilige Familie" (M 43).

Der büßende Hieronymus hat sich, abgeschirmt von der Außenwelt, einen Ort der Kontemplation in der Natur eingerichtet: Ein Brett zwischen einer Felskante und einem Weidenbaum dient als Auflage für sein Kruzifix, die Bücher und seine Kardinalsrobe. Sein Sitz ist offenbar in das Gestein eingelassen, das den Betenden höhlenartig umschließt. Zu seinen Füßen liegt treu der gezähmte Löwe vor einem ruhigen Gewässer. Mensch, Tier und Natur sind im Einklang.

Dürer hat hier die Möglichkeiten der Kaltnadelradierung, die in den Kontrasten von Zartheit und Kraft, Licht und Schatten liegen, voll ausgenützt. Feinste Strichelpartien modellieren das Gesicht des Heiligen und lassen jene abgestuften Tonwerte entstehen, die den malerisch weichen Charakter des Blattes ausmachen. Scharfe Striche akzentuieren die Kanten und Höhlungen der beiden Felsen, definieren den rauhen, stacheligen Grasbewuchs, formen Stamm und Zweige der knorrigen Weide und lassen das Gewässer im Vordergrund spiegeln.

Alle Gegenstände, die ikonographisch zur Bildbestimmung beitragen, hat Dürer buchstäblich ins Licht gerückt. Klar gegen den strahlenden Himmel hebt sich freistehend das Kreuz ab. Hell beleuchtet vor der dunklen den Heiligen umfassenden Felsformation sind sein bärtiges Haupt mit dem in sich gekehrten, konzentrierten Gesichtsausdruck, seine zum Gebet erhobenen zart modellierten Arme mit den gefalteten Händen, die Bücher und die abgelegte Kardinalstracht. Bis auf die seidig glänzende Mähne des Löwen sind die restlichen Gegenstände des Bildes in Halbschatten getaucht.

Diese Bereiche sind jedoch besonders spannungsgeladen und spielen mit der Phantasie des Betrachters: In sie sind wiederum ungezählte 'Gesichte' und Gesichter hineingesehen, die gerade vom Diffusen, Schemenhaften und Unscharfen leben. Ein Felsgesicht direkt über dem Haupt des Büßers blickt auf diesen herab, eine weitere Fratze mit knorpeliger Nase lugt unter dem Brett zwischen der Felskante und dem Schoß des Hieronymus hervor. Auch im Faltenwurf des Kardinalsgewandes sind solche Figuren versteckt. Besonders aber der abgebrochene Baumstumpf rechts ist ein Vexierbild, das die Einbildungskraft neckt. Er kann sowohl als Baumstumpf gelesen werden, aber auch als plastisch voll ausgearbeiteter Torso mit Brustkorb und vorgestelltem Bein oder als verwundertes Gesicht mit kreisrunden Augen, schartiger Nase, kleinem Mund und Bärtchen.

Diese vielfach im Blatt zu findenden doppeldeutigen Gestalten lassen regelrecht ein geheimnisvolles „Flüstern" im lauschigen, sicherlich fränkischen Idyll spüren. Mit den Phantasiegesichtern holte Dürer die Verwandlungsvielfalt der Natur ins Blatt, die selbst exemplarisch und naturkundlich exakt in ihrer rauhen Schönheit am Weidenbaum mit seinen teils gekappten und teils ausgeschlagenen Ästen vorgeführt ist. Die blickende Umgebung wird zur gleichnishaften Chiffre der Atmosphäre.

AS

Lit.: Wölfflin, 1908, S. 249 - Panofsky, Dürer, 1977, S. 198 f. - Kat. „Dürer", Boston, 1971, Nr. 175 f. - Möseneder, Dinge, 1986, S. 21 - Bartrum, German, 1995, Nr. 31 - Orenstein, in: Kat. „Print", 1997, S. 35

22 DAS SCHWEISSTUCH VON EINEM ENGEL GEHALTEN, 1516

monogrammiert und datiert
Eisenradierung, 211 x 156 mm
B 26, M 27 (c), S 83
Inv. Nr. D - 27

Zwischen 1515 und 1518 hat Albrecht Dürer mit der Technik der Eisenätzung experimentiert und fünf Eisenradierungen geschaffen. Erst um 1510 war diese Technik, die vermutlich von Harnischmachern zur Verzierung von Prunkrüstungen entwickelt worden war, für den Bilddruck entdeckt worden. Abzüge aller fünf Eisenradierungen sind in der Sammlung Otto Schäfer vorhanden.

Zwei helle Wolkenbänder teilen die dramatische Nachtszenerie in zwei Bereiche. Leichter erfaßbar und näher gerückt erscheint der obere. In plastischen Formen schält sich hier ein Engel mit kindlichem Puttengesicht und weit ausgebreiteten Flügeln aus dem Dunkel. Seine Rockschöße und das große Tuch, das er an den Ecken mit beiden Händen hält, werden vom offenbar sehr starken Aufwind nach oben geweht. Trotzdem versucht der Engel mit vorgerecktem Kinn, das Bild auf dem Tuch zu betrachten, das auch die übrigen kleinen im Wolkensaum versteckten Putti interessiert: Es handelt sich um das Schweißtuch der Veronika. Nach der Legenda Aurea hatte sich das wahre Antlitz Christi mit der Dornenkrone (vera ikon) darin unauslöschbar eingedrückt. Stark verschattet in scharfer Verkürzung ist es auf dem Tuch zu erkennen. In schemenhafter Kalligraphie ist es in die schwarz-weiße Schraffur eingeschrieben, die die Unterseite des Tuches kennzeichnet.

Nie zuvor war das Schweißtuch der Hl. Veronika, das zu den arma christi, den Leidenswerkzeugen Christi zählt, so dargestellt worden „wie das Segel eines Schiffes in stürmischer Nacht geschwellt" (Panofsky). Üblicherweise wurde das Sudarium feierlich frontal gezeigt, allein oder von der Hl. Veronika präsentiert.

Auf dem unteren Wolkenband führen vier weitere Engel gesenkten Hauptes klagend die weiteren Leidenswerkzeuge der Passion Christi vor: die Geisel, das Rutenbündel, das Kreuz, die Lanze und die Dornenkrone. Sie sind weitaus kleiner und weniger plastisch inszeniert und wirken wie eine Anmerkung zum Haupttext oben, dem herabblickenden Antlitz Christi.

Erst die Lichtregie läßt den Betrachter das Tuch entdecken. Sie führt den Blick über die grell beleuchteten Stationen des Blattes nach oben. Weiß mit sparsam gesetzter Schraffur zum Plastischen hin bearbeitet, brechen sie aus der Blattebene heraus: die Wolkenbänder, der Rock, das Engelsgesicht, die Hände und schließlich die umgekehrte Ecke des Schweißtuches selbst am oberen Blattrand. Dieses hebt sich kaum vom Dunkel der Nacht ab. Doch löst sich mit nahezu haptischer Qualität das krause Haar des dargestellten Hauptes vom Gewebe. Das eingeschriebene Gesicht erscheint als wirklicher Blick, der den Betrachter fixiert. Diesem geht es wie dem staunenden Engel, er begreift das Antlitz Christi im Tuch als unfaßbares Wunder.

Offenbar erschien Dürer die expressiv-suggestive Ausdruckskraft der Eisenradierung für solche spannungsgeladenen Nachtstücke besonders geeignet. Auch in den Radierungen „Die Entführung auf dem Einhorn" (Dürer I, Nr. 54) und „Der Verzweifelte" (Dürer I, Nr. 61) hat er mit grellen Lichtern und schneller Schraffur die Figuren und ihre Umgebung herausgearbeitet.

AS

Lit.: Panofsky, Dürer, 1977, S. 263 - Kat. „Dürer", Boston, 1971, Nr. 193 - Anzelewsky, Dürer, 1980, S. 185 - Kat. „Realism", 1995, Nr. 68

23 DER APOSTEL PHILIPPUS, 1526

monogrammiert und datiert
(korrigiert aus 1523)
Kupferstich, 122 x 77 mm
B 46, M 48 (a), S 103
Inv. Nr. D - 48

Der Hl. Philippus ist auf dem fünften und letzten Blatt der unvollendet gebliebenen Apostelserie Dürers dargestellt. Er starb unter Domitian am Kreuz gesteinigt den Märtyrertod.

Ins Profil nach rechts gewendet beherrscht der Hl. Philippus würdevoll den gesamten Bildraum. In der Rechten ruht die Bibel, die Linke hält einen Kreuzstab. Die eigentliche Erscheinung des Apostels wird aber von seinem weiten, bodenlang herabfallenden Umhang bestimmt. Die hell glänzende Kostbarkeit unterstreicht die majestätische Erscheinung des Heiligen und sein körperliches Volumen. Vom Menschen selbst sehen wir beinahe nur den minutiös gezeichneten Kopf mit der leicht gekräuseltem Haar- und Barttracht und dem konzentrierten, auf ein Ziel in der Ferne gerichteten Blick. Die beiden Hände sind größtenteils von dem weiten Umhang verdeckt, ebenso der ausgestellte nackte Fuß, der die Gestalt mit dem Boden fest verankert. Im Hintergrund ist ein Steilhang zu sehen. Die hier gewonnenen Erfahrungen mit der Gewandmasse hat Dürer in seinen Aposteltafeln, die sich heute in der Alten Pinakothek in München befinden, gesteigert wiederholt.

Das helle Tuch, das am Rücken des Apostels in geraden Faltentälern herabfällt, streckt seine imposant aufragende Statur und verleiht ihr die Strenge monumentaler Größe. Glatt zeichnet sich der Oberarm unter dem Stoff ab. In der Armbeuge knautscht sich das weite Gewand über dem angewinkeltem Arm, auf dem die Bibel liegt. Entschieden hat Philippus den Kreuzstab gerade vor sich auf den Boden gesetzt, der strengen, aus Senkrechten und Waagerechten sich zusammenfügenden Komposition entsprechend: Das Kreuz, das an sein und seines Herrn Martyrium erinnert, ist also seiner Erscheinung eingeschrieben und bestimmt gleichzeitig seine Blick- und Wegrichtung.

Philippus ragt in abgeklärter Souveränität und selbstverständlicher Dominanz über den Hintergrund hinaus. Seine Person nimmt körperhaft plastisch, unbewegt und preziös gestaltet Vorder- und Mittelgrund ein. Der Steilhang aber, der in seiner graphischen Behandlung an die Senke des „Hieronymus in der Wüste" (Kat. Nr. 18) erinnert, vermittelt die rasante Kraft einer aufschäumenden Woge.

Unterhalb des Grasbewuchses sind ihm zwei Felsgesichter eingeschrieben. Beiden dienen die Gräser als Frisur. Das vordere blickt mit langer Nase, kleinem Mund und Grübchen im Kinn auf den Betrachter. Das zweite ist spitzbübisch dem Apostel zugewandt. Verhalten lassen sie das Rätselhafte, das intellektuell nicht Faßbare, das Schillernde der Natur anklingen. Wie auch der Steilhang selbst sind sie kontrapunktisch zu der Apostelfigur eingesetzt. Denn klar gesondert und deutlich weniger strukturiert, verschwindet der Steilhang mit seinen Gesichtern und Gesichten fast hinter der Menschengestalt. Diese ist von so großer Einprägsamkeit, daß sie sich in ihrer Plastizität aus der Umgebung gelöst hat.

Der reife Dürer hat mit dem Apostel Philippus eine „natürliche Kunstfigur" geschaffen. Das Künstliche, die weite Mantelmasse läßt uns alles über die verhüllte Person erfahren. In diesem Sinne ist sie figurgleich, ohne zwingend anthropomorph zu sein. Ein langjähriges Anliegen des Künstlers ist hier mit den Worten von Rebel erreicht: „Natur und Kunst lassen sich auf einen gemeinsamen Nenner bringen, weil sie beide Augenmaterial sind, Gestaltmaterial."

AS

Lit.: Wölfflin, Dürer, 1908, S. 331 f. - Panofsky, Dürer, 1977, S. 307 ff. - Kat. „Dürer", Boston 1971, Nr. 217 - Möseneder, Dinge, 1986, S. 21 - Rebel, Dürer, 1996, S. 90 ff.

IV. „LANTSCHAFFTEN ZW MACHEN, (...) DO MAN FUNFF, SEX ODER SIBEN MEILL SICHT"

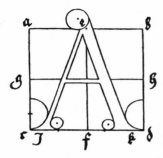

Aus der Vogelperspektive gesehene, weite Landschaftsüberblicke bilden ein wesentliches Kennzeichen von Dürers früher Landschaftsdarstellung bis etwa in die Mitte des ersten Jahrzehnts nach 1500. Danach werden Landschafts- aber auch Interieurausschnitte in der Regel immer enger gefaßt. Dies ist nicht nur ein in der Druckgraphik zu beobachtendes Phänomen. Anschauliche Beispiele für Dürers Erfassung der Landschaft vor 1500 sind die während seiner ersten Italienreise entstandenen Aquarelle. In den Fragmenten zu dem niemals erschienenen, vermutlich nach Rückkehr von der zweiten Italienreise begonnenen Lehrbuch über die Malerei deutete Dürer dieses Phänomen erneut an: „Aber jn lantschafften zw machen, hat es ein vnderschid, do man funff, sex oder siben meill [= Meilen] sicht." Insbesondere das in Oxford aufbewahrte Blatt „wehlsch pirg" (W 99) mit seiner weiträumigen Ansicht der Landschaft bei Segonzano im Cembra-Tal mag als beispielhafter Beleg dafür stehen.

Bereits in den ersten Dürer zugeschriebenen Holzschnitten seiner Gesellenwanderzeit gelang es ihm, Figur und Landschaft zu einer überzeugenden Einheit zu verbinden. Anders als noch bei Schongauer bewegen sich Dürers Figuren nicht in theaterartigen Landschaftskulissen, die wie Versatzstücke einer Bildbühne aufgestellt sind. Dürers Landschaften sind im Vergleich dazu anschauliche und glaubhafte Räume, die im Größenmaßstab mit den handelnden Figuren übereinstimmen. Eine wesentliche Rolle spielt dabei die gleichmäßige Behandlung der Beleuchtung im Bild.

Der gesamte Bildausschnitt wird bei Dürer vom Vordergrund bis in die Tiefe der Darstellung einem einheitlichen Prinzip einer von der Luftperspektive abgeleiteten, gestuften Formensprache bei der Wiedergabe der Natur unterworfen. Vieles davon hinsichtlich der Detailbehandlung hat Dürer in Colmar dem Kupferstichwerk des Martin

Schongauer abgeschaut. In der Regel ist das Geschehen im Vordergrund bis ins Detail genau gezeichnet, um dann gegen den Mittelgrund summarischer zu werden und im Hintergrund nur noch durch wenige an- oder abschwellende Linien bezeichnet bzw. modelliert zu werden. Es wäre allerdings falsch, Dürer auf solche einfachen formelhaften Rezepte reduzieren zu wollen. Der Hinweis auf die beiden in diesem Kapitel gezeigten Landschaftsbeispiele aus der Apokalypse mag genügen, um anzudeuten, zu welch überraschenden Lösungen Dürer fähig war.

Seine Landschaftsräume entwickeln sich konsequent und ohne Brüche in die Tiefe. Andererseits war ein solches Verfahren nur bei extremer Vogelperspektive möglich, wie es insbesondere bei dem 1502 zu datierenden Kupferstich der „Nemesis" (Dürer I, Nr. 57) oder auch bei einigen früheren Holzschnitten der „Apokalypse" auffällt. Dürer meisterte diese Problematik dadurch, daß er zwar Landschaftsausschnitte hintereinanderstaffelte, aber dem betrachtenden Auge immer wieder Anhaltspunkte gab, so daß sich die einzelnen Elemente konsequent auseinander herausbildeten. Besonders anschaulich läßt sich dies in der „Beweinung Christi" der Großen Passion beobachten.

In der Druckgraphik des zweiten und dritten Jahrzehnts des 16. Jahrhunderts bildet der weite Blick über eine Landschaft die Ausnahme. Ähnliches gilt für Dürers Aquarelle. Zwar gibt es durchaus noch solche Ausblicke im Hintergrund, wie z.B. bei der ehemals in Bremen befindlichen Ansicht des Dorfes Kalchreuth (W 118), doch ist dort das Interesse des Künstlers auf das dem Betrachter unmittelbar vor Augen geführte Motiv im Vordergrund konzentriert. Wenn Dürer trotzdem weit und tief geführte Überblickslandschaften in der späteren Druckgraphik einsetzt, dann scheint die Notwendigkeit den Bedürfnissen der gestellten Aufgabe entsprungen zu sein. Der im Umkreis der Illustrationen seiner Befestigungslehre entstandene Holzschnitt „Belagerung einer befestigten Stadt" von 1527 zeigt eine solche Vogelperspektive, die bis heute bezeichnenderweise den Beinamen „Militärperspektive" führt.

ES

24 CHRISTUS AM KREUZ, *1493 (1517)*

Holzschnitt, Erstdruck als Kanonblatt in „Opus speciale missarum", Straßburg: Johann Grüninger, 1493. Hier aus „Euangelia mit vszlegu[n]g Des hochgelerte[n] Doctor Keiserspergs", Straßburg: Johann Grüninger, 28. August 1517, Bl. LXXVII v., 226 x 139 mm (Bildgröße)
M 179, K 85, St 19
Inv. Nr. OS 409

Maria und Johannes stehen unter dem Kreuz, das den Holzschnitt nahezu in seiner ganzen Breite und Höhe einnimmt. Das Blatt strahlt eine merkwürdige, andachtsbildartige Stille aus. Dennoch sind die drei Figuren, anders als bei Schongauer (vgl. B VI 17, 24 oder 25), in ihrem Handeln aufeinander bezogen und agieren nicht isoliert. Zudem hat Dürer seine Darstellung von allem „geschwätzigen" Beiwerk, wie Engeln oder Henkersknechten befreit, wie es in der Tradition der „volkreichen Kalvarienberge" üblich war. Ihm ging es um das Andachtsbild; sein Thema ist der stille Schmerz des Gekreuzigten und die Anteilnahme der Gottesmutter Maria sowie des Lieblingsjüngers Johannes an diesem Geschehen.

Auf diese Weise gelang es Dürer, als zweites Thema dieses Holzschnittes die Landschaft zur Geltung zu bringen. Sie erstreckt sich vom Vordergrund aus als weite Ebene bis etwa zur Blattmitte und steigt dort, jenseits eines knappen, waldartigen Saumes, leicht hügelig an. Der Gekreuzigte, sowie Maria und Johannes sind glaubhaft in diese Landschaft eingebunden. Im Vergleich dazu setzte Martin Schongauer beispielsweise in dem Kupferstich „Christus am Kreuz mit vier Engeln" (B VI 25), ein Werk, das Dürer spätestens in Colmar gesehen haben dürfte, jenseits eines knappen Vordergrundstreifens nach der Tiefe zu eine verwirrende Vielzahl von kulissenhaft verstandenen Landschaftselementen ein. Selbst wenn Schongauer bei vergleichbaren Darstellungen durchaus dem Thema entsprechend zu variieren verstand, so fügen sich dennoch bei ihm Figur und Landschaft nicht zu jener Einheit zusammen, die bereits den jungen Dürer auszeichnet. Figuren und Landschaft sind aus dem gleichen Blickwinkel heraus betrachtet. Die Landschaft wölbt sich nicht wie ein Bühnenbild hinter den Figuren empor, sondern erstreckt sich nahezu gleichmäßig bis zur Horizontlinie. Trotz solcher Sensibilität, die kaum ohne ein waches Auge des jungen Dürer für die Erscheinung der Natur vorstellbar ist, hat er seine Straßburger Kreuzigung auch bewußten kompositorischen Überlegungen unterworfen. Exemplarisch sei auf die beiden Häupter, der unter dem Kreuz Stehenden hingewiesen. Köpfe und Nimben befinden sich oberhalb der Horizontlinie der Landschaft und sind auf diese Weise dem Gekreuzigten nicht nur räumlich näher.

Die Umrisse der drei Protagonisten im Vordergrund sind kräftig konturiert, die Faltenbildung der Gewänder ist volumenhaft reliefiert. Nach der Tiefe der Landschaft zu hat Dürer diese Konturlinien entsprechend verfeinert und zugleich die Zeichnung schematisiert bzw. am Ende Kontur und Binnenzeichnung in einer Linie zusammengefaßt. Konsequent hat er jene scharfen Hell-Dunkel-Kontraste vermieden, die bei Schongauer so auffällig sind, und erreichte auf diese Weise eine geschlossene und anschaulich überzeugende Einheit von Figur und Landschaft.

Obwohl der Holzschnitt nicht signiert ist, wird er von der Literatur insbesondere wegen seiner kompositorischen Qualitäten übereinstimmend als bedeutende Arbeit aus Dürers Wanderjahren anerkannt. Winkler hebt hervor, daß in der Straßburger Kreuzigung ein „klarer und straffer künstlerischer Sinn für das Bildgefüge [waltet], geschmeidige Kraft, die umsichtig, bald mit voller Wucht, bald zurückhaltend eingesetzt wird. Dieses Blatt ist allen anderen durch die exakte, präzise Raumwiedergabe weit voraus."

ES

Lit.: Winkler, Narrenschiff, 1951, SS. 73 ff. und 114 ff. - Herrbach, in: Kat. „Kunst", 1985, Nrn. S-9,18 und 22

25 RITTER UND LANDSKNECHT, *ca. 1497*

monogrammiert
Holzschnitt, 394 x 286 mm
B 131, M 265 (I), K 100, St 34
Inv. Nr. D - 265

Ein in der Tracht des 16. Jahrhunderts reich gekleideter Edelmann sprengt auf seinem schmuck aufgezäumten, kräftigen Pferd nach links einem unbekannten Ziel zu. Den Blick nach vorne gerichtet, winkt er mit der ausgestreckten linken Hand einem hinter ihm hastenden Landsknecht zu. Dieser hat eine Hellebarde geschultert und hält sein Schwert am Griff fest, damit es ihn nicht beim Laufen behindert. Ein kleiner, modisch geschorener Pudel begleitet die beiden mit hohen Sprüngen. Jenseits eines niedrigen, mit unterschiedlichen Bäumen bestandenen Wegsaumes erblickt man in der Tiefe einer weiten Landschaft eine von einem Bergfried bewehrte Burg. Das Thema des Holzschnitts ist noch nicht abschließend gedeutet.

Unabhängig davon ist das Blatt ein hervorragendes und frühes Beispiel für Dürers Beobachtungsgabe. Auch wenn wir ein vertieftes Verständnis für die inneren Zusammenhänge von Biologie und Botanik noch nicht annehmen dürfen, so überrascht dennoch die Vielzahl „impressionistischer" Detailszenen. Eine prachtvolle Studie bildet der Kopf des bärtigen Reiters. Mit wenigen Linien vermochte Dürer es ihn als reifen Mann mit faltigen Gesichtszügen zu charakterisieren; er hat auch nicht vergessen, Hals und Schulteransatz entsprechend zu formen.

Mag das Pferd selbst in seiner Bewegung eher summarisch gezeichnet sein, so bleibt dieser Reiter auch als bemerkenswert detailreich inszenierte Kostümstudie haften. Fast meint man außerdem, den im Vordergrund das Pferd mit tollen Sprüngen umkreisenden Pudel kläffen zu hören, so überzeugend gelang es Dürer diesen Hund in seinen Bewegungen zu kennzeichnen. Virtuos erscheint hier vor allem, daß er das springende Tier zwar im Profil, den Kopf jedoch von hinten dargestellt hat. Auf diese Weise vermochte Dürer nicht nur die Richtung, sondern auch die Dynamik der Bewegung anzuzeigen. Im Gegensatz dazu wirkt der Landsknecht als Repoussoirfigur. Dennoch wird man sich den bereits oben beschriebenen, das Schwert sichernden Griff merken müssen. Er taucht in verwandter Weise später noch einmal bei dem tanzenden Bauernpaar von 1514 wieder auf (Dürer I, Nr. 74).

Ähnlich sensible Einzelbeobachtungen kennzeichnen auch die Landschafts- bzw. Naturdarstellungen in diesem Holzschnitt. Sein Hauptaugenmerk richtete Dürer dabei auf den Mittelgrund und die dort stehenden hohen Bäume. Die Bandbreite reicht dabei von einem in voller Frucht stehenden, mächtigen Orangenbaum am linken Bildrand über eine abgestorbene Baumruine, die ihre dürren Äste in den Himmel reckt, bis zu einem nur noch in reduzierten Formen dargestellten Baum jenseits des Wegsaumes.

Aber auch hier handelt es sich zunächst wieder um Einzelheiten, die hinsichtlich ihrer kompositorischen Einordnung in das Gesamtgefüge der Landschaft überlieferten Darstellungsrezepten durchaus noch folgen. Anschaulich kann man dies insbesondere bei der dicht gedrängten Baumgruppe am linken Bildrand beobachten: Am Orangenbaum hat Dürer nicht nur die Früchte, sondern jedes einzelne Blatt gezeichnet. Bei dem dahinter stehenden Baum sind wenigstens die einzelnen Äste und das daraus erwachsende Laubwerk unterschieden, während sich in der Tiefe dann die Bäume nur noch entsprechend ihrer Silhouette zusammenschließen. Andererseits nutzte Dürer gerade diese Baumgruppe, um ein Auseinanderfallen der sich nach der Tiefe hin erstreckenden Landschaft zu vermeiden. Diese Bäume überwinden den trennenden Wegessaum und zeigen damit an, daß es sich um ein Landschaftskontinuum handelt, das sich bis zu der als Blickfang inszenierten Burg und darüber hinaus erstreckt. Die Landschaft mit der Burg ist nicht nur Hintergrund für das sich vorne wie auf einer Bühne ereignende Geschehen, sondern anschauliche Fortsetzung in die Weite des Raumes.

ES

Lit.: Eye, Leben, 1869, S. 172 - Panofsky, Dürer, 1977, S. 64

26 JOHANNES VOR GOTTVATER UND DEN ÄLTESTEN, *ca. 1496*

monogrammiert
Holzschnitt, 394 x 305 mm
B 63, M 166, K 108, St 43
Inv. Nr. D - 166 a 2

Das Himmelstor ist weit geöffnet, und dem auf einem Wolkensaum davor knienden Seher Johannes bietet sich ein Schauspiel besonderer Art, wie es im vierten und fünften Kapitel der Apokalypse niedergeschrieben ist. Vieles in diesem Text ist ausgesprochen kryptisch und bildlich nur sehr abstrakt darstellbar. Z.B. „.... auf dem Thron saß einer, der wie ein Jaspis und ein Karneol aussah ...". Dürer hat sich deshalb auf einige anschauliche Hauptmotive des betreffenden Abschnittes der Apokakalypse konzentriert. Er zeigt den, „der auf dem Thorn saß" in der Art der herkömmlichen Gottvater-Darstellung. Dieser hält das Buch mit den sieben Siegeln in die Hand. Ein Lamm mit sieben Hörnern und sieben Augen steigt am Thron empor. Nicht ausgedrückt hat Dürer dagegen, daß das Lamm „wie geschlachtet" erschien. Den Thron umgibt ein „Regenbogen, der wie ein Smaragd aussah". Darüber sind die „sieben lodernden Fackeln" zu sehen, die laut Apokalypse „vor" dem Thron brannten.

Eine solche Text und Bild vergleichende Beschreibung ließe sich fortsetzen bis zu den „vierundzwanzig Thronen", auf denen „vierundzwanzig Älteste in weißen Gewändern und mit goldenen Kränzen auf dem Haupt" saßen. Am Ende würde sich jedoch nur die vielfach aufgestellte Behauptung bestätigen, daß Dürer in diesem Bild, wie in der Apokalypse überhaupt, den Text nicht einfach illustriert, sondern zu einer völlig eigenständigen Bildsprache gefunden hat. Wie in allen anderen Blättern der Apokalypse entwarf Dürer zur Darstellung solchen „außerirdischen" Geschehens kein völlig neues Welt-Bild, sondern orientiert sich an Motiven der ihn umgebenden Wirklichkeit. Beispielhaft läßt sich dies an den hölzernen Thronen der Ältesten zeigen, deren verstellbare Rückenlehnen Dürer mit Freude auch am konstruktiven Detail spätgotischen Vorbildern seiner Zeit abgesehen hat. Gerade solche Kleinteiligkeit in der Wesentliches und Nebensächliches zu einem komplizierten Netzwerk verwoben sind, hat dazu geführt, dieses Blatt sehr früh zu datieren.

Besonderes Augenmerk legte der Meister auf die Landschaft im unteren Bildfeld, obwohl davon in der Apokalypse nicht ausdrücklich die Rede ist. Lediglich im 1. Vers des 4. Kapitels sagte „die Stimme" aus dem geöffneten Himmel zu Johannes: „Komm herauf". Somit bezeichnet die unten dargestellte Landschaft den Lebensraum des Johannes. Wie auch im nächstfolgenden Blatt des Engelskampfes blicken wir völlig unvermittelt in den Mittelgrund dieser weiten, von oben gesehenen Landschaft hinein.

Eine ähnliche „Untersicht" hat Dürer in dem 1511 datierten „Allerheiligenbild" noch einmal gepflegt. Das eigentliche Vordergrundmotiv ist hier wie dort das Geschehen im Himmel. In dem Johannes-Holzschnitt ist die Landschaft jedoch außerordentlich dicht strukturiert: Bäume und Felsen rechts vorne. In der Mitte ein Ausblick auf eine an einem Gewässer liegende Burg. Links auf hochragenden Felsenklippen eine Stadtsilhouette und im Hintergrund schließlich ein See und Gebirge. Selbst wenn die Behandlung der Einzelmotive in dieser Landschaft entsprechend der Vorstellung, daß es sich ja bereits um den Bildmittelgrund handelt, eher summarisch behandelt worden sind, hat ihre Darstellung insgesamt nichts von ihrer Überzeugungskraft eingebüßt. Dazu mag erneut beitragen, daß Dürer seine Landschaft konsequent in die Tiefe hinein entwickelt und nicht nur kulissenartig im Bild verteilt.

ES

Lit.: Panofsky, Dürer, 1977, S. 78 - Mende, Dürer, 1976, Nr. 100 - Strieder, Dürer, o.J., S. 310

27 MICHAELS KAMPF MIT DEM DRACHEN, *1498*

monogrammiert; aus d. deutschen Urausgabe
Holzschnitt, 396 x 284 mm
B 72, M 174, K 116, St 48
Inv. Nr. D - 174 a

Dürers Darstellung des Engelskampfes folgt dem 12. Kapitel der Offenbarung des Johannes: „Da entbrannte im Himmel ein Kampf; Michael und seine Engel erhoben sich, um mit dem Drachen zu kämpfen. Der Drache und seine Engel kämpften, aber sie konnten sich nicht halten, und sie verloren ihren Platz im Himmel. Er wurde gestürzt, der große Drache, die alte Schlange, die Teufel oder Satan heißt und die ganze Welt verführt ..." (Apokalypse 12, 7 - 9).

Die Schilderung dieses Engelskampfes im Himmel nimmt, darin auch der Länge des Textes folgend, nahezu Dreiviertel des Holzschnittes ein. Der Erzengel Michael steht über dem bereits auf den Rücken liegenden, drachenartig ausgebildeten Satan und stößt diesem seine mit beiden Händen gepackte Lanze mit voller Wucht in den Hals. Andere Engel vertreiben mit Schwertern oder mit Pfeil und Bogen bewaffnet die übrigen bereits unterlegenen Anhänger Satans aus dem Himmel und stürzen sie auf die Erde. Diese breitet sich am unteren Bildrand in geradezu paradiesischer Ruhe aus. Noch ist nichts davon zu spüren, daß bald das Böse in Gestalt des satanischen Drachens über die Erde hereinbrechen wird.

Zwei Merkmale sind es, die diese frühe Landschaft charakterisieren: Wieder ist es eine weit in die Tiefe reichende, aus der Vogelperspektive gesehene „Weltlandschaft", in der alle Elemente einer solchen Naturvorstellung vereinigt sind: Städte, freies Land, Gewässer und Berge. Anders als sonst hat es jedoch den Anschein, als fehlte dieser Landschaft der Vordergrund. Der Blick fällt völlig unvermittelt in jene Art der Landschaftsdarstellung, die wir aus anderen Blättern als Mittelgrund zu sehen gewohnt sind. Bereits die ganz nah gesehenen Pflanzen oder Landschaftsformationen sind mit reduzierten graphischen Mitteln wiedergegeben.

Dies läßt sich meines Erachtens nur so erklären, daß Dürer entgegen unseren spontanen Sehgewohnheiten das Ereignis im Himmel als das Geschehen im Vordergrund verstanden hat. Die Schlacht dort ist denn auch mit allen ihm im Holzschnitt verfügbaren Möglichkeiten inszeniert. Die Erde ist (noch) nicht das Thema und wird deshalb zurückhaltender behandelt. Wir blicken gewissermaßen unter dem Himmel vorbei auf die Erde.

ES

Lit.: Panofsky, Dürer, 1977, Nr. 292

Die Große Passion:

28 CHRISTUS AM KREUZ, *ca. 1497/98*

monogrammiert
Holzschnitt, 389 x 282 mm
B 11, M 120 (I/a), K 125, St 61
Inv. Nr. D - 120 a

Im Zusammenhang mit den Entwürfen für ein geplantes, aber niemals im Druck erschienenes „Malerbuch" charakterisierte Dürer 1512 die Aufgabe der Kunst mit folgenden Worten: Sie „wird gebraucht im Dienst der Kirchen und dadurch angezeigt das Leiden Christi...". Ähnlich wie in der Apokalypse sind insbesondere die zwischen 1497 und 1500 entstandenen frühen Blätter der Großen Passion von leidenschaftlicher, szenischer und graphischer Dramatik erfüllt.

Der Holzschnitt trägt den Titel „Christus am Kreuz". Tatsächlich handelt es sich jedoch um ein dichtes Gewebe der verschiedensten Ereignisse. Hauptmotiv des Holzschnittes ist der Gekreuzigte selbst. An einem aus rohen Baumstämmen gezimmerten Kreuz hängend hat Christus eben sein Leben ausgehaucht. Er ist bereits verschieden, aber sein Leib hat noch die muskulöse Straffheit des Lebenden. Sonne und Mond stehen gleichzeitig am Himmel und weisen darauf hin, daß kurz zuvor „eine Finsternis über das Land" hereingebrochen war und die Sonne sich verdunkelt hatte (Matthäus 27, 45 f. und 50). Drei Engel bemühen sich, das aus den Wunden Christi strömende Blut in Kelchen einzufangen; ein Gedanke, den Dürer nach älteren Darstellungen dieses Themas, z.B. nach Schongauers Kupferstich von etwa 1475 paraphrasiert hat (B VI 25). Rechts unter dem Kreuz stehen zwei mit kostbaren Gewändern in der Tracht des späten 15. Jahrhunderts gekleidete Reiter. Einander zugewandt weist der ältere auf den Gekreuzigten. Der Hauptmann und ein weiterer Wächter erkennen in diesem Augenblick des Todes Christus als Sohn Gottes (Matthäus 27, 54). Links unter dem Kreuz bemühen sich Johannes und Maria, die Frau des Klopas, um die Gottesmutter Maria, die eben voller Schmerz zusammensinkt. Ein bemerkenswertes Detail ist der zupackende, fast grob zu charakterisierende Griff, mit dem Johannes Maria am Ärmel hält. Dahinter steht betend Maria von Magdala und blickt auf das Kreuz. Trotz ihrer engen, durch die Überlieferung der Evangelien vorgezeichneten Beziehung untereinander, bilden die drei Hauptgruppen jedoch kein völlig in sich geschlossenes Bild aus, sondern erzählen drei verschiedene Handlungen. Lediglich der Blick Marias von Magdala und die Geste des Hauptmannes sorgen für eine lockere Verknüpfung dieser drei Bilder.

Für die Darstellung der Natur mag auf den ersten Blick in diesem von gläubigen Emotionen im Augenblick des Todes Christi erfüllten Holzschnitt kaum noch Platz sein. Und doch hat Dürer Natur und Landschaft in ähnlicher Dichte und zugleich überzeugend in seine Darstellung hineingewoben. Im Vordergrund sind einige Pflanzen und menschliches Gebein in Anspielung auf den Hinrichtungsort zu sehen. Trotz abkürzender Darstellungsweise sind die Pflanzen in ihrer unterschiedlichen Erscheinung mit spitz gezackten oder runden, lappigen Blättern treffend beobachtet. Jenseits des Kreuzigungshügels erblickt man ein weites offenes Land, das mit Bäumen bestanden ist, teilweise aber von einem breiten Fluß durchzogen wird, an dessen Ufer sich die Silhouette einer Stadt ausbreitet. Über den Fluß führt eine Bogenbrücke, auf der man sogar noch die Konturen eines Lanzenreiters erahnen mag.

Diese Landschaft ist trotz der dichten Textur der einzelnen Motive konsequent vom Vordergrund bis in den Hintergrund durchgeformt. Sie folgt den bereits mehrfach beobachteten Gesetzen der Luftperspektive und ist entsprechend differenziert behandelt. Das Ereignis des Hinscheidens Christi findet in eben dieser Landschaft statt. Die Landschaft ist nicht mehr nur additives Beiwerk oder einfach nur Hintergrund. Am besten erhellt dies ein Vergleich mit dem bereits weiter oben angesprochenen Kupferstich von Schongauer.

ES

Lit.: Kat. „Dürer", Frankfurt 1971, Nr. 19 ff. - Herrbach, in: Kat. „Kunst", 1985, Nr. S-9 und D-6

29 BEWEINUNG CHRISTI, *ca. 1498/99*

monogrammiert
Holzschnitt, 390 x 286 mm
B 13, M 122 (I/a), K 126, St 60
Inv. Nr. D - 122 a

Christus ist eben vom Kreuz abgenommen worden. Die beiden Schächer aber hängen noch an den Kreuzen im Hintergrund auf dem Berg Golgatha. Nur das mittlere Kreuz ist leer, was die beiden lanzenbewehrten Soldaten erst in diesem Moment überrascht zu bemerken scheinen. Im Vordergrund trauern einige Menschen um den toten Christus. Tief ergriffen und doch stumm hat rechts der lockenköpfige Johannes den Oberkörper des am unteren Bildrand liegenden Leichnams etwas angehoben. Er präsentiert ihn den fünf Frauen dahinter und damit zugleich dem Betrachter. Eine Frau kniet vor Christus und erfaßt die vom Kreuznagel durchbohrte Hand des Gekreuzigten. Ein Stück ihres Umhanges bedeckt die Lenden des Toten: Gerade noch hat die Frau den Leichnam tragen helfen und ist mit diesem beim Ablegen in die Knie gesunken. Dabei hat sich ein Teil des Gewandes über den Körper gelegt. Hinter ihr führt eine weitere Frau ein Tuch zum Gesicht, um ihre Tränen zu trocknen. In lautes Wehklagen ausgebrochen, die Arme emporgeworfen, ist eine dritte Frau mit langen Haaren dargestellt. Abgehoben, stehend und von dem hochragenden Baum mit seinen dürren Ästen in ihrer Erscheinung zugleich wirkungsvoll betont, ist die Gottesmutter Maria zu sehen. Mit gefalteten Händen wendet sie sich in gefaßter Trauer ihrem toten Sohn zu. Ebenfalls etwas abseits am linken Bildrand kauert eine vierte Frau am Boden bei der Dornenkrone und umfasst klagend mit beiden Händen ihr Knie, den Blick zurück auf Christus gerichtet. Man achte dabei insbesondere auf die Stellung der Hände, die bar jeder tradierten Gestik ist. Gerade in solchen Details weiß sich Dürer von Schongauer auf kennzeichnende Weise zu unterscheiden (B VI 24). Die am Boden abgelegte Dornenkrone weist zurück auf den Berg mit den drei Kreuzen. Von dort oben hat man den Toten heruntergetragen, die Schandkrone abgelegt, und jeder der Beteiligten gibt sich nun seiner Trauer hin, bevor man Christus zu Grabe tragen wird.

Anders als bei der vorangehenden Kreuzigung (Kat. Nr. 28) hat die Landschaft in der Beweinung einen erheblich größeren Anteil am Bild. Hervorgehoben werden muß zunächst Dürers Vermögen Figurengruppe und Landschaft zu einer sich gegenseitig verstärkenden Komposition zusammenzufassen. Diese Verschränkung ist nicht nur eine thematische, die sich z.B. in dem abgestorbenen Baum hinter Maria als wirkungsvolle und doch eher traditionelle Geste Ausdruck verschafft. Auch bietet die Landschaft nicht nur die geeignete Folie für die das Hauptereignis unterstützenden Nebenszenen. Nein, die sich weit in die Tiefe erstreckende Landschaft ist ähnlich differenziert beobachtet wie die Klagegesten der Trauergruppe vorne.

Landschaftliche Hauptmotive des Vordergrundes sind rechts die hinter Johannes aufgeschichteten Felsen des Grabes und die darüber hochragenden Bäume. Die eigentliche Nahtstelle zum Hintergrund wird durch Maria, insbesondere aber durch den Baumsolitär in der Mitte markiert. Dahinter erkennen wir die Häuser einer Stadt vor der Kulisse eines sich in der Tiefe verlierenden Bergmassives. Oberhalb der bei der Dornenkrone Trauernden erstreckt sich links der von Felsen gesäumte Weg, der auf den von hohen Bäumen markierten Kreuzigungsberg führt. Wieder hat Dürer den Übergang von Vordergrund und Hintergrund durch die bei der Dornenkrone kniende Frau markiert und zugleich kaschiert. Durch überlegte Komposition und Anordnung von Figur und Landschaft, aber auch durch ein hochentwickeltes Instrumentarium in Strichführung und Lineament gelang es Dürer, die unterschiedlichsten Landschaftsräume neben- und hintereinander in einem Blatt glaubhaft zu vereinen.

ES

Lit.: Herrbach, in: Kat. „Kunst", 1985, Nrn. S-19 oder 21 und D-7 - Mende, Dürer, 1976, Nr. 118 - Strieder, Dürer, o.J., Abb. 265

30 DER HL. CHRISTOPHORUS MIT DEM VOGELZUG, *ca. 1503/04*

monogrammiert
Holzschnitt, 215 x 144 mm
B 104, M 222 (b), K 194, St 86
Inv. Nr. D - 222 b

Ein mit wenigen kräftigen Linien umrissener, großer Christophorus stapft in der Bildmitte durch das für ihn knietiefe Wasser eines Flusses. Mit festem Griff der linken Hand stützt er sich auf einen baumartigen Stock und stemmt seinen rechten Arm sichernd in die Seite. Auf den Schultern trägt er schwer an dem kleinen Jesuskind, dessen wahre Identität Christophorus in diesem Moment an dessen Segensgestus staunend erkennt. Am Ufer steht im Vordergrund ein Eremit und leuchtet mit seiner Lampe, denn der Überlieferung nach hat Christophorus das Jesuskind in der Nacht über den reißenden Fluß getragen. Während das diesseitige Flußufer im Vordergrund durch einen schmalen Ufersaum mit spärlicher Vegetation summarisch angedeutet ist, erstreckt sich die Landschaft am jenseitigen Ufer bis nahezu über die ganze Höhe des Blattes. Sie verliert sich jedoch rasch in der Tiefe. Am Himmel findet sich schließlich der skizzenhaft ausgeführte, namensgebende „Vogelzug".

Auch dieser Holzschnitt gehört zu einer Gruppe von sog. „schlechtem" (im Sinne von „schlichtem") Holzwerk, das Dürer im Tagebuch seiner niederländischen Reise eigens erwähnte (vgl. M 221, 224, 225 und 230). Die insgesamt elf, bald nach 1500 entstandenen Holzschnitte waren vermutlich für ein gegen 1505 geplantes Andachtsbuch bestimmt, das jedoch nicht im Druck erschien. Wie bereits angesprochen, sollte man sich davor hüten, die eher konventionelle und monotone Behandlung dieser Holzschnitte ausschließlich im Sinne eines Qualitätsverlustes gegenüber den wenig vorher entstandenen Zyklen der Großen Passion, der Apokalypse oder des Marienlebens zu diskutieren. In ihrer einfachen, auf wenige Hauptaussagen reduzierten Bildsprache dürften sich diese Holzschnitte wahrscheinlich vornehmlich an ein nicht intellektuelles, „gläubiges" Publikum gewendet haben. Es handelt sich deshalb weniger um ein Problem der Qualität, als um eine Frage der „zielgruppenorientierten" Vermittlung von Inhalten bzw. des der Aufgabenstellung gemäßen „Modus".

Im Mittelpunkt des Interesses stehen offensichtlich Einzelbeobachtungen zu der im Spätmittelalter außergewöhnlich populären Christophorus-Legende. Angeführt sei die hünenhafte Größe des Christusträgers, oder der Baum-Stock, der als Beleg für die Identität Christi am Ende der Nacht wieder ausgeschlagen haben wird. Ein traditionelles, der Tafelmalerei insbesondere des 15. Jahrhunderts entlehntes Motiv ist der Einsiedler mit der Laterne. Dürer hat aus Gründen einer klaren und einfachen Bildsprache sogar darauf verzichtet die in der Legende vorgezeichnete Nachtstimmung wiederzugeben. Daß ihm dies auch in vergleichbaren Blättern des „schlechten Holzwerks" durchaus möglich war, mag der Hinweis auf das FranziskusBlatt belegen (M 224). Peter Strieder hat daran erinnert, daß dieser Holzschnitt von einer Darstellung des gleichen Heiligen auf dem ehemaligen Hochaltar der Nürnberger Augustiner-Eremiten inspiriert worden ist.

Obwohl die Behandlung der umgebenden Natur in der Art der frühen Landschaften mit weitem Ausblick vorgestellt, und ihr dementsprechend viel Raum zugemessen wurde, hat Dürer sie allenfalls oberflächlich behandelt. Sie zeigt den Ort des Geschehens an, ohne daß wir über diesen Ort Näheres erfahren sollen. Damit ist dieser Holzschnitt ein Beleg dafür, wie sich im Verlauf des ersten Jahrzehnts nach 1500 Dürers Interesse an weiträumigen „Weltlandschaften" allmählich verliert. Die Landschaftsräume werden zusehends enger gefaßt und in der Regel eine stärkere Nahsicht auf das Hauptgeschehen angestrebt. Als Beispiele seien hier nur die vergleichbaren ChristophorusDarstellungen von 1511 (Dürer I, Nr. 47) bzw. die beiden Kupferstiche von 1521 (M 52 und Kat. Nr. 64) angeführt.

ES

Lit.: Mende, Dürer, 1976, Nr. 184 - Strieder, in: Kat. „Vorbild", 1978, Nr. 71

31 DIE BELAGERUNG EINER BEFESTIGTEN STADT, *1527*

monogrammiert und datiert 1527
Holzschnitt von zwei Stöcken auf zwei
Blättern gedruckt; 227 x 381 mm (linke
Hälfte) und 225 x 352 mm (rechte Hälfte)
B 137, M 272 a, K 345, St 208
Inv. Nr. D - 272 a

Eine am linken Bildrand sich erstreckende Stadt mittelalterlichen Gepräges ist durch
eine weit vorgeschobene, mächtige Bastei
modernster Kriegstechnik mit Mauer und
Graben verstärkt worden. In verschiedenster
Schlachtordnung geführte Truppenteile be-
lagern diese Stadt. Anders als die vielen
brennenden Ansiedlungen im Hintergrund
der weiten, aus der Vogel- oder Militärperspektive gesehenen Ebene dürfte diese Stadt
dank ihrer starken Befestigung dem Druck
der Angreifer standhalten. Zudem setzen die
Verteidiger über die beiden großen, aus der
Bastei führenden Tore gerade zu einem ent-
lastenden Ausfall aus der Stadt an.

Trotz der bemerkenswerten Größe des
Holzschnittes bleiben für die Darstellung
einzelner Figuren oder Motive nur zeichenhafte Kürzel übrig. Dennoch gelang es Dürer,
bei der Landschaft über die Architektur der
Stadt bis hin zu den rasch ausgeworfenen
Gräben und Befestigungen sowie den verschiedenen Schlachtordnungen, mit aller-
einfachsten Mitteln zu einer erstaunlichen
Präzision in seiner Darstellung zu gelangen.

Der Holzschnitt gehört in den direkten
Zusammenhang mit Dürers Befestigungslehre,
obwohl er nach allgemeiner Auffassung der
Literatur nicht unmittelbar zur Aufnahme in
dieses 1527 in Nürnberg erschienene Buch
bestimmt war. Am Beispiel dieser Belagerung
demonstrierte Dürer eine Erkenntnis aus
dem IV. Kapitel des „Unterrichts". Dabei
sollte nicht nur die Anlage der starken Bastei,
sondern auch der vorgestellte Ausfall der
Belagerten „mit geschos vnd gutem folk auf
zweien seiten" eine kriegsentscheidende
Rolle spielen.

Der weite Panoramablick über eine Landschaft bildet im Grunde genommen nur im
druckgraphischen Frühwerk Albrecht Dürers
ein kennzeichnendes Merkmal. Später verdichtet sich der gewählte Bildausschnitt
mehr und mehr. Wichtige Ausnahmen bilden
die Eisenradierung mit der „Kanone" (Dürer I,
Nr. 75) von 1518 und die „Belagerung" von
1527. Merkwürdigerweise handelt es sich
beide Male um Themen, die mit der Welt
des Krieges in Verbindung stehen. Dies läßt
die Vermutung zu, daß die Verwendung der
„Vogelperspektive" ein militärspezifisches
Anliegen solcher Art der Darstellung war
bzw. im Verlaufe des frühen 16. Jahrhunderts
wurde. Auch heute noch dienen ja bekanntlich Luft- oder gar Satellitenaufnahmen der
militärischen Aufklärung in besonderem
Maße.

ES

Lit.: Waetzold, Befestigungslehre, 1916 - Reitzenstein,
in: Kat. „Dürer", Nürnberg 1971, Nr. 658 - Reitzenstein, vnderricht, 1971, S. 178 - 192 - Herrbach,
in: Kat. „Kunst", 1985, Nr. D-29

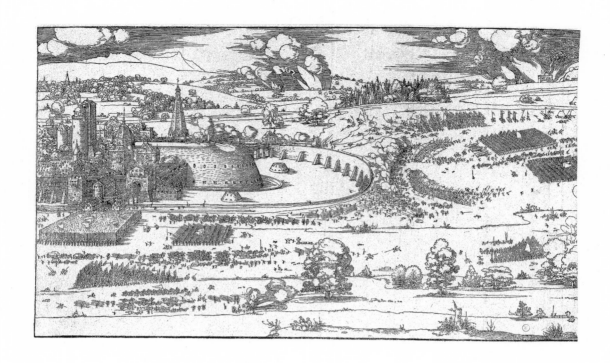

V. „Stüben, kamern, kuchen"

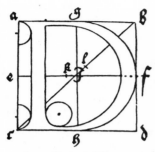

Die leise gespannte Aufmerksamkeit, die tiefe innere Sammlung, die Dürer in seinem Hieronymus-Meisterstich eingefangen hat, bedeutet den Höhepunkt einer Entwicklung von Natur und Raum hin zu einem Gehäuse, das als Ausdruck einer kleinen Welt verstanden werden kann. Dieses Gehäuse hält formal und inhaltlich ein Geschehen zusammen. Äußere Hülle, in diesem Falle der architektonisch gestaltete Bildraum, und innerer Sinn, die Bildaussage, sind aufeinander bezogen und bedingen sich gegenseitig. Das eine ohne das andere ist nicht denkbar. Form und Inhalt verkörpern einen in sich intakten Kosmos auf engstem Raum.

Den „Stubenheiligen" (Wölfflin) Hieronymus hat Dürer in vielen Versionen immer wieder neu in seiner Studierstube inszeniert. Schon der früheste für Dürer gesicherte Holzschnitt, das Basler Titelblatt „Hl. Hieronymus, dem Löwen einen Dorn ausziehend" von 1492 war in seinem unerhörtem Realismus für Dürers Zeitgenossen richtungsweisend. Das Zimmer des Heiligen ist von einem Vielerlei wirklichkeitsgetreuer Requisiten belebt. Schreibpulte, Regale, Schränke sind gefüllt. Von den abgebrannten Kerzen bis zum benutzten Handtuch neben dem Waschtisch hat Dürer alles genauestens geschildert. Darin äußert sich der Blick für das Detail, der auch sein theoretisches Werk auszeichnet. Insbesondere in seinem 1527 erschienenen „Unterricht zu Befestigung der Stett, Schloß und Flecken" wußte Dürer allen „stüben, kamern, kuchen, flitz vnd was zu der nottorft dinet" ihren rechten Platz im Gefüge des gewünschten Bauwerkes zu geben.

Nie vorher war in solchem Maße die spätgotische Nürnberger Holzschnittradition mit niederländischer Raumauffassung verquickt worden. Gleichzeitig entsprach es dem steigenden Selbstbewußtsein eines Künstlers zu Beginn der Neuzeit, christliche Themen in die eigene Welt zu verlegen. Heilige Wissenschaftler wurden mehr und mehr zu humanistischen Gelehrten. Doch noch sind in dem frühen Hieronymus-Blatt alle Gegenstände attributiv aneinander gereiht. Sie sind vereinzelte Hilfsmittel einer „Gefühlsperspektive", die auch das Gegenstück, den „Hl. Ambrosius", des gleichen Jahres bestimmt.

Wenig später, in der „Dornenkrönung" der seltenen „Albertina-Passion" gelingt es Dürer bereits, Raum, Personen und Handlung aufeinander zu beziehen und sie symbiotisch miteinander zu verschmelzen. Der thronende Christus ist die Hauptperson unter dem konstruktiven Zentrum, dem Schlußstein des Gewölbes. Die Schächer agieren als Nebengestalten auf den räumlichen Diagonalen. Alle Elemente sind aufeinander bezogen. Der architektonische Raum begünstigt und begrenzt die Handlung zugleich. Wie ein Gehäuse, das fest mit seinem Inhalt verwoben ist, umgibt und fördert der Raum das Geschehen.

Spuren der zweiten Italienreise zeigen sich deutlich im „Hl. Hieronymus in der Zelle" von 1511. Sämtliche Kleinformen sind hier in die Großform des düsteren Tonnengewölbes eingepaßt. Der erzählerischen Eigenwert der zur Ikonographie gehörigen Gegenstände wird von der Monumentalität der Architektur vollends geschluckt. Feste, kahle Wände schließen die Szene ab. Der konzentriert formale Gehalt des Gehäuses suggeriert Erhabenheit und Strenge. In weißem Licht leuchtet der Heilige aus dem Dunkel des Innenraumes hervor. Den Eingang blockieren der Löwe und eine Truhe.

Im Meisterstich „Hieronymus im Gehäuse" hat Dürer sich von einer solch strengen, gewaltigen Raumlösung getrennt. Auf den ersten Blick steht das Behagliche im Mittelpunkt des Interesses: Eine Nürnberger Stube, die die des Künstlers sein könnte, steht sinnbildhaft für den als vorbildlich erkannten Charakter des Heiligen. Erstmals korrekt perspektivisch konstruiert, mit „sprechenden" Gegenständen wohnlich eingerichtet, wird hier das angenehme „Vielerlei" der Darstellung des Abstrakten dienbar gemacht: dem Charakterbild - verkörpert in der stillebenhaften Charakterstudie eines spätgotischen Ambiente. Der Nürnberger Künstler greift hier selbstbewußt auf altfränkische Häuslichkeit zurück und stilisiert sie zum Sinnbild der höchsten seelischen Entwicklungsstufe eines Heiligen.   AS

32 HL. HIERONYMUS, DEM LÖWEN DEN DORN AUSZIEHEND, *1492*

Titelholzschnitt aus „Epistolare beati Hieronymi"
Basel: Nikolaus Kessler, 8. August 1492
191 x 136 mm (Bildgröße)
M 227, K 22, St 10
Inv. Nr. OS 1220

Dieses Titelblatt schuf Dürer gleich nach seiner Ankunft in Basel für den ersten Band der zweiten Ausgabe der Briefe des Hl. Hieronymus, die 1492 bei Nikolaus Kessler in Basel erschien. Der originale Druckstock befindet sich im Basler Kupferstichkabinett. Er trägt auf der Rückseite Dürers eigenhändige Signatur „Albrecht Dürer von nörmergk". Damit ist dieses Blatt der früheste für Dürer gesicherte Holzschnitt.

Als wesentlichstes Attribut gehört zu St. Hieronymus der Löwe als Begleittier, dem der Heilige der Legende nach einen Dorn aus der Tatze zog. Genrehaft hat Dürer diese Szene in die mit vielen realistischen Einzelheiten ausgestattete Studierstube des Heiligen verlegt. Im fein modellierten, raumgreifenden Kardinalsornat sitzt Hieronymus darin auf einem Kissen und ist gerade dabei, den Löwen mit Hilfe einer Pinzette von seiner Qual zu erlösen. Zwei Lesepulte mit aufgeschlagenen Bibeln schaffen Raumtiefe in dem recht unordentlichen, spätgotischen Arbeitszimmer, das nach reiner Gefühlsperspektive gebildet ist. Das Auge des Betrachters wandert vom Rosenkranz und dem Bücherbord über die Waschnische mit dem Handtuch, zum zweiarmigen Leuchter auf dem Tisch, bis hin zu den Gegenständen in der geöffneten Seitentüre des Schreibtisches. Die bildparallele Rückwand – Seitenkulissen gibt es nicht – gewährt links Einsicht in das von Vorhängen umgebene Schlafgemach. Rechts lenkt ein offener Türbogen den Blick auf eine mittelalterliche Stadtkulisse.

Dürer gelingt es, ein gewisses Gefühl von Behaglichkeit zu erzeugen, indem er – wie später auch in einigen frühen Blättern des „Marienlebens" – bei den kleinen Dingen verweilt und ein zeitgenössisches Ambiente schafft. Vom Vorhang, der sich im gemachten Bett verfangen hat, über den Waschtisch, das Handtuch, bis hin zum Rosenkranz an der Wand, schildert er breit die Einrichtung des Hieronymus. Bücher liegen übereinander gestürzt auf dem Regal, die Tür zu einem Schränkchen steht offen und auch deren Inhalt ist genauestens benannt. Mit den Möglichkeiten des Holzschnitts versuchte Dürer, den Charakter von Holz, Stoff, schwerem Papier oder der steinernen Wand zu veranschaulichen und mit Licht malerische Akzente zu setzen.

Die Heiligenfigur war in Dürers Vorlage plastischer angelegt, konnte allerdings vom Holzschneider nicht entsprechend umgesetzt werden (Holzinger). Auch der „empfindsame, pudelähnliche" (Panofsky) Löwe ist erstaunlich wenig lebensnah dargestellt. Er scheint wie aus einem Wappen entsprungen zu sein. Offenbar ging es Dürer hier weniger darum, eine schreckliche Bestie zu entwerfen, die der Heilige durch seine menschliche Hilfe domestizierte, sondern vielmehr stand die Schilderung *einer* Begebenheit der Heiligenlegende im Vordergrund seines Interesses.

Schließlich sind auch alle anderen wichtigen Merkmale der Heiligenvita des Hieronymus im Bildraum vereint. In diesem Sinne illustrieren die auffälligen Buchtexte in griechischen, lateinischen und hebräischen Lettern den Kirchenvater als jenen Wissenschaftler und Übersetzer, dem die Vulgata, die lateinische Fassung der Bibel zugeschrieben wird. Das Interieur wird gleichsam zum programmatischen Titelbild und wirkte trotz der noch unausgegorenen Perspektive auf Dürers Zeitgenossen richtungsweisend.

AS

Lit.: Rapke, Perspektive, 1902, S. 12 f. - Holzinger, Dürer, 1928, S. 17 ff. - Holzinger, Körper, 1961, S. 242 f. - Beenken, Passionsholzschnitte, 1927/28, S. 349 f. - Ring, St. Jerome, 1945, S. 188 ff. - Panofsky, Dürer, 1977, S. 33 ff. - Winkler, Narrenschiff, 1951, S. 70 ff. - Wilckens, in: Kat. „Dürer", Nürnberg 1971, Nr. 150 u. 151 - Mende, Dürer, 1976, S. 33 u. Nr. 5 - Eisler, Dürer, 1996, S. 158 ff.

Piſtolare beati Hieronymi

33 DER HL. AMBROSIUS, 1492

Holzschnitt aus „Operu[m] sancti
Ambrosij pars prima"
Autorenbild Bl. a 1 r., Basel 1492
184 x 138 mm (Bildgröße)
M 220, St X-2
Inv. Nr. OS 1149

Offensichtlich vom „Basler Hieronymus" inspiriert erscheint im gleichen Jahr ein weiterer bedeutender Titelholzschnitt in Basel. Dem ersten Band, der von Johann de Amerbach herausgegebenen Werke des Kirchenvaters Ambrosius, ist der Heilige selbst als Autor vorangestellt. 374 wurde er, zunächst noch ungetauft, zum Bischof von Mailand gewählt. Er verfocht die kirchliche Freiheit gegenüber dem Staat, war Gegner der Arianer, der Schöpfer einiger Meßhymnen und Mitbegründer des Kirchengesangs.

Der Handlungsort, die tonnengewölbte Studierstube des römischen Kirchenvaters ist aus der realen Handlungszeit des 4. Jahrhunderts in die Dürerzeit übersetzt. Hauptfigur ist der bischöflich gekleidete Ambrosius. Er sitzt auf einem Scherenstuhl am Schreibpult. Der Nimbus, der seine Mitra umfängt, kennzeichnet ihn als Heiligen. Die Geisel an der Rückwand ist wichtiges Attribut seiner Ikonographie. Sie hatte ihm zur Vertreibung von Feinden gedient. In der Hand die Feder hat Ambrosius sich aus der Mitte des Raumes leicht nach rechts gedreht, um sich seinen Aufzeichnungen in einem dicken Buch zuzuwenden. Diese Drehung aus der Mittelachse unterstützt die perspektivische Gestaltung des Studierzimmers, die insbesondere auch vom Schachbrettmuster des Bodens lebt. Als architektonische Elemente dienen das Pult, das Spitzbogenfenster, der Träger unter der gewölbten Decke, sowie die Waschnische und das Bücherbord im Hintergrund der Raumgestaltung.

Das Interieur ist vom Hieronymusblatt (Kat. Nr. 32) angeregt, jedoch weniger stillebenhaft und erzählerisch ausgestattet. Manches ist hier jedoch als plastisch-raumbildende Einrichtung in die Raumwirkung einbezogen. Während die hintere Wand dekorativ gegliedert ist, aber rein illustrativ bleibt, ist die linke Seitenwand inhaltlich und strukturell ganz unausgeführt.

Der Figur des Hl. Ambrosius fehlt die Körperhaftigkeit des Hieronymus. Auch in der Schnittausführung ist der „Ambrosius" deutlich unterlegen. „Schwer zu entscheiden, ob diese Schwächen dem Reißer Dürer oder einem ersten Nachahmer, der von dem unerhörten Realismus des Hieronymus so berührt war, daß er ihn zu kopieren versuchte, anzulasten sind, oder ob erst das Unvermögen des Formschneiders die Zeichnung verdarb" (Mende). Immer wieder wurde der Holzschnitt in der Literatur auch dem hervorragenden Basler Meister des Haintz Narr zugeschrieben.

Allerdings erreicht der „Ambrosius-Holzschnitt" in seiner klareren Bildbehandlung mit einem straffer geschilderten Bildraum eine Prägnanz, die seiner sprechenden Aufgabe als Autorenbild zugute kommt: Auf dem Titel einer Neuausgabe seiner Werke sehen wir die stilisierte, formelhafte Momentaufnahme des sitzenden Schreibers Ambrosius.

AS

Lit.: Tietze / Tietze-Conrat, Dürer, 1928, A 17 - Winkler, Narrenschiff, 1951, S. 72 - Wilckens, in: Kat. „Dürer", Nürnberg 1971, Nr. 157 - Kat. „Oberrheinische Buchillustrationen", UB/Basel 1972, Nr. 91 - Mende, Dürer, 1976, S. 33 f. u. Nr. 6

Sctus Ambrosius / Mediolanen
Eps: ecclesie doctor celeberrim?

Quid tibi sancta fides pater o memorāde rependet
  Quā tua collustrāt / scriptą decora / nimis ?
Per te cæsaribus uiuendi norma beate
  Præscripta est: multis christicolisæ bonis.
Plurima certe tuis debet ueneranda libellis
  Relligio: infractā ф facis esse fidem.
Hæretici exhorrent merito uenerabile nomē
  Ambrosij: quoæ malleus ipse fuit.
Nec potuere quidē uerbū mutare maligni:
  Illius ex scriptis dogmatibusæ uiri.

111

34 DORNENKRÖNUNG CHRISTI, *ca. 1495/96*

Holzschnitt, 249 x 176 mm
B app. 4, M 110 (a), K 94, St 23
Inv. Nr. D-110

Von der frühen, äußerst seltenen Albertina-Passion sind nur vier Stationen bekannt: die Geißelung, die Dornenkrönung, die Kreuztragung und die Kreuzigung Christi. „Geißelung" und „Kreuztragung" sind Unikate und befinden sich in der Wiener Albertina, daher rührt auch der Name der Passion. Die „Kreuzigung" ist weltweit nur in vier Abzügen erhalten. In der Sammlung Otto Schäfer befindet sich ein Abzug der ebenfalls ausgesprochen seltenen „Dornenkrönung".

Wir blicken frontal in das Gehäuse, welches das Geschehen architektonisch und inhaltlich knapp zusammenhält. An der linken Wand ist ein Fenster, rechts wird Ausblick in eine mittelalterliche Gasse gewährt. In der Mitte des Raumes, unter dem Schlußstein des Gewölbes „thront" der geschundene Christus auf einer Bank. Glänzend umgibt ein runder Nimbus sein Haupt. Er ist die Zentralperson. Die Schergen agieren als Nebengestalten auf räumlichen Diagonalen.

Christus ist erhaben über die Qualen, die ihm seine Peiniger zufügen. Ruhig negiert er die Schmähungen des vorderen Grimassenschneiders, ebenso unerschüttert triumphiert er über die gewalttätigen Schergen, die ihm die Dornenkrone mit Stangen aufpressen: zwei stehen sich gegenüber und tun dies mit demselben Stab, ein dritter drückt ihm von oben vehement und laut schreiend die Krone auf. Die Stangen paraphrasieren die Kreuzesform und verweisen auf den nahen Kreuzestod Christi.

Alle Figuren in ihren unterschiedlichen Bewegungsmotiven sind in der Raumwirkung glaubwürdig dargestellt. Sie sitzen, knien, stehen, strecken sich als plastisch wahrnehmbare Individuen im scheinbar betretbaren Raum. Sie wenden ihre Körper und lassen verschiedene, entgegengesetzte Grundrichtungen der Komposition erfahrbar werden. Glaubhafter als im früheren Hieronymus-Blatt (Kat. Nr. 32), wenn auch perspektivisch nicht korrekt, ist ebenso der Ausblick ins Freie. Die Schattenschraffuren des Bodens allerdings, die vorne gänzlich fehlen, bringen das Raumkonstrukt ins Wanken.

Die Komposition, vor allem der Raumausschnitt, ist von der Dornenkrönung in Schongauers Kupferstichpassion inspiriert. „Der Reichtum und die Bewegungsmannigfaltigkeit des älteren Stiches sind gemindert; aber durch Vereinfachung sind die Kraft und Intensität jeder Einzelbewegung gesteigert" (Beenken). Auf diese Weise gelingt es dem jungen Dürer, das Bildpersonal zu reduzieren und die Architektur zu einem Gehäuse zu komprimieren: Das Wesentliche von Körper, Aktion und Umraum ist zu einer gemeinsamen, sich gegenseitig befruchtenden Aussage verdichtet. Alle Elemente der Darstellung sind aufeinander bezogen. In der Gestalt Christi treffen sich die Schlagbewegungen der Folterknechte und das konstruktive Zentrum der Architektur, der Schlußstein des Kreuzrippengewölbes. Bedeutungszentrum und Symmetrieachse fallen zusammen.

Die Architektur ist nicht nur Schauplatz der Dornenkrönung, sie untermauert auch die emotionale Aussage der Darstellung. Sie verbildlicht die Brutalität der Folterszene: Entlang der Kreuzrippen des Gewölbes, unter denen je ein Folterknecht steht, verlaufen auch die Kraftbahnen der Stäbe im Raum. Unerbittliches Drücken, Dynamik, Bewegung ist spürbar. Gleichzeitig erhöht dieses Raumkonzept Würde und Größe der Zentralfigur: Der triumphierende Christus hebt, scheinbar unberührt von aller Qual, lehrend die Rechte vor dem wie ein Szepter erhobenen Schilfgras.

AS

Lit.: Beenken, Passionsholzschnitte, 1927/28, S. 350 ff. - Winkler, Dürer, 1951, S. 97 - Piel, Holzschnitte, 1968, S. 13 - Herrbach, in: Kat. „Kunst", 1985, Nr. S-14

35 DAS LETZTE ABENDMAHL, *ca. 1508/09*

monogrammiert
Holzschnitt, 128 x 99 mm
B 24, M 133 (a), K 230, St 109
Inv. Nr. D-133 a

Christus hat sich mit den zwölf Aposteln um eine runde Tafel versammelt und feiert mit ihnen das letzte Abendmahl. Dicht gedrängt scharen sich die Jünger um ihren Herrn. Gerade hat Christus seine Rechte erhoben. Er spricht die Worte: „Wahrlich, wahrlich ich sage Euch: Einer von Euch wird mich verraten, einer der mit mir ißt" (Markus 14,18). Aufgeregt blickt jeder Jünger auf seinen Tischnachbarn. Alle diskutieren, gestikulieren, fragen einander erstaunt. Einer ist aufgestanden und hat seine Hand auf die Schulter eines anderen gelegt und dabei zwei dazwischen sitzende Anhänger Christi in den Hintergrund gedrängt. Von einem sieht man nur den Scheitel, vom anderen verschwindet das Gesicht im Dunkel der Zimmerecke. Erregt wollen alle wissen, wer unter ihnen der Verräter sein könnte.

Trotz der Unruhe schläft Johannes an der Brust Christi. Sein Antlitz weist jedoch auf den Verräter Judas. Dieser hat auf einer der vorderen Bänke Platz genommen. Er ist an dem Geldsack zu erkennen, den er mit seiner linken Hand gepackt hat. Seine Haltung wirkt unruhig, er sitzt eigentlich nicht mehr richtig am Tisch und wird die Runde bald verlassen. Zugleich ist er die einzige Person im Bild, die sich von Kopf bis Fuß unverstellt dem Blick des Betrachters darbietet. Deutlich hebt sich auch Christus aus dem Kreis der Jünger heraus, die symmetrisch um ihn gruppiert sind. In der Mitte des Tisches sitzend, überragt er an Größe seine Gäste. Sein Haupt ist von einem strahlenden Kreuznimbus umgeben, der auf dem dunklen Stoff des mit kostbaren Ornamenten geschmückten Baldachin hinter ihm hell leuchtet. Er ist die einzig wirklich frontal gezeigte Person am Tisch und hat kein eigentliches Gegenüber. Eine Falte im Tischtuch akzentuiert seine herausragende Stellung zusätzlich.

In dieser frühesten Darstellung des letzten Abendmahls in Dürers druckgraphischem Werk sind die räumlichen Verhältnisse noch sehr beengt. Eigentlich dürfte die große Anzahl der Personen, die um die Tafel Platz genommen haben, gar nicht in den engen Raum passen. Doch trotz der vielen Jünger und trotz aller Bewegung wirkt die Szene ruhig und feierlich. Fest umschließen die Wände dieses Speisezimmers das Geschehen.

Das einfache rechteckige Gemach ist ohne jedes Zierwerk und wird in seinen Ausmaßen nur angedeutet. Lediglich im Vordergrund begrenzen die kastenartigen Bänke der Jünger den Raum. Klare, bildparallele Flächen, wie die Bänke vorne, der Baldachin oder die Rückwand des Raumes geben die Grundrichtungen des Rahmens vor, der nicht ausformuliert ist.

Von vorne fällt Licht in den Raum, auf den runden Tisch und erzeugt eine weiche Stimmung. Einzelne Personen sind gezielt heller beleuchtet. Dies scheint den Gesetzen der Lichtsetzung zu widersprechen, doch schafft es Dürer durch diesen Kunstgriff, die eigentlich in einem wirren Haufen um Christus gruppierten Jünger als geordneten Kreis darzustellen.

Auf dichtem Raum gedrängt sind Christus und seine Jünger wie in einer Guckkastenbühne zusammengefaßt. Immer stärker verflechtet Dürer Person und Raum miteinander. Im Gegensatz zu den späteren Arbeiten wird das Gehäuse in dieser Abendmahldarstellung nur angedeutet. Unwillkürlich ergänzt der Betrachter die fehlenden Teile des Rahmens und erzeugt so im Geiste den Eindruck des umschlossenen Raums und dessen Verknüpfung mit den darin agierenden Menschen. Diese sind räumlich bedingt, und gleichzeitig ist der Raum Schauplatz des Geschehens. Mit den Kompositionen der Kleinen Passion vollzieht sich ein Wandel in Dürers Raumauffassung: Der Raum ist nicht mehr phantastisch, sondern mit den Worten von Theodor Hetzer, ein „einfacher Kasten, eng begrenzt (aber mit den Figuren eins)".

AS

Lit.: Hetzer, Bildkunst, 1982, S. 215 f. u. S. 222 - Appuhn, Passion, 1986, S. 97 f.

36 DER HL. HIERONYMUS IN DER ZELLE, 1511

monogrammiert und datiert 1511
Holzschnitt, 237 x 161 mm
B 114, M 228 (a-b), K 266, St 159
Inv. Nr. D-228

Ähnlich wie im Holzschnitt „Der büßende König David" (Kat. Nr. 70) befinden wir uns hier in einem fensterlosen Raum mit kargen Wänden. Mächtige Mauern und Gewölbe schließen den Hl. Hieronymus völlig von der Außenwelt ab. Kein Tageslicht fällt in diese Mönchszelle. Seit 1510 entwarf Dürer Räume, die auf den Menschen hinweisen und nicht von ihm ablenken: „Der Raum wird aber zugleich im Sinne der Erzählung eingeschränkt, wird ausschließlich Schauplatz der Handlung" (Hetzer).

Ein heller, weiter Vorhang ist zurückgeschlagen und gewährt Einblick in die von einem hohen Tonnengewölbe bedeckte, karge Studierstube des Hl. Hieronymus. Weiche architektonische Schraffurlinien verdichten die Ruhe der engen Zelle, in der sich sämtliche Kleinformen des Interieurs in die Großform des Raumes einpassen. Das Licht, klärend zu Massen geballt, läßt den Vorhang und den Löwen, vor allem aber den studierenden Hieronymus hell aus der dunklen Zelle herausleuchten. In seinem Mantel mit „knorrig deutschem Faltwerk" dominiert er seine Zelle: Er „versinkt im Raum und bleibt trotzdem für den Eindruck beherrschend" (Strümpell).

Alle Gegenstände sind bildparallel zur Rückwand gestaffelt, lediglich die Seitenwände vermitteln eine, wenn auch kurze, perspektivische Distanz zu der intimen Szene. Ihre Form ist mit den Mitteln des Holzschnitts so genau wie möglich'bezeichnet, so daß sie eine „stillebenhafte Bedeutung gewinnen" (Herrbach). Hatte sich der Heilige auf dem frühen Holzschnitt Dürers in seiner Studierstube um die verletzte Pfote des Löwen (Kat. Nr. 32) bemüht, ist er hier, wie auf dem Meisterstich des gleichen Themas von 1514 (Kat. Nr. 37), mit weise zerfurchtem Charakterkopf, in tiefer innerer Sammlung gezeigt. Es ist vor allem das geordnete Raumkonzept des Gehäuses, das den Eindruck äußerster Konzentration und Klarheit der Gedanken des Heiligen beim Betrachter erweckt. Auf den Kissen der Truhe liegt ein Buch bereit,

an exponierter Stelle ist am Schreibpult ein Kruzifix angebracht, das dem Lesenden bei jedem Aufblicken ins Auge fällt, hinter ihm mahnt eine Sanduhr an die verrinnende Zeit. Dennoch schieben sich all diese zum Bildthema gehörigen Gegenstände nicht in den Vordergrund.

Sie werden dem streng monumentalen, italienisch inspirierten Tonnengewölbe untergeordnet, das die Bildgestaltung vereinheitlicht. Die Studierstube ist hier nicht mehr als Schauplatz der Heiligenvita begriffen. Das kleinteilige Arbeits- und Schlafzimmer des frühen „Hieronymus" von 1492 (Kat. Nr. 32) ist gründlich „aufgeräumt", abgelöst von einer Keimzelle gelehrter, innerer Produktivität. Der seit der Rückkehr von seiner zweiten Italienreise um die restlose Klärung des Räumlichen bemühte Dürer entwarf hier eine geschlossene Komposition, ein Gehäuse, um die im Bild liegende Erhabenheit und Strenge zu suggerieren. Der konzentriert formale Gehalt wird zum Ausdruck des konzentriert Geistigen.

Dieses Konzept, im Konkreten abstrakte Innerlichkeit zu verkörpern, ist in diesem Holzschnitt auch an anderer Stelle verhalten wiederholt, und damit zugleich verstärkt worden: Wie der Heilige die Feder in der Hand, hält auch der Löwe seinen Schwanz zwischen den Pfoten, wohl um ihn sauber zu lecken.

AS

Lit.: Wölfflin, Dürer, 1908, S. 217 f. - Strümpell, Hieronymus, 1925/26, S. 224 f. - Kauffmann, in: Kat. „Dürer", Nürnberg 1971, Nr. 272. - Kat. „Dürer", Boston, 1971, Nr. 171 - Kamphausen, Raum, 1981, S. 37 ff. - Herrbach, in: Kat. „Kunst", 1985, S. 154 - Hetzer, Bildkunst, 1982, S. 26

37 HIERONYMUS IM GEHÄUSE, 1514 *

monogrammiert und datiert
Kupferstich, 249 x 190 mm
B 60, M 59 (a), S 77
Inv. Nr. D-59

In dem berühmten, viel interpretierten Meisterstich „Hieronymus im Gehäuse" von 1514 hat das Thema des Gehäuseheiligen seine klassische Formulierung gefunden und Dürer eine Synthese seiner Bemühungen um den Innenraum erreicht.

Zum ersten Mal wandte er hier die Zentralperspektive korrekt an. Nichts erinnert an die hohe, enge Zelle mit ihrer erhabenen Ausdruckskraft von 1511 (Kat. Nr. 36). Der Betrachter blickt jetzt in ein „mehr an Raum", in eine ordentlich-häusliche, gut bürgerliche Nürnberger Stube. In dem weniger wuchtigen, niedrigen, aber weiten Raum, der lichterfüllt von dem großen mit einem Bogen über-spannten Fenster „altfränkische Gemütlichkeit" ausstrahlt, sitzt im hintersten Winkel Hieronymus. Allein der strahlende Nimbus weist ihn innerhalb des dürerzeitlichen Ambiente als Heiligen aus.

Sonnenreflexe zeichnen das Muster der Butzenscheiben auf die Fensterleibung – zum ersten Mal wird ein lichtdurchfluteter Raum zur Aufgabenstellung der graphischen Kunst gemacht. Gedämpftes Licht bindet alle Gegen-stände atmosphärisch zusammen, und man gewinnt ihnen vordergründig – vor jeder Interpretation – den heimeligen Reiz des Gewohnten und Alltäglichen ab. Gleichzeitig gelang es Dürer wie nie zuvor mit der feinen Zeichnung des Kupferstiches, Farbigkeit und Strukturen hervorzuzaubern: Im Spiel des Lichts reflektieren die Requisiten in ihrer jeweils eigenen Stofflichkeit und be-leben die Stille. Warme ledergebundene Folianten stehen im harten Kontrast zum Bein des Totenschädels. Weiche Kissen liegen auf gemasertem Holz. Diese Feingestimmtheit, die das Resultat vollendeter Kupferstich-technik ist, ist wohl der größte Unterschied zum Hieronymus-Holzschnitt von 1511. Ein jedes Ding hat in dem geordneten Gehäuse seinen Platz und ist, bis hin zu den Pantoffeln unter der Fensterbank, diagonal oder ortho-gonal in das Raumgefüge eingebunden. Gleichzeitig kann jedes Teil des „Stillebens" ikonographisch in der Heiligenlegende des Hieronymus verankert werden. Dennoch ist der stillste der Meisterstiche „durchweht von verhaltenem Geschehen" (Kamphausen): Im atmosphärischen Zusammenklang aller vom Licht belebten Gegenstände wird an-schaulich dem makellosen geistigen und körperlichen Zustand des Heiligen Ausdruck verliehen, seinem klaren Denken und dem kontinuierlichen wissenschaftlichen Arbeiten. In behaglicher Umgebung, diszipliniert am Bibeltext arbeitend, zeigt Dürer einen Gelehrten, der die Meisterschaft über sein Phlegma errungen hat. Denn: Sammlung herrscht in den Dingen und den Gedanken. Dieses hochkomplexe Innenleben des 'sprechenden' Raumes, der selbst wie ein Körper, wie ein „beseeltes Gesicht" anmutet, spiegelt die Innerlichkeit des Heiligen. Das Gehäuse, gepflegte Außenwelt als Sinnbild friedlichen Seelenlebens, legt die Konzen-tration des studierenden Menschen auf eine innere Welt offen, die „besonderer kontem-plativer Ordnung" bedarf und die über das Nachdenken, die innere „Perspektive", die ganze Welt in sich einschließt. (Rebel)

Daher vermittelt der Stich in seiner wohligen Stimmung Weltabgeschiedenheit: Die Stube wirkt nicht nur einladend, der Betrachter ist vertraut nah und unnahbar distanziert zugleich. Denn das Gehäuse ist nicht in sich selbst gefestigt und öffnet sich nicht frei nach außen hin. Es wird, gleich der Bühne eines „theatre imaginaire", von einem Rahmen zusammengehalten, zu dem am vorderen Bildabschluß eine Stufe hinan-führt. Hier lagern ein Hund und das Begleit-tier des Heiligen, der Löwe, und grenzen den Raum, das belebte Innenleben, klar zur äußeren Welt hin ab.

AS

Lit.: Kauffmann, in: Kat. „Dürer", Nürnberg 1971, Nr. 273 - Kat. „Dürer", Boston 1971, Nr. 186 f. - Kamphausen, Raum, 1981, S. 40 ff. - Weis, Kürbisfrage, 1982, S. 195 ff. - Kamphausen, Raum, 1980, S. 37 ff. - Schuster, Melencolia, 1991, S. 343 ff. - Spall, in: Dürer I, Nr. 60 - Eisler, Dürer, 1996, S. 160 - Rebel, Dürer, 1996, S. 296 ff.

VI. „... Der aller reinesten Jungfrawen Maria"

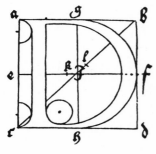

Das Marienleben ist unter den großen Holzschnittfolgen sicherlich der bekannteste Zyklus Dürers. In 20 Blättern stellte er die wichtigsten Stationen aus dem Leben der Gottesmutter dar. Angefangen beim Mysterium der unbefleckten Geburt Mariens bis hin zu ihrer Aufnahme in den Himmel und Krönung dort wird die Geschichte „der aller reinesten jungfrawen Maria" in bewegenden und anrührenden Bildern erzählt. Dürer schuf Andachtsbilder höchst künstlerischer Qualität. Mit großer Erzählfreude schilderte er minutiös beobachtet die jeweilige Situation und erfaßte mit großem Geschick den entscheidenden Augenblick, den Wendepunkt des Erzählmotivs. Anekdotenhaft versetzte er zugleich die Darstellungen des Lebens der Maria mit ihren theologischen Verweisen in die „gewöhnliche Welt" (Wölfflin).

Dürer führt uns Bauwerke, Städte und Landschaften als Wirklichkeitsentwürfe in malerischen, kalligraphischen Feinschnitten vor. Diese sind nicht nur als Beiwerk oder Hintergrund ausgeführt, sondern stehen dem eigentlichen Bildmotiv in Genauigkeit der Beobachtung und Detailreichtum in nichts nach. Hierbei ist eine Entwicklung von komplizierten kleinteilig verschachtelten Raumkonstruktionen und Landschaftsdarstellungen hin zu klassischen klaren Konzepten zu bemerken. Deswegen gilt auch das im Sinne der Chronologie letzte Blatt der Folge „Die Verehrung Mariens" (Kat. Nr. 57) als das früheste und wird um 1502 datiert.

Die Entstehungszeit der Holzschnitte des Marienlebens fällt in die Zeit von Dürers Auseinandersetzung mit theoretischen Problemen von Proportion und Perspektive, insbesondere der perspektivischen Erschließung des Raumes. Doch unterlag die geometrisch-exakte Konstruktionsmethode zumeist dem raumvisionären Darstellungswillen des Künstlers. 16 von 20 Darstellungen des Marienlebens werden in solch erfindungsreichen Räumen oder in einem durch Architekturelemente strukturierten bzw. erschlossenen Raum geschildert. Oft waren hierfür sicherlich auch thematische Vorgaben, wie der Tempel Salomos maßgebend.

Zwei Bestrebungen Dürers werden im Marienleben deutlich: einmal die mathematisch-rationale in der Kunst der Perspektive, zum anderen die erzählerische in der Kunst der Vergegenwärtigung. Welt, Natur und Raum, Prinzipien, die der Untertitel der Ausstellung „Die Kunst aus der Natur zu 'reissen'" vereint, sind auch für die Bilderfindungen des Marienlebens tonangebend. Deshalb wird der Zyklus hier als gesamte Folge vorgestellt.

Die Holzschnitte des Marienlebens wurden 1511 als Buch herausgegeben. Entstanden sind sie in einem Zeitraum von etwa zehn Jahren seit etwa 1501/02 und zwar nicht chronologisch, dem Verlauf der Erzählhandlung folgend, sondern in loser Reihe. Nicht von Anfang an, doch ab einem gewissen Stadium seines Entstehens, war das Marienleben von Dürer als Buch gedacht. Einzelne Blätter verkaufte Dürer aber schon auf seiner zweiten Italienreise, 1506/07. Um 1510 vervollständigte er den Zyklus, um ihn als Buch herauszugeben und schuf das Titelblatt „Maria auf der Mondsichel" (Kat. Nr. 38). Der gelehrte Nürnberger Benediktinermönch Chelidonius verfaßte 1510 lateinische Texte zu den Holzschnitten, die auf die Rückseite der Blätter der Buchausgabe gedruckt wurden und das jeweils folgende Bildmotiv begleiten. Die Inhalte der Bilder waren den Betrachtern geläufig. Chelidonius mußte also nicht jede Darstellung ausführlich kommentieren. Vielmehr schuf er zum Marienleben lateinische Gedichte. Um 1511 veröffentlichte Dürer auch die Buchausgaben der Großen Passion, die ebenfalls mit Texten des Benediktinermönches Chelidonius versehen war und der Apokalypse. Die Holzschnitte wurden einheitlich auf ganze Bögen von 48,5 cm Höhe und zweimal 32 cm Breite im Folio-Format gedruckt. Deshalb nannte Dürer diese drei Bücher in dem akribisch geführten Tagebuch seiner Niederländischen Reise 1520/21, auf der er sie des öfteren verkaufte, eintauschte oder verschenkte, „die großen Bücher". AS

38 MARIA AUF DER MONDSICHEL, *um 1510*

Titelholzschnitt, 215 x 200 mm
B 76, M 188 (I),
K 219, St 156
Inv. Nr. D - 188 a

Erst um 1510 schuf Dürer das Titelblatt für die Folge, die darauf abgeschlossen und mit Gedichten des Benediktinermönches Chelidonius als Buch publiziert wurde. In der Sammlung Otto Schäfer befindet sich einer der äußerst seltenen Abzüge dieses Titels noch ohne Text, der noch darüber hinaus in einem sehr guten Erhaltungszustand vorliegt.

In den Gedichtzeilen von Chelidonius bietet sich die Gottesmutter selbst als Vermittlerin bei Christus an, „vor dem ich ehrfürchtig erbebe als er noch an meiner Brust lag und ich ihn stillte." Eine stillende Maria ist auch das Bildthema, das Dürer für sein Titelblatt der Buchausgabe gewählt hat. Umgeben von einer großen Mondsichel sitzt Maria auf einem Kissen. Liebevoll blickt sie auf das Jesuskind in ihrem Arm, dem sie wie eine irdische Mutter die Brust reicht. Als Gottesmutter jedoch schwebt sie über den Wolken auf einer Mondsichel; zugleich ein ikonographisch wichtiges Attribut Mariens. Diese selbst scheint das Licht auszusenden, das sich in leuchtenden Strahlen um sie herum ausbreitet. Ein Kranz aus zwölf Sternen bekrönt ihr Haupt. Weitere Sterne schmücken die oberen Ecken der Darstellung.

Ganz realistisch schildert Dürer wie Maria mit der einen Hand ihre Brust sanft anhebt und umgreift, um sie dem Jesuskind anzubieten. Dieses hat zufrieden sein Händchen auf das Handgelenk der Mutter gelegt und genüßlich ein Bein ausgestreckt. Wie ein kreisrunder Rahmen umfängt die Mondsichel das rührende, erzählerisch gestaltete Bild von Mutter und Kind. Dürer hebt hier zum einen die menschlichen Züge Mariens hervor und entwirft eine häusliche Szene. Er zeigt eine Maria lactans, die Gottesmutter beim Stillen. Die Demut als eine der Grundtugenden Marias wird im Sitzmotiv aufgegriffen, das auf die demütig am Boden sitzende Madonna, die beliebte Maria dell' umilitá, der italienischen Kunstgeschichte Bezug nimmt.

Der Sternenkranz, die Lichterstrahlen und die Mondsichel aber spielen auf das apokalyptische Weib an, das in der Offenbarung des Johannes 12,1 als „ein Weib, mit der Sonne bekleidet, und der Mond zu ihren Füßen und auf ihrem Haupt eine Krone von zwölf Sternen" beschrieben wird. Hier wird Maria triumphans, die siegreiche Himmelskönigin beschrieben. Dürer vereint auf seinem Titelblatt irdische Nähe und unendliche Ferne der Himmelskönigin zu einem Andachtsbild.

Der himmlischen Muttergottes entspricht auch das helle von ihr ausgehende Strahlen, das den Sieg des Lichtes über die Dunkelheit symbolisiert. Vor allem die starken Hell-Dunkel-Kontraste innerhalb der Marienfigur erzeugen den Eindruck des Glanzes. Hell beleuchtet sind Haupt und Halsausschnitt der Gottesmutter, ein Arm und die Knie. Andere Teile des Gewandes sind deutlich dunkel gehalten. Ihren Oberkörper umgibt ein strahlender Lichthof. Von diesem ausgehend brechen die hellen Strahlen das Dunkel der Nacht und lassen Mutter und Kind ganz im mystischen Licht aufgehen. Schon Erasmus von Rotterdam nannte „Schatten, Licht und Glanz" die besonderen Qualitäten der Dürerschen Druckgraphik.

Unter der Mondsichel heben sich plastisch Wolken aus der Parallelschraffur der Himmelsdarstellung. Die Sterne und die Mondsichel haben rein zeichenhafte Qualität. Erstaunlich wirken gerade in diesem Zusammenhang die akribisch geschilderten, fast haptisch begreifbaren Übergänge vom Kissen zum Mond. Vielleicht hat Dürer hier, wie Herrbach gefolgert hat, „mit leisem Humor den Ernst der Komposition gemildert: links und rechts des Kissens lugen wirre Locken und das unrasierte Kinn des Mannes im Mond hervor."   AS

Lit.: generell zum Marienleben: Heidrich, Chronologie, 1906 - Winkler, Sonette, 1960 - Troyen, Life, 1979 - Wiebel, Kat. „Marienleben", Coburg 1995; zu obigem Blatt: Kat. „Dürer", Boston, 1971, Nr. 164 u. 165 - Herrbach, in: Kat. „Kunst", 1986, S. 130

Marienleben:

39 JOACHIMS OPFER WIRD VOM HOHENPRIESTER ZURÜCKGEWIESEN, *um 1504*

monogrammiert
Holzschnitt, 297 x 212 mm
B 77, M 189 (I), K 175, St 94
Inv. Nr.D - 189 a

Dürer begann seinen Marienzyklus mit Hauptereignissen aus dem Leben, Joachims und Annas, der Eltern Mariens, in Jerusalem. Das erste Blatt schildert die Zurückweisung des Opfers Joachims im Tempel. Dort drängt sich eine große Menschenmenge um den Opfertisch. Weitere Personen kommen aus dem Hintergrund herbei und haben dabei den Vorhang des Tempels beiseite geschoben. Viele haben Lämmer, Brote und andere Gaben mitgebracht, die sie Gott darbringen wollen. Gerade ist Joachim vorgetreten, um dem Hohepriester sein Lamm zu übergeben. Bei Chelidonius heißt es dazu: „Kinderloser Greis, du hast die Stirn mit den anderen Leuten, die Kinder haben, unter die Augen Gottes zu treten. Geh!" Mit rascher Bewegung schiebt der Hohepriester deshalb das Lamm über die Tischkante zu dem kahlköpfigen Joachim, der gedemütigt zu ihm aufschaut und gebeugt zurückweicht. Flehend hebt Anna hinter Joachim die gefalteten Hände. Dem enttäuschten Paar gegenüber steht selbstsicher ein Vater mit seinem Kind vor dem Gabentisch. Sie bringen reiche Opfer. Noch hat der Sohn die Hand ausgestreckt, mit der er gerade ein Brot auf den Tisch gelegt hat. Auch der kleine Käfig mit Hühnern stammt von den beiden. Ein Gehilfe schiebt ihn zum Hohepriester, als wolle er bekräftigen, daß nun die richtigen Gabenbringer an der Reihe sind.

Hinter dem Altar erhebt sich gewaltig die halb vom gespannten Vorhang verdeckte Wand des Tempels zu Jerusalem. Sie füllt die ganze Bildfläche. Allein der große Leuchter in der Bildmitte zeigt, daß sich das Geschehen im Innenraum des Tempels abspielt. Der Durchblick im Vorhang und der Rundbogen im Gemäuer lassen die riesigen Dimensionen des Gotteshauses erahnen. Durch das vordere Kreuzgewölbe blickt man ins dunkle Tempelinnere. Eine lange Flucht von Rundbögen tut sich auf.

Hell beleuchtet umstehen die Hauptakteure den Opfertisch. Ihre Runde wird in der Kreisfigur des Radleuchters aufgenommen.

Direkt unter diesem Rad, genau auf der Mittelsenkrechten des Bildes, befindet sich das zurückgewiesene Opferlamm des Joachim.

Auf der einen Seite stehen die glücklicheren Mitbewerber, Vater und Sohn, am Opfertisch, auf der anderen das zurückgewiesene Ehepaar. Diese Trennung spiegelt sich in der gesamten Bildkomposition wider. Links und rechts vom Hohepriester scheiden sich die Bildpersonen. Er überragt sie alle. Die Gestalten vor dem hellen, in weiten Falten fallenden Vorhang sind klar gezeichnet. Deutlich sind ihre Gesichter zu erkennen. Rechts dagegen lassen sich düstere, vermummte Schatten nur mit Schwierigkeiten in einzelne Personen auflösen. Die Stimmung ist gedrückt. Die Personen wirken verstört. Der zweite Gehilfe des Hohepriesters hat sein Augenglas ergriffen und blickt angestrengt ins Alte Testament. Ein Herr mit Hut und Backenbart hat erschrocken die Hand zum Mund geführt, eine Frau vorne hat sich plötzlich umgedreht. Doch die Teilung ist auch auf die Elemente der Raumgestaltung übertragen. So greift der große Vorhang, der die Opferszene vom Tempelinneren trennt, das Motiv der Bilderzählung von Klarheit und Verzweiflung auf. Während er auf der Seite des Kindsvaters in hellen glatten Bahnen fällt, ist er auf der Seite des verzweifelten Joachims und seiner Frau Anna unordentlich zusammengeschoben. Dunkle Faltentäler durchziehen die Stoffbahn. Auch die Mauer des Tempels über dem Paar ist schadhaft, der Putz ist rissig. Dürer spielt hier in einem seinen Zeitgenossen wohlbekannten Bild auf die Irrtümer des jüdischen Glaubens an. Er deutet den sich ankündigenden Niedergang des Judentums an, der bereits in der Vorgeschichte der Geburt der Gottesmutter Maria, so die Sichtweise des 16. Jahrhunderts, seinen Ausgang nimmt. Dieser wird auch in den Gesetztestafeln im Hintergrund zum Ausdruck gebracht.

AS

Lit.: Panofsky, Dürer, 1977, S. 136 f. - Kat. „Dürer", Boston, 1971, Nr. 63

40 JOACHIM AUF DEM FELDE, *um 1504*

monogrammiert
Holzschnitt, 300 x 210 mm
B 78, M 190 (I), K 176, St 95
Inv. Nr. D - 190 a

Die apokryphen Evangelien schildern, daß Joachim zusammen mit seinen Hirten nach der Abweisung seines Opfers auf das Feld floh. Hier erschien ihm ein Engel und befahl ihm, zu seiner Frau zurückzukehren, denn sie werde eine Tochter gebären.

Erschrocken und beglückt zugleich ist Joachim vor diesem Engel in die Knie gesunken. Weit zurück in den Nacken hat er sein Haupt gelegt und blickt mit ausgestreckten Händen auf diesen Engel. Direkt über Joachim schwebt er in riesiger Gestalt vor dem dunklen Waldstück und zeigt ihm einen dreifach versiegelten Brief. Die Hirten haben das Ereignis ebenfalls bemerkt. Einer mit Schlapphut und einem umgeschnallten Dudelsack ist aufgesprungen und staunt mit offenem Mund die wundersame Erscheinung an. Er hat seinen Stock fallen lassen und die Arme weit geöffnet hoch gestreckt. Auch die anderen beiden Hirten reagieren auf individuelle Art und Weise auf das Geschehen: Der jüngere, der an einem Weidenbaum lehnt und auf seinen knorrigen Stock gestützt ist, schaut verwundert zum Engel auf, der bärtige ältere hat seinen Hut vom Kopf gerissen und ist gerade dabei, sich zu erheben. Die Tiere jedoch scheinen die himmlische Botschaft nicht wahrzunehmen. Entspannt lagert der Hund im Feld. Auch die gut beobachtete, realistisch dargestellte Schafherde ist von dem wundersamen Geschehen nicht weiter berührt. Entfernt erstreckt sich eine weite mit Schiffen befahrene Bucht. Die Silhouette einer Stadt ist am Fuße der aufragenden Berge erkennbar.

Hell schwebt der große Engel vor dem dunklen Forst. Seine mächtigen Federschwingen tragen ihn, die lockigen Haare, das lange Gewand und die Bänder an seinen Armen und um seine Hüfte flattern im Aufwind. In Großaufnahme ist auch der bewegte Joachim im Vordergrund erhöht auf einem Grassockel gezeigt, der auch das Monogrammtäfelchen Dürers trägt. Fein wirkt die natürliche Geste seiner Hände, die er dem Engel entgegenstreckt.

Noch in der „Kreuzigung" Schongauers hatte sich der Hintergrund völlig von den großen Figuren im Vordergrund gelöst. Der weite Blick in die Landschaft blieb ein äußerliches, rein additives Mittel zur Abrundung der Bildkomposition. Dem versuchte Dürer entgegenzuwirken und es gelang ihm, trotz der großen Hauptfiguren im Vordergrund, einen geschlossen erscheinenden Bildraum zu konzipieren. Die Hirten stehen unterhalb auf dem freien Feld im Mittelgrund. Sie sind vom Hauptereignis weit entfernt, der Grassockel trennt sie von Joachim. Ihre Distanz, aber auch ein klar scheidender Bedeutungsmaßstab läßt sie viel kleiner erscheinen. Sie kommentieren mit emotionalbewegter Gestik und Mimik das Wunder im Vordergrund. Wie ein Echo nehmen sie den Schrecken und die Verwunderung Joachims auf.

Eine hochragende Wand aus Laubbäumen links, aus der hinten eine große Eiche einzeln aufragt und die Weide rechts, an die der Hirte sich gelehnt hat, rahmen den Schauplatz des Geschehens. Deutlich vom dunklen Waldstück abgesetzt, ist vorne ein weiterer Weidenstrunk, der ins Bild hineinragt. Diese Motivwiederholung fügt das Bildgeschehen zu einer Einheit zusammen. Ein Weidenstumpf, an dem ein neuer Trieb ausgeschlagen ist, markiert den Übergang der Szene um das himmlische Ereignis zu der Schafherde. Auch hier steht eine grünende Weide, an der sich gerade ein Ziegenbock reibt. Besonders diese Weidenbäume sind portraithaft als Einzelstücke der Natur gekennzeichnet. Knorrig, alt, mit zurückgeschnittenen Ästen, stehen die Weidenstrünke im Bild. Rechts hat ein zu einer klaffenden Höhle geplatzter Stamm den Baum zweigeteilt, doch hat sich die dicke Rindenhaut oben wieder zusammengefunden: Dünne, neue Triebe schlagen aus. Die tot wirkenden Weiden bringen neues Leben hervor. Dürer läßt die Natur das Schicksal des greisen Joachim paraphrasieren: Trotz seines hohen Alters wird ihm durch Gottes Gnade ein Kind beschert werden.

AS

Lit.: Kat. „Dürer", Boston, 1971, Nr. 64 - Herrbach, in: Kat. „Kunst", 1986, S. 38, 132 u. 134

Marienleben:

41 JOACHIM UND ANNA UNTER DER GOLDENEN PFORTE, *1504*

monogrammiert und datiert
Holzschnitt, 297 x 208 mm
B 79, M 191 (I/b), K 177, St 96
Inv. Nr. D - 191 a

Wir blicken durch den Bogen der reich verzierten Goldenen Pforte des Tempels in ein geschlossenes, städtisch anmutendes Architekturensemble. Hinter der Stadtmauer steigt eine bergige Landschaft an. Eben sind auf einer Stufe des Platzes ganz nah an der Pforte Joachim und Anna zusammengetroffen. Sanft hält Joachim seine Frau, die erschöpft und glücklich zugleich über die verheißene Fruchtbarkeit auf seine Brust sinkt.

Auf dem Platz herrscht reges Treiben. Vertraulich eingehakt diskutieren zwei Männer, weitere Personen sind hinter ihnen angedeutet. Ein Greis erklimmt soeben das Forum in schnellem Schritt, Stock und Hut in der Hand. Wie dieser Greis ist auch der alte Joachim kurz zuvor herbeigeeilt. Der Weg seiner Frau aus dem hinteren Torturm ist ebenfalls von Dürer skizziert. Das Paar selbst aber strahlt Ruhe aus. Nah und beleuchtet am Bildrand, größer als die übrigen Personen und herausgehoben durch die Stufe formen sie ein „Denkmal" von Erleichterung und stillem Glück. Gerade der dunkel erscheinende Hintergrund der Stadtbefestigung läßt die beiden besonders plastisch hervortreten. Der feine Mittelton der Steinlagen der Stadtmauer mit dem getreppten Wehrgang und dem Turm, die sich aus lauter kleinen Steinen zusammensetzt, wirkt harmonisch. Ebenfalls gleichmäßig strukturiert sind die Schraffuren des Gebäudetraktes, der in die Darstellung hinein ragt. Er schafft die Tiefe des Platzes. In starker Verkürzung definiert die Architektur die Bildbühne.

Wie ein dunkler Rahmen ist das Tempelportal um die Darstellung gelegt. Es faßt die Szene zusammen. Phantasievoll schmückt symmetrisch angelegtes Zierwerk die Goldene Pforte. In die verschlungene Ornamentik der Kehle sind die Vorväter und Propheten des Alten Testaments eingeschrieben. Verflochtene Äste ranken sich um die Nischen, in denen rechts oben Moses mit den Gesetzestafeln erkennbar ist. Im Bogenrund schlagen kahle Ästchen aus. Gerolltes Blattwerk treibt aus ihnen hervor, ein Löwenkopf und andere Zierformen. Sicherlich ist dieses Ausschlagen als weiterer Hinweis auf die spät verliehene Fruchtbarkeit von Anna und Joachim zu verstehen. Bewußt griff Dürer auf Formengut seiner Zeit zurück, wenn er die Goldene Pforte mit Zierwerk schmückt, das an Schnitzereien eines spätgotischen Altars erinnert. Denn wie hätte er in der Schwarz-Weiß-Kunst des Holzschnittes eine goldene Pforte darstellen sollen? Bekannt waren seinem Publikum golden gefaßte Schnitzaltäre. Dieser Rückgriff ließ im Kopf des zeitgenössischen Betrachters sofort die Farbe ergänzen.

Auch der Ausblick auf die Hintergrundlandschaft dieses Blattes ist ein kleines Meisterwerk, die Idylle einer Weltlandschaft. Umgeben von verschiedensten Laubbäumen, darunter aufragende spitze, kleine runde – auch ein blattloser abgestorbener Baum – erstreckt sich in heller Luftperspektive eine hügelige Felslandschaft bis weit ins Blatt hinein. In feiner Zeichnung sind kleine Häuser und Türme einer Miniaturstadt auf die Felsen gesetzt, die bis hin zu den Kaminen und Fenstern detailliert geschildert ist. Vögel schwärmen am hellen Himmel, der von einigen Wolkenschwaden durchzogen ist.

AS

Lit.: Wölfflin, Dürer, 1908, S. 84 - Panofsky, Dürer, 1977, S. 136 f. - Kat. „Dürer", Boston, 1971, Nr. 66

Marienleben:

42 DIE GEBURT MARIENS, *ca. 1503 ***

monogrammiert
Holzschnitt, 292 x 208 mm
B 80, M 192 (I/a), K 178, St 78
Inv. Nr. D - 192 a

vgl. Schneider, in: Dürer I, Nr. 6

1509

Marienleben:

43 MARIENS TEMPELGANG, *ca. 1503/04*

monogrammiert
Holzschnitt, 299 x 211 mm
B 81, M 193 (I/a), K 179, St 79
Inv. Nr. D - 193 a

Nach apokryphen Berichten wurde Maria im Alter von drei Jahren von ihren Eltern in den Tempel gebracht. Denn Anna hatte ein Gelübde abgelegt, daß ihre Tochter dort im Kreise anderer Jungfrauen Gott dienen und ein tugendhaftes Leben verbringen solle. Im Tempel geschah ein Vorzeichen: Fünfzehn Treppenstufen stieg das kleine Kind ohne sich umzudrehen allein zum Hohepriester hinauf.

Ausführlich schildert Dürer das bunte Treiben im Salomonischen Tempel. An einem Stand im Vordergrund bieten ein feister Bauer und seine Frau mit weiteren Gehilfen Opfergaben feil. Dahinter führt zwischen zwei Säulen steil die Treppe zum Eingang des Tempels empor. Dort hat sich der Hohepriester in vollem Ornat mit seinem Gefolge versammelt. Gerade hat er Maria am Fuß der Treppe entdeckt und deshalb erstaunt im Gespräch mit seinem Nachbarn innegehalten. Er winkt mit der Linken ab und versucht, dessen Redefluß zu unterbrechen. Erwartungsvoll hat er die andere Hand erhoben und sein bärtiges Haupt gesenkt. Er blickt der kleinen Maria entgegen, die mit wehendem Haar bereits die ersten Stufen erklommen hat. Die weiteren Anwesenden im Vorhof nehmen das Geschehen kaum wahr. Nur Joachim, Mariens Vater, hat den Hut abgenommen und blickt auf seine davoneilende Tochter. Ein Rundbogentor weist den Betrachter auf diese Szene und gibt zugleich den Blick auf eine skizzenhaft angedeutete Landschaft im Hintergrund frei.

Ein Baldachin aus schwerem Tuch mit vielen Troddeln schmückt das Gewölbe über der Treppe. Hebräische Schriftzeichen sind auf der dunklen Wand des Treppenaufganges zu erkennen. Säulen, Gesimse, Bögen, perspektivisch konstruierte Stufen und das Tor mit dem horizontalen Abschluß sind hier zu einem komplexen Raumgefüge auf verschiedenen Ebenen ganz im Sinne der von Dürer so genannten „antigisch art" komponiert. In der Vorstellung der Dürerzeit war diese allgemein mit vorchristlichen Kulturen verbunden. In diesem Sinne kann wohl auch der gerüstete Fackelträger mit umgeschnalltem Bogen, Köcher und seinem Begleittier verstanden werden.

Die eigentliche Geschichte ist in den Mittelgrund des feierlichen Ambiente verschoben. Die Hauptperson ist die kleine Maria. Der Baldachin markiert den steilen Weg, den Maria allein hinaufsteigt. Die beiden hohen Säulen und das Geländer verbildlichen die lange Zeit, die diese für ein kleines Kind schwierige Aufgabe beanspruchen wird. Dürer hat nicht, wie sonst in der Kunst üblich, genau die fünfzehn Treppenstufen der Legende dargestellt, um das Wunder zu zeigen. Für ihn scheint ein anderes Moment wichtig, die Loslösung Mariens von den Eltern. Er zeigt Maria zwischen zwei Welten. Gerade hat sie ihre Familie verlassen, noch ist sie nicht unter der Obhut des Hohepriesters.

Deutlich wird diese Kompositionsidee Dürers, wenn man die anderen Bildgruppen betrachtet. Jeder ist eine besondere Ebene der Darstellung zugeteilt, jede wird von einem Bogen zusammengehalten. Die Eltern stehen unten, hinterfangen vom großen Torbogen, der ins Freie hinaus weist. Auch die Priester, die im Tempelinnern stehen, sind von einem solchen Bogen überhöht.

AS

Lit.: Wölfflin, Dürer, 1908, S. 90 - Panofsky, Dürer, 1977, S. 137 - Kat. „Dürer", Boston, 1971, Nrn. 69 u. 70

44 VERLOBUNG MARIENS, *ca. 1504/05*

monogrammiert
Holzschnitt, 294 x 207 mm
B 82, M 194 (I), K 180, St 97
Inv. Nr. D - 194 a

Nachdem offenbart worden war, daß Maria vermählt werden solle, ließ der Hohepriester eine Schar von Männern mit einem Reisig in den Tempel zum Heiligtum kommen. Als nur der Stab Josephs am nächsten Tag zu blühen begann, wurde ihm Maria als Gemahlin zuerkannt.

Dürer läßt die Verlobung des Paares vor der Goldenen Pforte stattfinden. Bedächtig legt der Hohepriester selbst die Hand der schüchternen Maria in die des deutlich älteren Joseph. Ein Gehilfe verliest das Sakrament. Viele Frauen und Männer wohnen in dichtem Kreis dem Verlöbnis bei. Spärliches Kerzenlicht erhellt den Tempelraum, in dem ein Gewölbe mit vielen Säulen, unter einem Baldachin die Bundeslade und im Hintergrund der Thoraschrein zu erkennen sind.

Dürer versucht, ein möglichst lebensnahes Bild des Verlöbnisses zu vermitteln. In Großaufnahme stehen die Personen im Vordergrund der Darstellung. Realistisch beschreibt er ihre mannigfaltigen Trachten mit den weichen Pelzverbrämungen bis ins Detail. Nur ein lockenköpfiger Knabe und Joseph tragen keine Kopfbedeckung. Am lichten Haarwuchs des Gemahls soll schon jetzt der große Altersunterschied zu seiner Frau Maria gewahr werden. Ein Patrizier mit Hut hat sich nach links aus dem Bild herausgewendet und blickt auf weitere Gäste, die nicht mehr vom Ausschnitt der Darstellung erfaßt sind.

Geneigten Hauptes steht hinter Maria eine Frau in aufwendiger Kleidung: Die große Haube und das faltenreiche Gewand hat Dürer selbst auf der Vorzeichnung als Nürnberger Kirchentracht bezeichnet. Die Studie ist einer Reihe von Trachtenzeichnungen entliehen, die, unabhängig vom Marienleben, bereits einige Zeit vorher entstanden war. Die aquarellierte Federzeichnung (W 224) wird in der Albertina, Wien aufbewahrt. Auch die Dame mit der gestreiften Haube im Hintergrund könnte Dürers Nürnberger Lebenswelt entstammen.

Gerade im Kreis der fränkischen Gäste mutet das Gewand des Tempelpriesters orientalisch an. Eine liegenden Mondsichel schmückt seine „Tiara", eine große Kugel aus unterschiedlich geschliffenen Edelsteinen seine Brust. Auch der Schmuck der Tempelpforte wirkt fremdländisch. Jetzt sind es mythologische Kampfszenen, die ins Rankenwerk der Pforte eingeschrieben sind. Männer auf Einhörnern bekriegen Frauen, die auf Löwen reiten, laut Panofsky „eine offenkundige Anspielung auf die Besiegung der Sinnlichkeit durch die Unschuld", die auf das keusche Ehebündnis vor dem Tempel hinzielt. Eine reliefplastisch ausgebildete Eule ist als Bauschmuck über dem Portal angebracht. Gleichsam lebendig wirkend breitet sie ihre Flügel aus und hat den Schnabel leicht geöffnet. Sie gilt als Sinnbild der Nacht, des lichtlosen Geisteszustands und soll hier auf die Irrtümer des Judentums abzielen.

Denn hier scheidet das Tempeltor zwei Welten im Bild selbst voneinander: den Anbeginn des Neuen Bundes vor dem Temel und den Alten Bund im Tempelinnern. In diesem Sinne ist das Innere des Tempels auch nur diffus vom Licht einer Kerze beleuchtet. Der wuchtige Säulenumgang wirkt phantastisch, vermittelt aber keine Orientierung. Der Thoraschrein im Hintergrund ist in „antigischen" Formen gehalten. Das Fenster dahinter – eigentlich ein Symbol erleuchtender Gnade – ist blind.

AS

Lit.: Panofsky, Dürer, 1977, S. 138 - Kat. „Dürer", Boston, 1971, Nr. 71

45 DIE VERKÜNDIGUNG, *ca. 1503*

monogrammiert
Holzschnitt, 294 x 210 mm
B 83, M 195 (I/b), K 181, St 74
Inv. Nr. D - 195 a

Wir blicken durch einen Rundbogen in eine hohe, architektonisch kompliziert konstruierte Halle, die von weiten Arkaturen bestimmt ist. Aus dem Hintergrund, der sich nach außen gegen eine Landschaft hin öffnet, eilt der Erzengel Gabriel mit gewaltigen Schwingen herbei. Mit leisen Bewegungen schlüpft der Engel am Vorhang des Baldachins unter dem Maria abgeschirmt betet, vorbei und entbietet mit einer segnenden Geste der rechten Hand seinen Gruß.

Mit gesenktem Haupt und vor der Brust gekreuzten Armen empfängt Maria die Verkündigung der Geburt ihres Sohnes Jesu, den sie jungfräulich vom Hl. Geist empfangen werde. „Heiliger Geist wird über dich kommen, und Kraft des Allerhöchsten wird dich überschatten; darum wird auch das Kind, das geboren wird, heilig, Sohn Gottes genannt werden" (Lukas 1, 35). Zum Zeichen der beginnenden Gottesmutterschaft schwebt die Taube inmitten einer strahlender Gloriole über der Jungfrau. Der Evangelist Lukas (1, 26 - 38) schildert den Besuch des Erzengels Gabriel bei Maria in Nazareth, der in der mittelalterlichen Vorstellung zu den Sieben Freuden der Maria gezählt wird. Besondere Ausschmückungen aber hat das Ereignis im apokryphen Protoevangelium des Jakobus gefunden.

Viele ikonographische Details deuten bei Dürer auf die Unbefleckte Empfängnis hin: Abgeschottet betet Maria in einem Gehäuse. Der Lilienstrauß in der Vase vorne am Bildrand steht zum Zeichen ihrer Reinheit. Ein Dachs, Sinnbild des Bösen, ist unter der Treppe angebunden. Auch der Wasserkessel über dem Waschbecken zielt auf die Makellosigkeit der Jungfrau Maria. Das Rundrelief oben unter dem Dachstuhl, das Judith mit dem Haupte des Holofernes zeigt, gilt als alttestamentarische Präfiguration des Sieges der Jungfrau über den Teufel.

Wie zufällig teilt ein Ankerbalken eines Rundbogens die göttliche Sphäre von der irdischen. Gottvater thront im Himmel und hält das Kreuz, das die Passion Christi bereits jetzt ankündigt. Er lenkt die Geschicke und sendet seinen Erzengel über eine „Heilsperspektive", der die ganze Komposition unterworfen ist.

Dornhaus hat in ihrem Konstruktionsplan die augenfällige Fluchtpunktkonstruktion schematisch dargestellt. Sie zeigt, daß sich alle Fluchtlinien, angefangen von den Fugen des gemauerten Rahmens, über die Treppenstufen bis hin zum Monogrammtäfelchen Dürers in einem Punkt treffen. Dieser liegt an der Kante des hinteren Ausblicks, auf der Höhe des Hauptes der Maria hinter dem Engelflügel. „Als solle das Wunderbare des Ereignisses durch die neuartig-wunderbare Wirkung der Bildtiefe unterstrichen werden, ist alles so komponiert, daß zwischen Rahmenarkade vorne und dem Landschaftsausblick hinten ein Sog der Tiefe herrscht" (Rebel). Quer zu diesem Sog kommt es zu der Begegnung des Erzengels und der Jungfrau. Klein wirken die beiden Bildfiguren in dem großartig konstruierten Innenraum.

Der Holzschnitt ist einer der ältesten des Marienlebens und wird um 1503/04 datiert. Noch steht der Torbogen hier anstelle der vorderen Wand eines Innenraumes und rahmt gleich einem Fenster die Verkündigungsszene. Auch in anderen Arbeiten dieser Zeit hatte Dürer die Metapher Albertis, Perspektive gleiche dem Blick durch ein Fenster, wörtlich umgesetzt.

Typisch für die frühe Datierung ist das überaus verschachtelte Raumkonzept Dürers. Fast spielerisch experimentiert der Künstler mit der perspektivischen Darstellung des Kreises. Er kombiniert mannigfaltige Durchbrüche, Rundbögen und Rundfenster und schafft somit einen komplizierten Raumeindruck.

AS

Lit.: Wölfflin, Dürer, 1908, S. 91 f. - Panofsky, Dürer, 1977, S. 134 - Kat. „Dürer", Boston, 1971, Nr. 72 - Dornhaus, Methoden, 1981 - Rebel, Dürer, 1996, S. 200

Marienleben:

46 DIE HEIMSUCHUNG, *ca. 1503*

monogrammiert
Holzschnitt, 296 x 210 mm
B 84, M 196 (I), K 182, St 91
Inv. Nr. D - 196 a

Lukas (1, 39 - 56) und Pseudo-Jakobus (12, 2 - 3) berichten, daß sich Maria nach der Verkündigung der Geburt Christi zu Elisabeth und Zacharias in die Gebirgsstadt Judas aufmachte. Auch Elisabeth war die Geburt ihres Sohnes, Johannes des Täufers, verheißen worden. Als Maria sie in ihrem Hause grüßte, hüpfte das Kind „in ihrem Bauch und Elisabeth wurde erfüllt von Heiligem Geist, erhob laut ihre Stimme und rief: „Gebenedeit bist du unter den Frauen und gebenedeit ist die Frucht deines Leibes!" (Lukas 1, 41 - 42). Diese Begegnung der beiden schwangeren Frauen, die als eine der Sieben Freuden Mariens gilt, wird als Heimsuchung bezeichnet.

Dürer hat den Schauplatz der Heimsuchung in eine Gebirgslandschaft verlegt. Elisabeth und Maria sind schnellen Schritts aufeinander zugeeilt und umarmen sich. Gerade hat Elisabeth in der jüngeren Maria die werdende Gottesmutter erkannt. Verwundert steht der alte Zacharias im Eingang seines Hauses und hält seinen Hut ins Freie, als wolle er etwas auffangen. Auch die drei Frauen, die Maria begleitet haben, scheinen den Ausruf Elisabeths nicht zu verstehen und blicken sich überrascht an. Diese drei Begleiterinnen heben sich kaum vom dunklen Waldsaum ab. In ihren langen, gerade herabfallenden Gewändern wirken sie statuarisch und unbewegt. Auch Zacharias unter dem Haustor ist deutlich von der bewegten Hauptszene getrennt. Sein verdutzter Gesichtsausdruck und die merkwürdige Handlung lassen sich ebenfalls als emotionale Konnotation verstehen.

Im Mittelpunkt der Komposition steht jedoch das Geschehen der Heimsuchung selbst. Maria und Elisabeth sind aus der Bilderfindung herausgehoben. Trefflich beobachtet schildert Dürer, wie sich die beiden hochschwangeren Frauen mühsam begrüßen. Ihre „hohen Leiber" wölben die Kleider. Leicht bewegt schwingt das Gewand der Maria nach, die als Hauptperson vollständiger und etwas größer dargestellt ist. Sie legt ihre Arme auf die Schultern der älteren Elisabeth. Ihr blicken wir ins Gesicht, Elisabeth auf den Rücken. Andächtig hat Maria ihr Haupt leicht gesenkt und lauscht dem Gruß der Elisabeth.

Eine sonnige Gebirgslandschaft tut sich über den beiden Frauen auf. In gleißendes Licht getaucht, erblickt man in der Ferne sanfte, baumbestandene Hügel mit einer Burg, eine entfernte Hütte, schroffe Felswände und am Horizont schneeweiße Berge. Der verdunkelte Himmel, die gleichmäßige Hauswand und auch das dunkle Waldstück verstärken diesen Eindruck der gleißende Mittagssonne. Solche Lichtphänomene waren in der Vorzeichnung (W 293), die sich heute in Wien befindet, noch nicht vorgesehen. „Erst mit der Herausarbeitung des endgültigen Strichbildes steigern sich die Kontraste der weißen Fläche, der mittleren Töne und des tiefen Dunkels gegenseitig so, daß die genannte Wirkung entsteht (Herrbach)." Überwältigende Eindrücke eines solchen Hochgebirges hatte Dürer auf seiner ersten Italienreise 1494/95 bei der Überquerung der Alpen gewonnen und sie in diesem Holzschnitt verarbeitet.

AS

Lit.: Kat. „Dürer", Boston, 1971, Nr. 73 - Herrbach, in: Kat. „Kunst", 1986, S. 136

Marienleben:

47 DIE GEBURT CHRISTI, *ca. 1503**

monogrammiert
Holzschnitt, 299 x 208 mm
B 85, M 197 (I/a-b), K 183, St 75
Inv. Nr. D-197 a

vgl. Spall, in: Dürer I, Nr. 7

48 DIE BESCHNEIDUNG CHRISTI, *ca. 1505*

monogrammiert
Holzschnitt, 295 x 212 mm
B 86, M 198 (I/b), K 184, St 98
Inv. Nr. D - 198 a

Gott forderte zum Zeichen des Bundes mit Abraham und seinen Nachkommen die Beschneidung aller Knaben am achten Tag nach ihrer Geburt (1. Mose 17,12). Dieser Akt der rituellen Reinigung von den Sünden, der Kultfähigkeit und der Aufnahme in das jüdische Volk wurde auch an Jesus vorgenommen und mit der Namensgebung verbunden (Lukas 2 , 21).

Viele Personen haben sich in einem großen, hellerleuchteten tonnengewölbten Raum eingefunden; vielleicht ein Vorraum des Salomonischen Tempels. Den Mittelpunkt der Szene beherrscht das Christuskind. Rechts führt eine hohe Tür hinaus in die nur angedeutete Stadt, ein Torbogen im Hintergrund öffnet sich in ein dunkleres Gewölbe. „Charakteristisch für Dürers Raumkonzeption ist die – wie auch immer gerichtete – Synthese zwischen theoretisch konstruierter und intuitiv künstlerisch gestalteter Raumdarstellung" (Wiebel). Die Rückwand des Raumes ist hinter dem zurückgeschobenen Vorhang mit reizvollen Rankenornamenten übersponnen, in die ein Putto, der auf Christus verweist, der Löwe von Juda, Judith als Präfiguration Mariens und Moses, der Geber des Alten Gesetzes, eingeschrieben sind.

Absolut realistisch ist die Operation mit all ihrem Zubehör dargestellt. Ein erhöht sitzender Rabbiner hält den nackten Säugling fest unter den Armen über einer Schüssel auf seinem Schoß, die das Blut auffangen soll. Ihm gegenüber hat der Rabbiner Platz genommen, der die Beschneidung vornimmt. Er sitzt etwas niedriger, so daß er das Glied des strampelnden Kindes genau im Blick hat. Sein Hocker gewährt ihm Bewegungsfreiheit. Vorsichtig hält er das Glied mit zwei Fingern, während er voller Konzentration mit dem Messer in der anderen Hand die Vorhaut beschneidet. Verschiedene Helfer begleiten den Vorgang. Einer hält eine geöffnete Dose parat, in der wohl die Operationsinstrumente aufbewahrt werden. Kniend betet ein weiterer Gehilfe für den guten Ausgang des Eingriffs, ein dritter liest aus der Bibel vor. Im Hintergrund agieren noch verschiedene andere Personen; ein weiterer Vater bringt seinen Sohn zur Beschneidung.

Joseph hat den Hut vor seine Brust gedrückt und sich von dieser Operation abgewendet. Allerdings deutet er mit ausgestrecktem Finger auf das Geschehen. Bekümmert schluchzt Maria neben ihm am Bildrand mit gefalteten Händen. Da bei der Beschneidung Blut floß, wurde der Vorgang im Mittelalter als erste Leidensstation angesehen und zu den Sieben Leiden der Maria gezählt.

Obwohl Maria in dieser Szene nur Randfigur ist, hat Dürer sie dennoch gebührend betont: Etwas abseits vom Geschehen steht ein Mann, der auf einem langen, aufwendig geflochtenen Wachsstock eine Kerze trägt. Herrbach sieht hier einen deutlichen Hinweis auf die Unbefleckte Empfängnis der Maria. Denn wie das Wachs Produkt der jungfräulichen Bienen sei, so sei Christus der Sohn der Gottesmutter.

Auch der seitlich verschobene Fluchtpunkt der Bildkonstruktion liegt in Augenhöhe des Kerzenträgers und verleiht dem Bildraum „einen Eindruck von ungekünstelter Wirklichkeit." (Panofsky)

Trotzdem läßt sich die Menge im Raum erst nach längerer Betrachtung ordnen. Denn verschiedene Helligkeitszonen bestimmen die zusammengehörigen Personengruppen. Deutlich wird hier, wie Herrbach betont, daß „Raum" eben nicht nur allein durch Konstruktion eines zentralperspektivischen Gehäuses entsteht, sondern erst, wenn sich die Personen und Bildbestandteile über ihre eigenen Proportionen „Raum" verschaffen und zum Maße aller Dinge werden. Dies ist Dürer in der Gruppe um den kleinen Jesus gelungen.

AS

Lit.: Kat. „Dürer", Boston, 1971, Nr. 75 - Herrbach, in: Kat. „Kunst", 1986, S. 138 - Wiebel, in: Kat. „Marienleben", 1995, S. 9

Marienleben:

49 DIE ANBETUNG DER KÖNIGE, *ca. 1503*

monogrammiert
Holzschnitt, 301 x 215 mm
B 87, M 199 (I/b), K 185, St 76
Inv. Nr. D - 199 a

Der Zug der Magier aus dem fernen Morgenland ist bei der Ruine angekommen, in der die Heilige Familie weilt. Hell erstrahlt ihr Wegweiser, der Stern von Bethlehem über der phantasievoll ausgestalteten Architektur. Auch drei Putti schweben heiter über dem Schauplatz. Ochs und Esel lugen rechts unter einem notdürftig angebrachten Pultdach bei der Tränke hervor, und in einem rückwärtigen Nebenraum werden auch zwei Hirten Zeugen der Anbetung der Könige. Im Hintergrund glänzt in mittäglicher Sonne hell das Morgenland. Matthäus berichtet von der Anbetung der Könige (Matthäus 2, 1 - 12).

Der erste freudige Magier hat seinen Turban abgelegt und kniet huldigend vor dem Christuskind nieder, das ihn auf dem Schoß seiner Mutter sitzend mit einer begrüßenden Geste seiner ausgestreckten rechten Hand willkommen heißt. Der vom Alter bereits deutlich gezeichnete Joseph steht hinter Maria und blickt auf die nachfolgenden Könige. Ein Mohr in modisch kurzem Umhang eilt von seinem Hund gefolgt herbei. In der Hand trägt er seinen Hut mit einer langen Straußenfeder. Ein dritter König mit goldner Krone ihm Haar und schweren Schmuckketten um den Hals hat sich diesem zugewandt und scheint ihn anzusprechen. Er hat ein getriebenes Goldgefäß mitgebracht. Von links her erreicht weiteres Gefolge zu Pferd die Ruine.

Die phantasievoll inszenierte Ruinenarchitektur setzt sich aus verschieden gestalteten Versatzstücken zusammen: einem Vordach, dem kleinen Stall, den Treppen und zwei übereinander gestaffelten Tonnengewölben, dahinter ein hoher Rundturm. Viel Wert hat Dürer auf die Darstellung der unterschiedlichen Beschaffenheit der Baumaterialien gelegt: Das hohe reetgedeckte, aber löchrig gewordene Vordach ist aus einfachen Baumstämmen konstruiert, die mit Seilen verbunden sind. Einer der Querbalken ist aufgesplittert. Teile der Ruine sind gemauert, Teile verputzt, in großen Flächen ist der Putz abgeblättert.

Die mannigfaltigen Aus- und Durchblicke machen deutlich, daß die Heilige Familie nicht von einem geschlossenen Raum umgeben ist. Gleichzeitig faßt die Architektur die zusammengehörigen Personengruppen zusammen, klärt die Hierarchien im Bild und unterstützt den Erzählfluß. „Es gibt keine ältere Anbetung, wo alles so klar spricht, – das Sitzen, das Knien und das Herankommen – und wo jedes Motiv so mühelos ans andere schließt" (Wölfflin). Die Bildfiguren schälen sich plastisch aus einer dunkleren Hintergrundsfolie heraus. Auch dieser Kunstgriff strukturiert die Komposition, die geradezu überbordet an unterschiedlichen Haltungen und phantasievollen Einzelheiten, aber trotzdem nicht auseinanderfällt. Man blicke nur auf die Glöckchen am Gürtel des knienden Magiers, die in den Turban eingeflochtenen Blätterzweige oder die fein ziselierten Sporen an den weichen Schuhen. Sein schweres Gewand ist von weichem Pelzbesatz durchzogen. Ganz anders wirkt der Umhang, der in glattem, glänzenden Stoff weich über die Schultern des herbeieilenden Mohren fällt.

All diese minutiösen, erzählerischen Einzelheiten sprechen für eine frühe Datierung des Holzschnittes. Denn in den Jahren nach der Jahrhundertwende betrieb Dürer verstärkt Naturstudien. Neben dem Kupferstich „Der Hl. Eustachius" von 1501, (Dürer I, Nr. 46), dessen Jagdhunde stark an den Hund hier im Blatt erinnern, sind auch der berühmte „Hase" (W 248, 1502) und das „große Rasenstück" (W 346, 1503) entstanden. Herrbach hält in Anschluß an Heidrich sogar eine Datierung bereits um 1501 für wahrscheinlich. Eine Entwurfszeichnung für diesen Holzschnitt (W 294) befindet sich im Musée Bonnat in Bayonne.

AS

Lit.: Wölfflin, 1908, S. 93 f. - Heidrich, Marienleben, 1906, S. 254 f. - Kat. „Dürer", Boston, 1971, Nr. 76 - Herrbach, in: Kat. „Kunst", 1986, S. 140

50 DIE DARSTELLUNG IM TEMPEL, *ca. 1505*

monogrammiert
Holzschnitt, 296 x 209 mm
B 88, M 200 (I), K 186, St 99
Inv. Nr. D - 200 a

Nach jüdischem Glauben sind alle erstgeborenen Jungen Eigentum Jahwes (Exodus 13, 2). Deshalb werden diese Knaben vierzig Tage nach ihrer Geburt im Tempel Gott dargestellt und durch die Gabe von „ein paar Turteltauben oder zwei junge Tauben" (Leviticus 12, 8) ausgelöst. Auch Maria und Joseph folgen diesem Brauch und bringen Jesus dem Herrn dar. Lukas berichtet, daß bei diesem Ereignis der greise Priester Simeon in Jesus den Erlöser erkennt. Ihm war verheißen worden, daß er nicht eher sterben würde, ehe er den Messias gesehen habe. Er nimmt das Kind in die Arme und preist es. Die alte Prophetin Hanna kommt hinzu und schließt sich seinem Lobgesang an (Lukas 2, 22 - 40).

Die großteilig-monumentale Architektur eines Tempelraumes beherrscht den Bildeindruck. Eine schwere, offene Kassettendecke lastet auf kräftigen Säulen, deren Kapitelle mit fein gezeichneten Rebranken und Weintrauben verziert sind. Die Säulen setzen sich sowohl im Betrachterraum, als auch im Dunkel des Hintergrunds fort und lassen die wirklichen Dimensionen des Ortes offen. Auf niedrigeren Säulenfüßen steht der um einige Stufen erhöhte Altartisch. Maria ist auf den Altarstufen niedergekniet und bringt ihr Opfer, zwei Tauben in einem Käfig, dar. Joseph steht barhäuptig hinter ihr und verfolgt das Geschehen andächtig: Denn der greise Simeon hat gerade das Jesuskind hochgehoben, sich über das Kind gebeugt und stimmt seinen Lobgesang an. Viele Personen wohnen der Darstellung Jesu im Tempel bei. Wie eine Wand stehen sie im Mittelgrund und verlieren sich im dämmrigen Tempelraum. Die Prophetin Hanna, die mit bedeutsam aufzeigt, hat sich aus der Personenmenge gelöst, umgedreht und blickt nun zur Gottesmutter.

Dürer versetzt das bei Lukas eher beiläufig erzählte Ereignis in einen optisch aufwendigen Rahmen, um ihm jene Bedeutung zu verleihen, die es verdient. Gleichmäßig in marmornem Grau gehalten heben sich die Säulen und die Architravkonstruktion vom nahezu schwarzen Hintergrund ab. Hell stechen die Hauptpersonen aus dem Bildgefüge heraus. Das offene Gebälk mit den im oberen Bereich sichtbar werdenden Rundbögen nimmt nur wenig vom Drückenden der schwer lastenden Monumentalarchitektur.

Der Betrachter steht mitten im Raum vor dem Altar. Ist die Menschenmenge zuerst unübersichtlich, so vermittelt doch der die Säule umklammernde Mann im Vordergrund eine gewisse Neugier. Offenbar ist er in Anlehnung an eine Apostelfigur Mantegnas entstanden. Er muß sich mühen, um an der Säule vorbeizusehen, die ihm den Blick verstellt. Zugleich leitet die gewaltige Säule, an der auch das Monogrammtäfelchen aufgehängt ist, zu der Hauptperson Maria über und hinterfängt als traditionelle Würdeformel die Gottesmutter und ihren Gemahl Joseph. Mit Bedacht hat Dürer das Pendant zu dieser Säule, das den Altar verbauen würde, weggelassen. Wir blicken direkt auf das sich ereignende Geschehen.

Der französische Geistliche Jean Pélerin (lat. Johannes Viator) veröffentlichte 1505 eine Abhandlung über die Perspektive, die mit zahlreichen schematischen Holzschnitten illustriert war. In der 1509 erschienenen zweiten Auflage ist eine auf das Gerüst reduzierte Kopie der Dürerschen „Darstellung im Tempel" hinzugefügt. Pélerin hatte diese Raumkonzeption jedoch nach seinen exakten Perspektivregeln verbessert. Er ergänzte die fehlende Säule rechts vorne, schloß die Hohlräume der Kassettendecke und rückte die ganze Konstruktion von der vorderen Ebene weg. Im Vergleich mit dieser wird die „anachronistische Schönheit" (Panofsky) unserer Bilderfindung deutlich, bei der die perspektivische Konstruktion sich meist dem gefühlsmäßigen Eindruck des Raumvisionären unterordnet.

AS

Lit.: Panofsky, Dürer, 1977, S. 139 f. - Kat. „Dürer", Boston, 1971, Nr. 77 - Harnest, Theorie, 1972, S. 190 f. - Wiebel, in: Kat. „Marienleben", 1995, S. 9 f.

51 DIE FLUCHT NACH ÄGYPTEN, *ca. 1503*

monogrammiert
Holzschnitt, 302 x 213 mm
B 89, M 201 (I/b), K 187, St 92
Inv. Nr. D - 201 a

Im Traum forderte ein Engel Joseph auf: „Steh' auf, nimm das Kind und seine Mutter und flieh nach Ägypten, und bleibe dort, bis ich es sage; denn Herodes hat vor, das Kind zu suchen und ihm das Leben zu nehmen. Da stand er auf und nahm in der Nacht das Kind und seine Mutter und zog fort nach Ägypten" (Matthäus 2, 13 - 14).

An einer Leine führt Joseph den bereits etwas ermüdeten Esel, mit Maria und dem Kind durch einen dichten Wald. Daneben trottet langsam im Gleichschritt mit dem Esel der Ochse. Gleich werden sie eine kleine Brücke passieren, die über einen Bach führt. Eine Schar von Engelein begleitet den Zug auf einer Wolke rechts oben im Bild. Exotisch anmutende Bäume weisen auf das nahe Ägypten hin. Im Laufen blickt Joseph zu seiner Frau zurück. Maria reitet auf dem Esel, im Arm hält sie das Christuskind. Ein großer Hut hängt auf ihrem Rücken, vom Gesicht sieht man nur das anmutige ruhige Profil. Ganz in Leinen scheint das Jesuskind gewickelt zu sein, von dem ebenfalls nur das Köpfchen zu sehen ist.

Dürer hat hier Bäume nicht nur als Hintergrund eingesetzt, sondern die ganze Szene vom dämmernden Wald umgeben. Mit vielen erzählerischen Details macht er die stille Atmosphäre des Naturraums erlebbar: Es ist heimelig, ruhig und dunkel. Vereinzelt fallen Lichtstrahlen durch die Bäume ein. Kein Himmel ist zu sehen. Nur die Wolke, in der die 15 Putten sich tummeln, fließt wie eine weiche, helle Stoffbahn in das Blatt hinein. Ungestört kauern ein Hirsch und ein Hase links im Hintergrund zwischen den eng stehenden Bäumen. Zwei Eidechsen huschen nahe am unteren Bildrand. Ein kleiner Vogel sitzt vorne auf den Stangen des niederen Gatters. An einer Wurzel hängt das Monogrammtäfelchen. Manche Pflanzen sind botanisch bestimmbar, die Dattelpalme und der Drachenbaum, vorne beispielsweise die Distel und der Rebstock. Jenseits der Brücke ist dichtes Unterholz und Gestrüpp angedeutet. Die Bäume sind ganz unter-schiedlich ausgeformt. Sie haben dünne, dicke oder knorrige Stämme und unter-schiedlichste Blätter. Manche tragen Früchte. Nahezu haptische Qualität haben die fleischi-gen Blätter des Drachenbaums und die eleganten, scharfen Wedel der Dattelpalme sowie ihr geschuppter Stamm.

Die steinerne Bogenbrücke ist mit Sand und Schotter bestreut und hebt sich von der dunklen Schraffur des Waldbodens ab. Sie markiert die Grenze nach Ägypten. Deutlich ragt in der vorderen Bildmitte ein verwach-sener Grenzstein hervor. Auch der seltene Drachenbaum und die Dattelpalme künden vom nahen Reiseziel Ägypten. Dürer entwirft hier im Gegensatz zu den fränkisch-antiki-schen Schauplätzen des Marienlebens eine in seinen Augen wirklich exotische Landschaft. Drachenbaum und Dattelpalme sind Schon-gauers Kupferstich „Flucht nach Ägypten" (B 7) entliehen, der auch sonst gerne als Vorbild für Dürers Komposition angesehen wird. Dort standen allerdings die Bäume noch vereinzelt nebeneinander und vermittelten nicht das verzahnte, stimmungsvolle des Dürerschen Waldes. Laut Panofsky ist hier zum ersten Mal ein „Wald-Innenraum" im Holzschnitt bewältigt. AS

Lit.: Panofsky, Dürer, 1977, S. 154 f. - Kat. „Dürer", Boston, 1971, Nr. 78

52 AUFENTHALT IN ÄGYPTEN, *ca. 1504**

monogrammiert
Holzschnitt, 302 x 212 mm
B 90, M 202 (I/b), K 188, St 69
Inv.Nr. D - 202

vgl. Schneider, in: Dürer I, Nr. 8

53 DER ZWÖLFJÄHRIGE JESUS IM TEMPEL, *ca. 1503*

monogrammiert
Holzschnitt, 300 x 212 mm
B 91, M 203 (I), K 189, St 77
Inv. Nr. D - 203 a

Lukas berichtet, wie der zwölfjährige Jesus seine Eltern zum Passahfest nach Jerusalem begleitete, jedoch nicht mit den übrigen Pilgern wieder nach Hause zurückkehrte. Nach drei Tagen unermüdlichen Suchens fanden ihn die Eltern im Tempel, wo er „mitten unter den Lehrern saß, auf sie hörte und sie befragte. Alle die ihn hörten, staunten über sein Verständnis und seine Antworten" (Lukas 2, 42 - 50).

Der zwölfjährige Jesus doziert mit erhobener Hand in einem Tempelraum. Wie selbstverständlich sitzt der Knabe an dem erhöht stehenden Katheder. Ein geschnitzter Baldachin bekrönt ihn. Auf Stufen und Bänken um ihn herum sitzen die deutlich älteren Schriftgelehrten. Gebannt sind ihre Blicke auf ihn gerichtet, einer meldet sich im Hintergrund zu Wort. Ein anderer bringt ein weiteres Buch herbei. Scheu sind die suchenden Eltern, Maria und Joseph, hinzugetreten.

Maria hat ehrfürchtig die gefalteten Hände erhoben und ist in den „Hörsaal" eingetreten. Joseph bleibt im Hintergrund. Nur eine Säule und die im Halbkreis aufgestellten Bänke lenken den Blick auf die Gottesmutter. Im Gegensatz zu den als Rückenfiguren gezeigten Schriftgelehrten, ist sie vollständiger dargestellt und leicht zum Betrachter gewandt. Trotzdem ist sie dem gelehrten Zirkel nicht zugehörig.

Die Architektur des Tempelraumes ist phantasievoll und wirklichkeitsfremd zugleich. Denn die Halbkreise der Arkaturen, die den Raum und vorne das ganze Bild einfassen, sind, bis auf den äußeren, auf einer Achse angeordnet. Trotzdem vermittelt der hohe Saal eine erhabene Feierlichkeit. Die vielen winkligen Stufen, die Podeste, die Säule werden gleichsam zu Chiffren friedlichen Gelehrtenstreits. Sie verkörpern die Kompliziertheit des theologischen Disputs. Denn schließlich wird Christus seine suchenden Eltern fragen: „Warum suchtet ihr mich? Wußtet ihr nicht, daß ich in dem sein muß, was meines Vaters ist?" (Lukas 2, 49)

Konzentriert in typischer Denkerpose lauscht ein Schriftgelehrter auf den Treppenstufen den Worten des Gottessohnes. Weit zurückgesunken sind zwei Zuhörer auf der vorderen Bank. Interessiert haben sich weitere Personen am Rande hinzugesellt, die im Saal keinen Sitzplatz mehr gefunden haben. Ganz im Vordergrund trägt ein Herr portraithafte Züge. Hat Dürer hier seinen Lehrer Michael Wolgemut ins Bild mit aufgenommen? Auch der dicke Gelehrte, der als Charakterfigur immer wieder in Dürers Bilderfindungen auftaucht und hier sich aus dem Hintergrund zu Wort meldet, könnte aus Dürers Humanistenzirkel stammen: Seine Statur und auch das Gesicht erinnern zumindest stark an seinen Freund Conrad Celtis.

AS

Lit.: Wölfflin, Dürer, 1908, S. 100 - Kat. „Dürer", Boston, 1971, Nr. 80 - Appuhn, Bücher, 1986, S. 135

54 CHRISTI ABSCHIED VON SEINER MUTTER, *nach 1507*

monogrammiert
Holzschnitt, 302 x 211 mm
B 92, M 204 (I/a), K 190, St 93
Inv. Nr. D - 204 a

Nach der Erweckung des Lazarus nahm Christus Abschied von seiner Mutter. Dieses Motiv wird im apokryphen gnostischen Evangelium der Maria erwähnt und als bildliches Thema erst ab dem 15. Jahrhundert dargestellt.

In einem Garten vor der Stadt hat Christus seine Abschiedsworte gesprochen. Segnend hat er die Rechte erhoben und ist bereits von den drei Frauen weggetreten. Rahmend umfängt diese das hölzerne Tor der Pforte. Der Abschiedsschmerz hat die Mutter Maria zusammenbrechen lassen. Auf Knien blickt sie flehend zu ihrem Sohn. Ihr Gesicht ist von Gram gezeichnet und voller Tränen. In einem letzten verzweifelten Versuch ringt sie mit gefalteten Händen, um Jesus zum Bleiben zu bewegen. Doch schon verläßt sie der Mut und der eine Arm sinkt langsam in den Schoß zurück. Auf ihr, der Mutter, lastet der größte Schmerz. In weiter Bahn umgibt sie der aufwendig drapierte Stoff ihres langen Kleides. Zwar ist Maria zusammengesunken, die aufwendig gefältelte, helle Stofffülle aber, die bis zum Bildrand reicht, läßt ihre Person viel Raum im Bilde beanspruchen. Die Erdscholle, die die Frauen deutlich von Christus trennt, nimmt den Schwung des Rockes auf.

Martha, die Schwester des Lazarus, stützt Maria. Sie versucht, sie aufzurichten und verharrt doch mit dem Blick auf Christus. Eine weitere Frau mit trauernder Miene steht dabei und hat sich erschauernd den Umhang fest über die Schultern gezogen.

Im Weggehen wendet sich Christus noch einmal zu den Frauen um und hebt zum Abschied segnend die Hand. Sein Blick ist ernst. An Größe überragt er alle im Bild. Besonders der hohe Torpfosten und der aufragende Baum überhöhen seine Person und verleihen ihr Mächtigkeit im Bild. Weder die Trauernden, noch die kommende Passion scheinen ihn anzufechten.

Die Pforte teilt das Bild in zwei Welten. Sie steht für den Übergang aus der Welt der Menschen in das himmlische Reich. Ein Salbgefäß bekrönt ihr Dach. Jesus hat mit seinem Abschied den Übergang bereits vollzogen und unwiderruflich den Weg der Passion eingeschlagen. Seine Leiden sind bereits angedeutet. Kahl ist der einzig nahsichtig gezeigte Baum. Der aus Reisig geflochtene Gartenzaun vor diesem und direkt neben Christus gemahnt an die Dornenkrone, der Torpfosten steht für das Kreuz. Deutlich ragt ein Nagel aus dem Holz. Die zusammengesunkene Maria erinnert an Darstellungen der trauernden Gottesmutter unter dem Kreuz.

Die umwehrte Stadt, die groß die Personen hinterfängt, lastet schwer auf den Trauernden. Fachwerkhäuser, aber auch Paläste in neuer Renaissanceform ragen über den Zinnen der mächtigen Stadtburg hervor. Deutlich ist auch eine runde Kuppel zu sehen. Die Zugbrücke ist herabgelassen. In weiter Luftperspektive erstreckt sich hell das Hinterland. Ein Zug von Menschen marschiert den Hügel hinab zu einer entfernter liegenden Stadt, die orientalisch anmutet. Eine sonnige Berglandschaft markiert den Horizont.

AS

Lit.: Wölfflin, Dürer, 1908, S. 100 f. - Kat. „Dürer", Boston, 1971, Nr. 81 - Appuhn, Die großen Bücher, 1986, S. 156

149

Marienleben:

55 DER TOD MARIENS, *1510*

monogrammiert und datiert
Holzschnitt, 300 x 218 mm
B 93, M 205 (I/b), K 220, St 146
Inv. Nr. D - 205 a

Im Neuen Testament ist der Tod Mariens nicht geschildert, er fand aber durch die Legenda aurea und durch Liturgietexte Aufnahme in die bildende Kunst. Danach sollen die Apostel aus allen Erdteilen zu der sterbenden Maria gerufen worden sein und sich um ihr Sterbebett versammelt haben.

Mitten in einem hohen tonnengewölbten Raum ist die sterbende Maria frontal zum Betrachter in ihrem Himmelbett aufgebahrt, das an die Raumwand anschließt. Mit geneigtem Haupt und der Rechten auf der Brust ruht sie gelehnt auf großen Kissen auf ihrem Bett. Um sie herum haben sich die Apostel in kleinen Gruppen eingefunden.

Der Jünger Johannes hat Maria gerade eine Kerze gereicht, Petrus im Bischofsornat besprengt die entschlummernde Gottesmutter mit Weihwasser. Ein weiterer Jünger liest die Sterbesakramente vor, im Hintergrund hält einer ein Kreuz. Vorne auf der Treppe kniet ein Apostel mit einem langen Kreuzstab in der Hand, ein weiterer, der ein Weihrauchfaß trägt, hat sich zu ihm herabgebeugt. Zu Füßen des Bettes kniet betend ein Jünger. Ein anderer hat sich ebenfalls mit gefalteten Händen kniend dem Lesenden auf der Truhe zugewandt. Rechts ans Bett sind ruhige, in sich versunkene Apostel getreten, die in stiller Anteilnahme der Sterbestunde Mariens beiwohnen.

Trotz der vielen Personen herrscht Ruhe in der Stube der Sterbenden – gerade im Vergleich zu der belebten Wochenstube (Dürer I, Nr. 6). Alle Einrichtungsgegenstände, die Truhen, der Tisch, Bettgestell und Betthimmel, selbst das Weihrauchfaß, aber auch die zwölf Apostel verschaffen sich durch ihre eigenen Proportionen den „Raum", bewegen sich frei im „Gehäuse" und ordnen sich daher wie selbstverständlich in dem weiten Sterbezimmer ein. Bei Schongauer existierte kein „Raum" jenseits der Apostelfiguren. Andererseits ist Dürer mit den Motiven Schongauers überlegt umgegangen. „Lesen und Kreuzstabhalten wurde auf zwei Gruppen verteilt, die jeweils seitlich, noch vor dem Bett, Anfang und Abschluß des Blattes bilden" (Herrbach). Die Zentralperspektive vereinigt alle in die Tiefe führenden Diagonalen in der geschnitzten Bordstütze über dem Haupt der Maria.

Alles weist auf Maria im Mittelpunkt der Zentralkomposition hin: die Falten im Kopfkissen, die Struktur des Baldachins, sogar die mittlere Quaste weist auf das milde Antlitz der Sterbenden. Links, auf der Seite der aktiv handelnden Apostel ist der Vorhang des Bettes in großer Geste beiseite gelegt. Rechts, auf der Seite der betrachtenden, still teilnehmenden Jüngerschar ist er kunstvoll geschlungen zurückgerafft. Mit den Augen dieser Gruppe blicken auch wir auf Maria. Die strahlend beleuchtete Rückenfigur in dem edlen Gewand verbindet die Gruppen links und rechts. Ein Bogen schließt die Komposition ab und rahmt „mit mächtiger Resonanz das Haupt der Sterbenden" (Hetzer).

AS

Lit.: Kat. „Dürer", Boston, 1971, Nr. 161 - Hetzer, Bildkunst, 1982, S. 24 ff. - Herrbach, in: Kat. „Kunst", 1986, S. 142 - Bartrum, German, 1995, Nr. 25

Marienleben:

56 MARIA HIMMELFAHRT UND KRÖNUNG, *1510**

monogrammiert und datiert
Holzschnitt, 292 x 209 mm
B 94, M 206 (I), K 221, St 147
Inv.Nr. D-206 a

vgl. Spall, in: Dürer I, Nr. 9

Marienleben:

57 Die Verehrung Mariens, *ca. 1502*

monogrammiert
Holzschnitt, 296 x 214 mm
B 95, M 207 (I/a), K 191, St 70
Inv. Nr. D - 207

Wie auf einem Familienbild haben sich Engel und Heilige um die Muttergottes und das nackte Jesuskind gesellt, die sich inmitten einer phantastischen Architektur niedergelassen haben. Ursprünglich scheint dieses Blatt, das wohl das früheste der Folge ist, von Dürer als Eröffnungsblatt geschaffen worden zu sein. Dürer stellte es jedoch an den Schluß, als er 1510/11 einheitliche Titelblätter für seine „drei großen Bücher" schuf, die Apokalypse, die Große Passion und das Marienleben.

Zwei äußerst schlanke Säulen rahmen die aus architektonischen Versatzstücken zusammengesetzte Halle, in die wir wie durch ein hohes Fenster blicken. Der Raum um die Muttergottes ist eine nach beiden Seiten geöffnete Halle. Unklar ist die Situation des Raumanschlusses links, rechts führt ein gewölbter Gang nach hinten. Licht fällt durch ein Butzenscheibenfenster.

Hoch oben in einem Rundbogen zeigt Moses die Gesetzestafeln. In der Mitte des Raumes sitzt „königlich" Maria. Sie betrachtet zusammen mit dem Christuskind, das auf ihrem linken Bein steht, ein aufgeschlagenes Buch. Zwei Engel schauen gespannt zu, einer hat seine Harfe auf einer Truhe abgestellt, der andere beugt sich zum Kind herab.

Joseph im Hintergrund hat seinen Hut abgenommen. Neben ihm hinterfangen die hoch aufgerichteten Flügel eines weiteren Engels das Haupt Mariens. Johannes der Täufer mit dem Lamm im Arm schließt sich an. Es folgen Antonius mit dem Glöckchen am Kreuzesstab, im Dunkel Petrus, Hieronymus mit dem Löwen, Paulus mit dem Schwert und die kniende, gekrönte Katharina. Ihr Schwert lehnt vor ihr und das zerborstene Rad, ihr zweites Attribut, liegt vorne auf dem „Fensterbrett".

Gleich einer Kulisse ist die Wand hinter Maria und den Heiligen eingezogen. Der Schrank, verschiedene persönliche Gegenstände und das Himmelbett deuten an, das

es sich um das Gemach der Maria handeln könnte. Die Architektur offenbart „ein am Anfang stehendes Vergnügen an Überkompliziertheit und perspektivischen tours de force, gepaart mit einer Extravaganz in den Proportionen, die später einer weniger auf Wirkung ausgehenden, aber wirksameren Behandlung der Bildräume wich" (Panofsky).

Panofsky interpretiert diesen Raum mit Bett und auffälligem Leuchter als die Hochzeitskammer der Jungfrau Maria. Entsprechend sei auch der muntere Trubel im Vordergrund zu lesen: Vergnügt treiben kleine Putten Schabernack. Einer, der einen Schellenring ums Bein und eine Rassel in der Hand trägt, versucht ein Kaninchen zu fangen, ein anderer schlägt mit Schlüsseln gegen ein Wappen, einer spielt Flöte und links drängt sich einer zwischen der Säule und einem Wappenschild hindurch.

Diese Schilde sollten-anstelle eines Exlibris – mit den Wappen der künftigen Eigentümer des Buches ausgestattet werden und sind für Mann und Frau vorgesehen. Der kleinere Schild rechts ist für die Frau gedacht. In humorvoller Anspielung schlägt ein Putto mit einem Schlüsselbund dagegen, um die Schlüsselgewalt der Hausfrau zu symbolisieren. Das Kaninchen, das auf den Schild zu läuft, steht für Fruchtbarkeit. Wie vor einem Altar sind hier auch Blumen aufgestellt. Die Maiglöckchen, vor Katharina, der Heiligen der Jungfrauen und Bräute, versinnbildlichen tugendhafte Reinheit. Der Bauernrosenstrauß vor Maria Muttergottes selbst soll Krankheit und böse Geister vertreiben. Liebevoll hat Dürer zwischen den Materialien der Behältnisse unterschieden: Die Maiglöckchen stehen in einer runden Glasvase, die Bauernrosen in einem silbernen Becher. Eventuell war der Holzschnitt ursprünglich als Druck gedacht, der jungen Paaren zum Hochzeitstag geschenkt werden sollte.

AS

Lit.: Panofsky, Dürer, 1977, S. 130 f. - Kat. „Dürer", Boston, 1971, Nr. 82 - Appuhn, Bücher, 1986, S. 140

VII. „... DASS GERADE DIESE EINFACHHEIT DIE HÖCHSTE ZIERDE DER KUNST SEI."

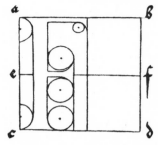

Frühe Bilderfindungen Dürers zeichnen sich durch einen komplexen Reichtum an Erzählmotiven aus. Eine Fülle von Details und Einzelbeobachtungen wird in addierender Reihung im Bild angehäuft. Die Handlung selbst bleibt dabei eher spannungsarm. Umriß und Kontur beschreiben die einzelnen Figuren präzise, ohne dabei jedoch mehr als nur eine formelhafte Vorstellung zu vermitteln. Ein rascher Wechsel der Schraffuren und Helligkeiten bewirkt zwar eine dynamische Bilderscheinung, führt andererseits aber auch zu unruhigen Inselbildungen innerhalb des Bildes. Zugleich scheint sich Dürer die besonderen Gesetzmäßigkeiten des Holzschnittes oder des Kupferstichs im Verhältnis zur freieren Zeichnung noch nicht hinreichend bewußt gemacht zu haben. Anschauliche Beispiele für diese Frühzeit seines Schaffens sind die „Circe" oder auch das „Fräulein zu Pferd".

Licht und Schatten sind ebenfalls eher nach Grundsätzen einer „ornamentalen" Verteilung von Hell und Dunkel im Bild angeordnet. Ein solches Kompositionsschema kann jedoch in hervorragenden Werken insbesondere gegen Ende des 15. Jahrhunderts gelegentlich auch expressive Züge annehmen: Flackernde Lichter überziehen die Blätter der Apokalypse. Beispielhaft steht dafür der ausgestellte Holzschnitt mit den sieben Posaunenengeln. Die Dramatik des dargestellten visionären Ereignisses und die von Dürer gewählten Stilmittel von Lichtführung und Anordnung der Gegenstände bilden in der Apokalypse eine überzeugende Einheit und machen dem Betrachter auf diese Weise das ungeheure Geschehen glaubhaft.

Etwa zeitgleich mit der Entwicklung der Perspektive entfaltete sich ein verändertes Verhältnis Dürers zur Beleuchtung, das wieder mit einer allgemeinen Veränderung der Kompositionsstrukturen einherging. Nach der zweiten italienischen Reise überwand Dürer allmählich frühere „ornamentale" Kompositionsformen. Im reifen und späten Werk sind die Flächen vereinheitlicht, die Kompositionen geklärt. Die Figuren werden monumentaler aufgefaßt. In der Beleuchtungsstruktur macht sich jene „Clair-obscur-Wirkung" bemerkbar, die Erwin Panofsky so anschaulich beschrieben hat.

Eine interessante Übergangsstellung nimmt der ausgestellte Kupferstich der Kreuzigung von 1508 ein. Die überzeichneten Gesten und zugleich der ornamentale Aufbau der Komposition sind noch merklich am Frühwerk orientiert. Dagegen weist die Lichtführung bereits vereinheitlichende und beruhigende Züge auf, die insbesondere das reife Werk auszeichnen. In seiner geradezu sachlichen Schilderung der Enthauptung des Johannes schafft der gleichnamige Holzschnitt von 1510 dann eine Folie, die bereits völlig ohne solche lauten Töne in Komposition und Graphik auskommt.

In seinem Werk der Reifezeit geht Dürer von einem „graphischen Mittelton" aus, der als Grundwert für Aufhellungen oder Verschattungen dient. Die Schraffuren übergreifen in der Horizontalen die Grenzen der Gegenstände und schaffen damit eine tonale Einheit, die die Bewegtheit des plastischen Reliefs reduziert. Die weißen Flächen wirken als das Ergebnis eines Lichteinfalls von außen. Das „Hell-Dunkel" gewinnt im zweiten Jahrzehnt verstärkt sowohl in Dürers Graphik, als auch in den Gemälden einen vom Darstellungswert unabhängigen „Bildwert". Solche Erscheinungen sind in der von einem Engel gekrönten Madonna von 1520 oder gleichermaßen in dem Christophorus von 1521 anschaulich zu beobachten.

Insbesondere in den späten Arbeiten ab der Mitte des zweiten Jahrzehnts spiegelt sich etwas von dem wider, das Philipp Melanchthon in einem Brief von 1546 als das eigentliche Hauptziel von Dürers künstlerischer Arbeit angesprochen hat. Dürer habe nämlich erst „als alter Mann ... angefangen auf die Natur zu sehen und versucht, deren ursprüngliche Erscheinung zu berücksichtigen; damals habe er begriffen, daß gerade diese Einfachheit die höchste Zierde der Kunst sei."

ES

155

58 CIRCE UND ODYSSEUS, *vor 1493*

Holzschnitt aus Hartmann Schedels
„buch der Croniken", Nürnberg: Anton
Koberger, 23. Dezember 1493, Bl. XLI r.,
121 x 170 (Bildgröße)
St. 9 f. Inv. Nr. OS 23

Der Holzschnitt illustriert die entsprechende Passage der Beschreibung des Trojanischen Krieges in der Weltchronik des Hartmann Schedel: Odysseus („Ulixes") landet auf der Heimreise aus dem Krieg „am Ende welscher land gegen Sicilia" mit seinem Schiff „in ein innseln darinn wonet Circis die schwartz könsterin gar eine schoene fraw, die man der sunnen tochter hieß. dieselb machet durch ire kunst vnnd gespenst ein getranck mit dem sie nach irem gefallen all die, die es truncken von menschlicher natur in vihische gestalt verwandelt. nw raichet sie dasselb getranck den gesellen vlixis vnn verwandelte also einen in ein wilds schwein, diesen in einen leoben, den andern in einen hirschen, aber mercurius het Vlixi gegeben ein pluemen die dienet wider solch gespenst vnn zawberey ...".

Detailreich wird die in spätgotischer Tracht reich gewandete Circe zweimal nebeneinander in einer Darstellung geschildert: Einmal wie sie unter einem Baum sitzend den Zaubertrank auf einem Tisch aus allerlei Ingredienzien mischt, und ein zweites Mal wie sie den Trank in einem Becher den Gefährten des Odysseus anbietet. Diese sind eben mit ihrem Schiff auf gischtendem Meer gelandet und bereits in Tiere verzaubert worden. Alleine Odysseus selbst hat noch seine menschliche Gestalt und hält zudem die den Bann lösende Pflanze in der Hand.

Spätestens seit 1490 arbeitete Michael Wolgemut gemeinsam mit seinem Stiefsohn Wilhelm Pleydenwurff und seiner Nürnberger Werkstatt an dem großangelegten Unternehmen der illustrierten und mit einem Text von Hartmann Schedel versehenen Chronik. Bis zu 652 verschiedene Holzschnitte stehen dem gedruckten Wort zur Seite. In solchen und in anderen Editionen wie z.B. den „Schatzbehalter" erschloß Michael Wolgemut dem Holzschnittbild völlig neue Möglichkeiten. Aus der Illustration begann eine eigenständige Aussage zu werden, die über den Text hinaus zum Verständnis des Inhalts beizutragen vermochte.

In der Literatur hat sich die Überzeugung durchgesetzt, daß Dürer als Lehrling bei Wohlgemut ebenfalls mit der einen oder anderen Vorzeichnung zu einem Holzschnitt zur Chronik betraut gewesen sein könnte. Neben der Darstellung von „Sonne und Mond" wird insbesondere der Holzschnitt „Circe und Odysseus" mit Dürer in Zusammenhang gebracht. Es ist das einzige mythologische Thema in der ganzen Edition. Die Zeichnung verrät eine lebendige Erfindungskraft, die dem Formenschneider deutliche Schwierigkeiten bei der Umsetzung in das Medium des Holzschnittes bereitet hat. Erkennbar wird dies beispielsweise an der Darstellung der Baumkrone, wo der Formschneider mit dem malerischen „Baumschlag" in Dürers Vorzeichnung offensichtlich nichts anzufangen wußte. Panofsky hat zur Begründung seiner Zuschreibung außerdem die frühe Dürerzeichnung einer Falknerin herangezogen, die Ähnlichkeiten mit der Circe aufweist.

Trotz augenfälliger Anlagen repräsentiert der Holzschnitt den zeitgenössischen Stand des Holzschnittes in der Werkstatt Wolgemuts: Eine dicht gepackte Bildkomposition mit einer Reihung genauer Einzelbeobachtungen. Mehrere, aufeinanderfolgende Handlungen sind gleichzeitig in einem Bild versammelt. Die Darstellung folgt insgesamt ornamentaldekorativen Prinzipien und entwickelt sich nicht aus einer inneren Notwendigkeit des Themas. Die Komposition ist in ihrem Maßstab oder der Einheit von Ort und Zeit noch nicht stringent strukturiert. Hell und Dunkel sind nicht als das Ergebnis von Licht und Schatten aufgefaßt, sondern dienen einzig der Unterscheidung und Abgrenzung der einzelnen Elemente innerhalb des Bildes.

ES

Lit.: Panofsky, Dürer, 1977, S. 26 - Sladeczek, Dürer, 1955 - v. Wilckens, „Dürer", Nürnberg 1971, Kat. Nr. 117 - Kroll, Dürer, 1997, Kat. Nr. 10.3

59 DAS FRÄULEIN ZU PFERD UND DER LANDSKNECHT, *ca. 1497*

monogrammiert
Kupferstich, 113 x 82 mm
B 82, M 84 (a), S 18
Inv. Nr. D - 84

Ein adeliges Fräulein reitet auf einem gemessenen Schrittes daherkommenden Pferd. Mit einer zärtlichen Berührung der Schulter verabschiedet sich die Dame von dem links stehenden Landsknecht, der seinerseits ihren Arm noch einmal grüßend umgreift. Die kleine, von Winkler als „romantisch" charakterisierte Begebenheit spielt in einer weiten, nur wenig angedeuteten Landschaft. Diese gibt links den Blick frei über einen See hinweg auf ein Gebirge im Hintergrund und zeigt rechts eine Burganlage auf bewaldeten Felsen.

Obwohl es sich auf den ersten Blick lediglich um die genrehafte Beobachtung eines sich zärtlich liebenden Paares zu handeln scheint, ist das Thema des Kupferstiches doch ausgesprochen vielschichtig und voller erotischer Anspielungen. Zunächst geht es um die unstandesgemäße Liebe des adeligen Fräuleins zu einem Landsknecht niedersten Standes: Sie auf hohem Roß und er breitbeinig mit beiden Füßen auf der Erde stehend. Sie in prächtige Gewänder gehüllt und er in der Tracht des Kriegsmannes mit dem kurz geschorenen Haar des Knechtes. Die zarte Geste der beiden Hände der Liebenden im Mittelpunkt der Darstellung wird auf unterschiedliche Weise zweimal paraphrasiert. Jeweils derb-erotisch mit dem aufgesteilten Schwertgriff des Landsknechtes, der auf den Schoß der Reiterin zielt und ein zweites Mal in der weit ausgestreckten Feder am Hut der Frau, die die Berührung der hochragenden Lanze des Kriegers sucht.

Das Blatt gehört zu einer ganzen Serie von frühen kleinformatigen Kupferstichen Dürers mit genrehaft anmutenden Darstellungen aus dem Volksleben. Folgt er in dieser Motivwahl insbesondere ähnlichen Prägungen des Hausbuchmeisters, so orientiert er sich hinsichtlich des Kupferstiches erkennbar an Schongauer. Trotz einer sicheren und differenzierenden Zeichnung sind die eingesetzten Stilmittel dabei eher schematisch. Die Hauptgruppe – Fräulein zu Pferd und Landsknecht – ist sorgfältiger ausgearbeitet

als der nur in raschen Strichlagen angedeutete Untergrund. Die Burg rechts im Hintergrund hat Dürer intensiver gezeichnet, als den See und das Gebirge links. Die Hauptgruppe setzt sich mit deutlicher Konturierung vom Untergrund ab. Dabei werden die jeweiligen Umrisse von Konturschatten begleitet, die zwar körperhaftes Volumen andeuten sollen, letztlich aber nur ein kräftiges Relief hervorbringen.

Licht und Schatten, Hell und Dunkel sind fleckenartig ins Bild gesetzt und folgen dabei nicht immer der anschaulich nachvollziehbaren Wahrnehmung. So erweckt die verschattet gezeichnete Satteldecke des Pferdes des Eindruck eines konkaven Hohlraumes, wo sie doch das körperliche Volumen des kräftigen Pferdebauches imaginieren sollte. Die Helldunkeleffekte haben primär nicht etwas mit Beleuchtung zu tun, sondern dienen vornehmlich der Modellierung der Bildoberfläche.

Obwohl Dürer seine Figuren teilweise noch mit Dunkelheit hinterlegt hat, vermag er sie doch bereits als körperhafte Gestalten im Raum anzudeuten. Wie Schongauer nutzt er „das Weiß des Papieres ebenso wie die Anordnung der Bildgegenstände und vermag sein Strichbild zu ordnen, dem Bilde Festigkeit zu geben, ohne daß die Bildgegenstände erstarren oder ihre räumlichen Wirkungen verlieren."

ES

Lit.: Winkler, Dürer, 1957, S. 98 - Herrbach, in: Kat. „Kunst", 1985, S. 19

60 DIE SIEBEN POSAUNENENGEL, *ca. 1496/97*

monogrammiert
Holzschnitt, 398 x 287 mm
B 68, M 170, K 112 , St 41
Inv. Nr. D - 170 a

Der Text der Apokalypse 8, 1 ff. schildert die Eröffnung des siebenten Siegels mit folgenden Worten: „Und ich sah die sieben Engel, die da stehen vor Gott, und ihnen waren sieben Posaunen gegeben ... und es ward ein Hagel und Feuer, mit Blut gemenget, und fiel auf die Erde ... und es fuhr wie ein großer Berg mit Feuer brennend ins Meer ... und es fiel ein großer Stein vom Himmel, der brannte wie eine Fackel ... und ich sah und hörte einen Adler fliegen mitten durch den Himmel, und sagen mit großer Stimme: Weh, weh, weh denen, die auf Erden wohnen." Die Inszenierung von Licht und Beleuchtung, ja von lärmendem Getöse ist das Thema des Holzschnittes. Noch nie zuvor war in der Geschichte der Kunst Hell und Dunkel so dramatisch dargestellt worden. Noch nie zuvor war es gelungen, ein Bild auf solche Weise gewissermaßen „hörbar" zu machen.

Dürer läßt nichts aus: Sonne und Mond werden durch die Wucht des himmlischen Ereignisses an die Seite gedrängt. Überall zuckt und blitzt es. Feuer fällt vom Himmel herab und verwüstet die Erde. Aus züngelnden Wolkensäumen stoßen ein Paar kräftige Hände einen explodierenden Berg auf die Erde. Sintfluten türmen sich auf und begraben Städte unter sich. Auf den tobenden Meeresfluten reißen die Wellen Menschen und Schiffe in die Tiefe. Ein ausgesprochen starkes, von unmittelbarer Naturbeobachtung gekennzeichnetes Bild ist jener aus dem Himmel stoßende Adler, der den Menschen auf der Erde ihr „Wehe" verkündet.

Das sind die ersten Eindrücke, und zahlreiche weitere Einzelbilder ließen sich beschreiben. Trotzdem herrscht in der Anlage des Bildes Ruhe und überlegte Komposition: Oben und unten, Himmel und Erde schaffen eine Ebene der Gliederung. Die zweite folgt einem annähernd achsialsymmetrischen Aufbau, der sich beispielsweise in den beiden Posaune blasenden Engeln im Bildmittelgrund manifestiert. Im Himmel oben teilt Gottvater ruhig und bedacht die Posaunen an die Engelschöre aus. Einer hat sogar noch die Zeit, das eben empfangene Instrument auszuprobieren. Ein anderer Engel gießt seelenruhig zuckende Flammen über der Welt aus, so wie man welkes Laub in den Wind hält.

Die Holzschnitte zur Apokalypse sind stets als frühes Hauptwerk des von Dürer begründeten neuen graphischen Stils verstanden und gefeiert worden. Die Linie dient nicht mehr nur zur Beschreibung des Umrisses oder zur Bezeichnung der Form, sondern bekommt einen eigenen Darstellungswert. Dürer läßt sie anschwellen oder tailliert sie und lädt sie auf diese Weise mit einer Energie auf, die sich auf den Betrachter überträgt. Helligkeiten oder Dunkelheiten schaffen nicht einfach nur belichtete oder verschattete Zonen im Bild, sondern entladen sich in zuckenden Kraftströmen. Der Betrachter wird bereits vor dem Erkennen der Einzelheiten von der Gesamterscheinung des Holzschnittes auf das Thema eingestimmt. Darin liegt auch ein entscheidender Unterschied zum eher ornamentalen Umgang mit dem Holzschnitt vor Dürer. Hinzu tritt ein dichtes Geflecht realistischer und detailreich geschilderter Einzelbeobachtungen, an denen das Auge Halt findet, sowie eine ordnende und beruhigende Komposition, in welcher die Einzelformen eingebettet und aufgehoben sind.

Ein furios-genialischer Umgang mit dem Medium des Holzschnittes ließ die Vermutung aufkommen, daß es sich bei diesem Blatt um das älteste des Zyklus der Apokalypse handelt. Zugleich wird zumindest für die Frühzeit in der Literatur die Frage diskutiert, ob Dürer, anders als es in der arbeitsteiligen Werkstatttradition seiner Zeit üblich war, seine Holzschnitte nicht nur selbst gerissen, sondern auch selbst geschnitten hat. Im Laufe der Zeit wird er sich jedoch Formschneider herangezogen haben, die in der Lage waren, seinem graphischen Stil gerecht zu werden.

ES

Lit.: Panofsky, Dürer, 1977, S. 68 ff. - Mende, Dürer, 1976, Nr. 104

61 CHRISTUS AM KREUZ, 1508

monogrammiert und datiert
Kupferstich, 135 x 98 mm
B 24, M 23 (a), S 50
Inv. Nr. D - 23

Dürer stellt uns diese Kreuzszene als „Nocturno" vor. Christus ist am Kreuz gestorben. Maria und Johannes sowie drei weitere Frauen haben sich um den Leichnam versammelt und beklagen auf die verschiedenste Weise den Tod des Herrn. Nach hinten öffnet sich der Blick auf eine stille Landschaft mit einer hochragenden Baumgruppe und einer Stadtkulisse vor hügeligem Anstieg. Darüber spannt sich ein nächtlicher Himmel.

Die expressive Grundstimmung und eine ausgesprochen spannend inszenierte Beleuchtung sind die Hauptelemente dieses Kupferstichs. Die Komposition wird wesentlich dadurch bestimmt, daß der Gekreuzigte leicht rechts von der Bildachse und leicht nach innen ausgerichtet ist. Bereits eine solche Stellung schafft Spannung und Unruhe im Bild. Die Gesamtkomposition der Figurengruppe ist entsprechend asymmetrisch angelegt: Von links unten ansteigend über die kniende Frau im Profil mit über der Brust gefalteten Händen, über Maria zum Gekreuzigten und von dort absteigend und endend in dem stehenden Johannes rechts als abschließende, nach innen gewendete Profilfigur.

Hinzu kommen die unterschiedlichsten mimischen Reaktionen der um das Kreuz versammelten Angehörigen und Jünger Christi: Johannes reckt in einer klagenden, an Grünewald gemahnenden Geste beide Arme gen Himmel. Bemerkenswert ist hier, wie auch bei den anderen Hauptpersonen, daß nicht allein das Gesicht und die Hände Ausdrucksträger sind, sondern die Figuren insgesamt, ihre Bewegungen oder der Fall ihrer Gewänder Anteil an der expressiven Gestik haben.

Und doch gibt es auch Zeichen der Hoffnung für die voller Schmerz Trauernden. Christus ist gestorben! Sein Kopf ist auf den Oberkörper gesunken. Und doch ist sein ganzer Körper voll lebendiger Kraft. Die muskulösen Arme sind auf das Kreuz gespannt und doch krümmen sich die Hände voll ungebrochener Kraft um die Kreuzesnägel. Dieser Leib ist zwar geschunden und nach menschlichen Vorstellungen tot, aber er wird auferstehen! So jedenfalls zeigt es uns Dürer.

Die gewählte nächtliche Stimmung verstärkt den Eindruck tiefsten menschlichen Leides wirkungsvoll, genauso wie in der Stille der Nacht ein leises Geräusch deutlicher zu hören ist. Die Grundfarbe des Blattes ist grau. Tiefstes Schwarz und reines Weiß finden sich kaum. Selbst dort, wo das Papier mitspricht, findet sich noch modellierende und modifizierende Zeichnung. Aus dem Plattenton heraus entwickelte Dürer eine sehr sensible Modellierung, die bei aller Expressivität, doch niemals „grell" wird. Ein gleichmäßiges, fahles Nachtlicht bindet die Gesten zusammen und schafft dabei so etwas wie Intimität.

ES

Lit.: Panofsky, Dürer, 1977, S. 103 f. - Winkler, Dürer, 1957, S. 232

62 DIE ENTHAUPTUNG JOHANNES DES TÄUFERS, 1510

monogrammiert und datiert
Holzschnitt, 195 x 135 mm
B 125, M 231 (a), K 212, St 153
Inv. Nr. D - 231 a

Mit auf den Rücken gefesselten Armen kniet der Leib des eben enthaupteten Johannes am Richtklotz. Ein im Dreiviertelprofil von hinten gesehener, feister Henker mit grimmig entschlossenem Blick hat das bärtige Haupt des Täufers am Schopf gepackt und präsentiert es Salome. Diese, angetan noch mit jenen kostbaren Gewändern, in denen sie eben vor Herodes getanzt hat, empfängt das Haupt auf einer Schüssel. Zwischen Salome und dem Henker steht ein hoher Würdenträger mit Turban und Stab als Zeichen seines Richteramtes als Zeuge des grausamen Geschehens. Links im Hintergrund beobachten einige Hofdamen den Tod des Johannes.

Das Ganze spielt sich inmitten einer auf wenige Details reduzierten Enge eines Palasthofes mit umgebenden, antikisch anmutenden Gebäuden ab. Anders als in früheren Landschaftskulissen gibt es kaum erzählende Details. Maßgebend ist mit den Worten von Theodor Hetzer nun alleine „das Abgeschlossene und Begrenzte, der Raum, der nicht vom Menschen ablenkt, sondern auf sie hinweist."

Johannes der Täufer wirkte als Bußprediger in der Wüste Judäa und an den Ufern des Jordan. In seinen Predigten tadelte er das ehebrecherische Verhältnis zwischen dem König der Juden, Herodes Antipas und Herodias, der Frau seines Bruders. Herodes ließ Johannes für diese öffentlichen Angriffe ins Gefängnis werfen. Weitere Maßnahmen vermied er zunächst, denn er fürchtete „das Volk, weil es ihn [= Johannes d.T.] für einen Propheten hielt" (Matthäus 14,5). Erst nach dem betörenden Schleiertanz seiner Stieftochter Salome ließ er sich dazu hinreißen, deren von Herodias angestifteter Bitte um den Kopf des Johannes nachzukommen und befahl, den Täufer zu enthaupten.

Kaum ein anderes Blatt in Dürers druckgraphischem Schaffen vermag so eindrucksvoll den Verlauf einer Handlung zu schildern und gleichzeitig auf einen dramatischen Höhepunkt zuzuspitzen. Das Ganze hat sich offenbar innerhalb weniger Sekunden abgespielt: Die Kerkertüre im Hintergrund, aus der der Märtyrer gerade herausgezerrt wurde, ist noch geöffnet. Der enthauptete Körper des Täufers liegt noch über dem Richtblock. Der Henker muß eben erst um ihn herumgegangen sein und das abgeschlagene Haupt vom Boden aufgehoben haben. Seine von hinten gesehene, nach innen gewendete Körperhaltung mit einer kontrapostischen Drehung, der rechte Arm mit dem Schwert, die erhobene Hand mit dem Haupt Johannis; alle diese Bewegungen erklären sich aus eben dieser Situation. Es ist so schnell gegangen, daß der Turbanträger seinen Stab noch nicht einmal senken konnte. Auch die Hofdamen um Herodias sind im Augenblick erst durch das Tor in der Mauer herangeeilt.

Die Lichtführung unterstützt diesen Ablauf der Handlung. Helles Licht fällt auf den kopflosen Rücken des Johannes, auf den feisten Henker mit der ausgestreckten Hand, auf den Turbanträger, auf Salome und auf die Hofdamen. Und doch hat Dürer hier mehr dargestellt, als nur den Verlauf einer Handlung. Alle Blickbahnen und Bewegungen, auch die Fluchtlinien der zentralperspektivischen Konstruktion der Gebäudekulisse zielen im Wesentlichen auf das Haupt des Johannes. Der entleibte Kopf richtet einen letzten sterbenden Blick voll ungläubigen Schmerzes auf die von Herodias verführte Salome. Beider Blicke treffen sich in großem Ernst. Mit einer fast andächtig zu nennenden Geste empfängt Salome das Haupt auf einer mit beiden Händen fest umgriffenen Schale. Obwohl Salome deutlich sieht, was sie angerichtet hat, bleibt ihr doch die Erkenntnis ihrer schrecklichen Schuld verwehrt. Sie ist letztlich genauso nur Werkzeug wie der Henker.

ES

Lit.: Hetzer, Bildkunst, 1982, S. 26 - Mende, Dürer, 1976, Nr. 201

_63_ MARIA, VON EINEM ENGEL GEKRÖNT, _1520_

monogrammiert und datiert
Kupferstich, 156 x 113 mm
_B 37, M 41 (I/a), S 93_
Inv. Nr. D - 41

Eine jugendliche Maria sitzt – nein „thront" – auf der weichen Kissenauflage einer roh gezimmerten Bank vor dem Hintergrund einer nächtlichen Landschaft. Sie fixiert den Betrachter mit festem, ernstem Blick. Ihr pausbäckiges Gesicht wird von streng gescheiteltem Haar gerahmt, das sich jedoch entlang der linken Schulter in Lockenkaskaden auflöst. Nur scheinbar nimmt sie den von links heranschwebenden Engel wahr, der mit ausgebreiteten Armen einen Kronreif über sie hält. Mit beiden Händen stützt die Gottesmutter den Jesusknaben auf dem Schoß. Dieser hält in seiner rechten Hand ein flatterndes Vögelchen und in seiner linken einen aus einem kleinen Stoffballen gewickelten Schnuller; beides Anspielungen auf die Passion. Links davon gleitet der Blick über die Sitzfläche der Bank hinweg in die Tiefe, wo er jenseits der Spiegelfläche eines Gewässers von einer Stadtkulisse aufgehalten wird. Darüber entfaltet sich oberhalb eines kräuselnden Wolkensaumes der Nachthimmel.

Die majestätische Erscheinung Mariens ist das Ergebnis einer sehr überlegten Komposition und Lichtführung, bei der zudem Reflexionen sorgfältiger Proportionsstudien eine Rolle gespielt haben dürften. Maria ist dem Betrachter frontal zugewandt. Ihr Gewand, die Konturen ihres Oberkörpers und ihres Kopfes formen annähernd ein großes Dreieck. Diese Figur ist ihrerseits wieder durch Binnenformen gegliedert: Ihr in weiten, großflächigen Falten gebauschtes Gewand bildet einen ruhigen Sockel. Darüber der Oberkörper mit reicher Modellierung der Kleidung und Differenzierung der verschiedensten Materialien. Dort auch entfalten die Locken ihr „Feuerwerk" und kontrastieren mit den Strahlen des Nimbus Mariens darüber. Vor dem Oberkörper, deutlich zeichnerischer behandelt, das Jesuskind. Der ruhende Pol, herausgearbeitet von der Kreisform des hellleuchtenden Nimbus, als der hellsten Stelle im Bild, ist der Kopf Mariens. Ein graphisches „Kabinettstückchen" gelang Dürer insbesondere bei der die Schulter der Madonna umspielenden Lockenpracht. Sie paraphrasiert in ihrer Erscheinung im Licht die Strahlen des Nimbus.

Und doch ist die „Dreiecksfigur" Mariens nicht das allein bestimmende Kompositionselement. Die Madonna sitzt eben nicht in der Mitte des Bildes, sondern ist leicht nach rechts gerückt. Das gibt Gelegenheit zu drei horizontal geschichteten Ebenen des Bildes in der linken Hälfte: die Bretter der Holzbank, die Stadtkulisse und der krönende Engel. So wie das Jesuskind vom Schoß der Mutter aus nach links hinüberreicht, genauso greift der Engel mit seinem Kronreif in die rechte Bildhälfte hinein und verhindert auf diese Weise ein Auseinanderfallen der Komposition.

Licht und Beleuchtung tragen das Ihre bei. Da gibt es einmal das natürliche Licht einer hellen Mondnacht, das sich jedoch allenfalls in den Häusern der Stadtkulisse links im Hintergrund und in der Oberfläche des Gewässers davor spiegelt. Die beiden strahlenden Nimben von Maria und dem Jesuskind leuchten ihre unmittelbare Umgebung grell aus, überstrahlen dabei sogar alles. Dieses Licht ist jedoch lokal begrenzt und reichte nicht hin, um beispielsweise das leuchtende Gewand Mariens oder des Engels zu erklären. Hier hat Dürer weitere Lichter von vorne aufgesetzt.

Das Blatt läßt vieles von dem bereits spüren, was Wölfflin als das Ergebnis der Niederländischen Reise herausgearbeitet hat: Der Zug ins Große, vielleicht sogar Großzügige, wie es an der Faltenbildung des Gewandes Mariens zu beobachten ist. Freude am dekorativen Spiel der Linien, wie beispielsweise im Gewand des Engels oder auch in den Locken der Gottesmutter. Dominierend ist freilich die Betonung strenger Volumina mit annähernd „kubistischer" Ausstrahlung.

ES

Lit.: Wölfflin, Dürer, 1905 (1963), S. 259 ff. - Panofsky, Dürer, 1977, S. 267 - Winkler, Dürer, 1957, S. 260

64 DER HL. CHRISTOPHORUS MIT ZURÜCKGEWANDTEM KOPF, 1521

monogrammiert und datiert
Kupferstich, 119 x 78 mm
B 51, M 53 (b), S 96
Inv. Nr. D - 53

Mit großen schweren „Pranken" klammert sich der Riese Reprobus (bzw. Offerus), an seinen Stab und sucht dort Stütze und Halt. Mitten in der Nacht setzt er ein kleines Kind auf seinen Schultern durch das nicht einmal knietiefe Wasser eines Flusses auf die andere Uferseite über. Dürer hat seine Darstellung auf jenen Augenblick zugespitzt, in welchem der Riese erkennt, daß er den größten aller Könige, nämlich Christus selbst, auf seinen Schultern trägt. Dieser „kritische Moment" konzentriert sich in den beiden Händen des Christophorus und der Begegnung der Köpfe von Christophorus und Christus. Gegenüber diesem Hauptereignis tritt die Darstellung der nächtlichen Landschaft deutlich zurück. Auch der fackeltragende und den Weg leuchtende Einsiedler neben seiner Klause rechts ist nurmehr als Hinweis auf die Legende und nicht mehr als essentieller Teil der Bildanlage zu verstehen. Wie bei allen späten Stichen – vom Hl. Antonius von 1519 einmal abgesehen (Dürer I, Nr. 49) – spielt der Schauplatz der Handlung fast keine Rolle mehr für die Komposition.

Dürer hat zeitlebens eine ganze Reihe von Darstellungen des Hl. Christophorus innerhalb seines druckgraphischen Oeuvres geschaffen. Darin äußert sich zunächst die volkstümliche Beliebtheit dieses Heiligen. Anton Koberger hat 1488 in Nürnberg ein „Passional" herausgebracht, das auch ein „Heiligen Leben" des Christophorus enthält. Dürer dürfte diese Edition seines Paten gekannt haben. Wenn man berücksichtigt, daß von 1521 noch ein weiterer, vermutlich etwas früher entstandener Kupferstich des Hl. Christophorus existiert, dann mag dabei auch die Reise in die Niederlande bei der Wahl eines solchen Themas eine Rolle gespielt haben (M 52). In der Tat werden die beiden Versionen des Themas mit „4 Christophel auff graw papir" zusammengebracht, die Dürer im Mai 1521 in Antwerpen für den Landschaftsmaler Joachim Patinier gezeichnet hat. Panofsky hat zudem darauf hingewiesen, daß Patiniers Gemälde im Escorial eine verwandte Darstellung im Gegensinn aufweist.

Komposition und Lichtführung sind nun gegenüber der in der vorangehenden Kat. Nr. 63 besprochenen Madonna beruhigt und zugleich auf die Haupthandlung konzentriert. Wieder beherrschen wenige große Formen die Komposition, aber jedes hektische Detail ist vermieden. Sie ist erneut auf die beiden Köpfe von Christus und Christophorus reduziert. Eine solche Zuspitzung ist jedoch das Ergebnis eines konsequenten und gleichmäßig sich steigernden Bildaufbaues. Dem Kompositionsschema liegt jetzt kein flächiges Dreieck mehr, sondern ein körperhaft ausgeformter Kegel zugrunde. Die Binnenformen der Figuren sind endgültig volumenhaft mit tief schluchtenden Falten und kräftig gerundeten Körperteilen modelliert. Die umgebende Landschaft breitet sich als Nocturno in malerischen Graustufungen ausgiebig nach der Tiefe zu aus. Das vom Nimbus Christi ausstrahlende Licht ist zwar weithin sichtbar, seine Lichtwirkung bleibt jedoch lokal begrenzt. Weich gezeichnet breitet es sich von oben nach unten über die linke Körperhälfte des Christophorus aus und hebt diese vom Grau der ihn umgebenden Nacht ab. Im Gegensatz zu einer grellen Spot-Beleuchtung bleibt dieses Licht geradezu „intim".

ES

Lit.: Panofsky, Dürer, 1977, SS. 268 u. 306 f. - Kat. „Dürer", Boston 1971, Nr 213 - Benker, Christophorus, 1975

VIII. „Mit Zirkel vnd Richtscheyd"

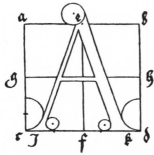

Albrecht Dürer gab 1525, drei Jahre vor seinem Tod, sein Perspektiv-Handbuch „Vnderweysung der Messung" heraus. Dürer glaubte, allein mit Zirkel und Richtscheid sei das Schöne, das letztlich Göttliche für den Menschen faßbar. Allein mit Hilfe der Meßkunst sei der göttliche Schöpfungsprozeß ermittelbar. Deshalb stellte er „dem göttlichen Attribut des Zirkels" im Titel seines Buches „das irdische Richtscheid gegenüber.

Albrecht Dürer hatte sich sein ganzes Leben lang sowohl aus „brauch", d.h. empirisch, als auch theoretisch mit der „kunst der messung" und der rechten Proportion auseinandergesetzt. Dieses Wissen ist in vier Büchern geordnet zusammengestellt. Bereits an den der ersten Ausgabe beigefügten Holzschnitten „Der Zeichner des Portraits" und der „Zeichner der Laute" wird deutlich, wie sehr dieses Buch als praktischer Leitfaden für den ausübenden Künstler und nicht als theoretisches Geometriebuch gedacht war.

Bereits in jungen Jahren verfügte Dürer über ein ausgesprochen sensibles Gefühl für räumliche Erscheinungen, kannte aber lediglich die Grundregeln einer geometrisch konstruierten Perspektive. Etwa seit der Mitte des 14. Jahrhunderts war bekannt, daß vertikale Linien der Bildfläche auf ein gemeinsamen Punkt hin zu streben scheinen. Erstmals in der „Geißelung" seiner Albertina-Passion (M 109) hatte Dürer 1495 eine Komposition dementsprechend auf einen Fluchtpunkt hin angelegt. Dennoch sind seine frühen Arbeiten nicht einheitlich konstruktiv gestaltet. Im „Ecce Homo"- Blatt der Großen Holzschnitt-Passion sind die Treppenstufen zwar gefluchtet, aber die übrige Komposition ist in weiten Strecken mit der freien Hand angelegt. Es gelang Dürer, die bewegten, vielfigurigen Personengruppen so einander gegenüberzustellen, daß eine lebhafte Diskussion in einem tiefen, glaubwürdigen Bildraum entsteht. Mittels Lichtführung und Bedeutungsmaßstab werden die Hauptpersonen von den Nebenpersonen geschieden.

Die Darstellung der Figur ist es auch, der in den nächsten Jahren sein Hauptinteresse galt. Seit seinem ersten Venedig-Aufenthalt betrieb er das Studium des menschlichen Körpers am lebenden Modell und erforschte den Nachklang antiker Statuen in Werken italienischer Künstler. Weiter scheint sich Dürer mit italienischen Perspektivtheorien auseinandergesetzt zu haben. Mehr und mehr setzte er Bildarchitekturen mit hallenartigen Räumen ein. Doch erst am Ende seiner zweiten Italienreise hat der Künstler offenbar in Bologna von einem Perspektivlehrer, vermutlich der Mathematiker Luca Pacioli, Einsicht in die Kunst „heimlicher perspectiva" bekommen. Auch eine in Venedig erworbene, lateinische Ausgabe des antiken Mathematikers Euklid mit Dürers handschriftlichem Kaufeintrag von 1507 zeugt von diesem gesteigerten Interesse. Das Exemplar wird heute in der Herzog-August-Bibliothek in Wolfenbüttel aufbewahrt. Zurück in Nürnberg entstanden Werke, deren Bildarchitektur die Gesamtaussage der Komposition bestimmen. Waghalsige Untersichten, wie Dürer sie bei Andrea Mantegna gesehen hatte, werden ausprobiert.

Um 1510 ändert sich das Verhältnis von Architektur und Bildpersonal. In dem Maße wie die Probleme der Raumkonstruktion und perspektivischen Umsetzung der Realität in der Praxis gelöst sind, schwand Dürers Interesse an der sklavischen Einhaltung perspektivischer Regeln. Die sorgfältig konstruierten architektonischen Räume werden durch virtuos zitierte Versatzstücke ersetzt, die assoziativ den Charakter eines Raumes, etwa eines Tempels wiedergeben.

Dürer konzentrierte seine eigenschöpferische Kraft fortan auf die zentrale Darstellung eines Themas. Der Mensch mit seinem Ausdruck genügte dem Künstler nun, um die Inhalte zu transportieren, zu deren Umsetzung er in früheren Werken aus dem vollen Schatz geometrischer Perspektive und humanistischer Ikonologie geschöpft hatte. In seiner letzten Abendmahlsdarstellung von 1523 nahm er bereits ein Kunstverständnis vorweg, das im Zuge protestantisch bestimmter Kunstauffassung ab der Mitte des Jahrhunderts zu Allgemeingültigkeit gelangen sollte.   AS

65 DIE SCHAUSTELLUNG CHRISTI *(ECCE HOMO),*

um 1497-1500

monogrammiert
Holzschnitt, 393 x 282 mm
B 9, M 118 (I/b), K 123, St 58
Inv. Nr. D - 118

Vor dem Portal des Prätoriums wird der bereits gefolterte Christus einer aufgebrachten Volksmenge präsentiert. Der römische Prokurator Pilatus hat sich über das Geländer gelehnt und versucht, zwischen den Juden und Jesus zu vermitteln. Mitleidig blickt er auf den Geschundenen. Seine geöffneten, gestikulierenden Hände aber sind der Masse zugewandt. Sie drücken Unverständnis für die aufgebrachten Menschen vor seinem Hause aus: „Sehet, ein Mensch. Ecce Homo", glaubt man ihn sagen zu hören. Zur Verdeutlichung öffnet ein Soldat den Mantel und zeigt den gepeinigten Leib Christi. Doch das Kreuz an der Brüstung vor Pilatus kündigt bereits an, was die wild gestikulierende Masse mit zornigen Mienen und hochgereckten Spießen fordert: „Ans Kreuz, ans Kreuz!" Nur das Johannesevangelium (19, 4 - 15) berichtet von dieser Schaustellung, von der sich Pilatus die Freilassung Christi erhofft hatte.

Vier Stufen führen zu der überdachten Terrasse hinauf, auf der inmitten eines architektonischen Rahmens die Vorführung Christi stattfindet. Der Dornengekrönte stolpert gesenkten Hauptes nach vorne. Hell sticht seine erbärmliche Gestalt aus dem Dunkel des Eingangs hervor. Geblendet vom Sonnenlicht und gezeichnet vom Schmerz, hält Christus die Augen geschlossen. Sein geschundener Leib ist nur von dem Mantel umhüllt, den ihm die Schergen zum Spott umgehängt haben. Seine Hände sind wie von Fesseln zusammengehalten. Nichts schützt ihn vor den Blicken und Worten des anklagenden Pöbels, der sich vor dem Haus drängt.

Vorne eilt ein Jude in weitem Mantel und Turban herbei. Hinter ihm gestikuliert wild ein feister Pharisäer, der eine prall gefüllte Geldkatze am Gürtel um den Bauch trägt. Der Hellebardier in zeitgenössischem Gewand am rechten Bildrand steht leicht erhöht auf einem bewachsenen Felsen und hält die nachdrängende Masse in Schach. Männer mit den verschiedensten Kopfbedeckungen haben sich zusammengerottet. Einige der derben Gesichter kennen wir schon aus Schongauers Kupferstichpassion. Von dessen „Ecce Homo" Blatt (B VI 15) stammt sicherlich auch die Anregung zu der verwachsenen Gestalt am Fuße der Treppe. Bei Schongauer ist ein Hund dargestellt, der vor dem tief in den Bildraum hineingezogenen Treppenabsatz liegt. Wie hier das Männlein, schaut der Hund bei Schongauer ins Bild hinein.

Der undatierte Holzschnitt ist eines der ersten Blätter, die Dürer für seine große Passion entworfen hat. Wahrscheinlich ist er im unmittelbaren Anschluß an die Apokalypse geschaffen worden. Auch dort – beispielsweise bei dem „Babylonischen Weib" (Kat. Nr. 10) – stehen sich die Gegenspieler in diagonal angelegten Blöcken im Bild gegenüber. Nun aber ist ein anderer Hintergrund gewählt. Anstelle der Natur wird hier hauptsächlich Architektur zur Bildbegrenzung eingesetzt. Im Gegensatz zu früheren Arbeiten verläuft sie nicht mehr parallel zur Bildebene, sondern teilt den Raum diagonal. Geschnitten wird diese Hauptachse von weiteren Querlinien wie den hoch ragenden Spießen, die áufgereiht in perspektivischer Flucht erscheinen. Dies gibt Dürer die Gelegenheit, mit konstruktiven Mitteln, die Möglichkeiten der Perspektive auszuloten. Ein Kennzeichen für die frühe Datierung ist ferner, daß es ihm noch kein Anliegen ist, die Regeln der Zentralperspektive durchzuhalten. Beispielsweise ist das Ziegelmuster der Wand isometrisch dargestellt, der Verlauf der Steintreppe folgt jedoch schon der Zentralperspektive.

AS

Lit.: Kat. „Dürer", Boston, 1971, Nr. 51 - Appuhn, Dürer, 1986, S. 149 f. - Anzelewsky, Dürer, 1980, S. 106 - Herrbach, in: Kat „Kunst", 1986, Nr. S-15 - Bartrum, German, 1995, Nr.10

66 DIE HL. FAMILIE MIT ZWEI ENGELN IN DER GEWÖLBTEN HALLE, um 1504

monogrammiert
Holzschnitt, 221 x 154 mm
B 100, M 213 (b), K 193, St 80
Inv. Nr. D - 213

Jenseits eines weit geöffneten Rundbogens erstreckt sich eine gewölbte Halle nach hinten und schafft einen geschlossenen Bildraum. Nur im Hintergrund gibt ein großer Rundbogen den Ausblick auf Natur und eine entfernte Stadtsilhouette frei. Wie auf einer Bühne wird inmitten dieses hohen Gewölbes die Heilige Familie gezeigt. Maria sitzt auf einem weichen Kissen, das auf einem Steinkasten liegt. Liebevoll neigt sie sich dem auf ihrem Schoße stehenden Christuskind zu. In der Hand hält sie eine Frucht, die offensichtlich die links stehenden Engel mitgebracht haben. Lebhaft versucht der kleine Jesus, von den beiden weiteres Obst zu ergattern. Keck streckt er den einen Arm zu den Früchten aus, den anderen hat er angewinkelt. Die Mutter umfängt den Nackedei mit ihrem Mantel und hält ihn aufrecht. Auch sie hat sich den Engeln zugewandt. Zu dritt umhätscheln sie das Kind. Vor der angelehnten Eingangstür steht etwas abseits Joseph, leicht gebeugt und mit betend gefalteten Händen.

Der Rückwand der Halle sind zwei Arkaden vorgeblendet, die den Raum akzentuieren, aber auch die Aussage des Bildes unterstützen: Die Mittelsäule überragt als traditionelles Würdemotiv das Kind. In ihr kommen die beiden Bögen zusammen, die das Bildgeschehen vorne in eine himmlische und eine irdische Hälfte teilen. Unter dem einen befinden sich die Engel. Unter dem anderen steht Joseph, von der Natur im Hintergrund umgeben, während Maria abgeschirmt vom Engelsflügel schon eher dem himmlischen Kreis zuzurechnen ist. Wie in dieser Säule, so vereinen sich auch in Christus göttliche und menschliche Natur.

Das Hauptgestaltungsmoment der tiefen Halle ist der Kreisbogen. Allerdings ist die Perspektivdarstellung vom mathematisch-geometrischen Standpunkt aus nicht konsequent ausgeführt. Dürer versuchte, einen Blick leicht von der Seite her anzulegen. Auf einem Bord oberhalb der Tür stehen ein Leuchter und geschlossene Salbgefäße, die auf die unbefleckte Empfängnis Mariens

hinweisen. Ähnlich wie der an die Wand gehängte Hut verleihen sie dem ansonsten streng monumentalen, italienisch anmutenden Raum etwas Intimität. Ebenso erstaunlich wirkt der Bauschmuck. Links und rechts des Bogens, der in die Tiefe der Halle führt, flankieren liegend Adam und Eva die Wand. Der Bildausschnitt zeigt nämlich mehr als den bloßen Blick in den konstruierten Raum. Hier und auch am Bildrand, über den das weite Gewand der Maria fällt, wird deutlich, daß der tonnengewölbte, konstruierte Raum nachträglich mit den Personen und Dingen gefüllt und belebt wurde.

Die erste Raumkonstruktion mit einem Fluchtpunkt entwarf Dürer um 1495 bei der „Geißelung Christi" (M 109) der Albertina-Passion. Wie unsicher er lange Zeit später noch war, belegt der im Katalog vorangegangene Holzschnitt „Ecce Homo" der Großen Holzschnitt-Passion. Erst seit der 1502 datierten Coburger Zeichnung „Geißelung Christi" (W 185) lassen sich wirkliche Bemühungen Dürers erkennen, seine Innen- und Außenräume perspektivisch zu konstruieren. Bereits damals muß er Kenntnisse italienischer Perspektivtheorien gehabt haben, denn er verwandte auch in der Folge des Marienlebens wie in diesem Holzschnitt Bogenarchitekturen im Zusammenhang mit konstruierten Raumbildern.

AS

Lit.: Anzelewsky, Dürer, 1980, S. 106 ff. - Hetzer, Bildkunst,1982, S. 28

67 CHRISTI GEBURT UND ANBETUNG DER HIRTEN, 1509

monogrammiert, mit seitenverkehrtem D
Holzschnitt, 128 x 100 mm
B 20, M 129 (a), K 226, St 140
Inv. Nr. D - 129 a

Das vierte Blatt der Kleinen Holzschnittpassion Dürers zeigt die Geburt Christi in einer ruinösen Architekturkulisse. Das Christuskind strampelt in einem Binsenkörbchen. Ein Engel streichelt sein Köpfchen, während Maria mit vor Brust gekreuzten Händen demütig an dem Korb auf die Knie gesunken ist. Stehend hinter ihr hält Joseph die Laterne. Ein großes Balkenkreuz im Giebel des maroden Daches überhöht die Szenerie und weist damit auf die Passion Christi hin. Durch die abgebrochene Hauswand hindurch sieht man im Hintergrund die Verkündigung an die Hirten auf dem Felde, vom strahlenden Bethlehemsstern hell beleuchtet. Wie schon bei Schongauer ist es lediglich nur ein Hirte, dem der Engel erscheint. Zwei Hirten haben den Stall bereits gefunden und knien feierlich berührt im Eingangsbereich vor dem Kind. Einer hat seine Kopfbedeckung abgenommen, der andere trägt über der Schulter einen Dudelsack.

Dürer führt hier viele der Elemente der Weihnachtsgeschichte (nach Lukas 2), die er bereits 1502 im Blatt der „Geburt Christi" (Dürer I, Nr. 7) des Marienlebens geschildert hatte, völlig neu arrangiert vor. Das Kind, obwohl es vergleichsweise winzig in der Ecke des Stalls in seinem Körbchen liegt, ist auch hier Mittelpunkt der Szene. Die Blicke der Bildpersonen weisen es ebenso als Hauptperson aus, wie die perspektivische Anordnung der Anbetenden. So wird trotz der geringen Größe die überragende Stellung des Christuskindes betont. Dürer kehrt hier die seinen Zeitgenossen noch geläufige Bedeutungsperspektive um, das Kleinste wird zum Wichtigsten.

Sowohl die perspektivische Konstruktion als auch die Architektur unterstützen die Hierarchien im Bild. Sie trennen die Nebenpersonen von den Hauptpersonen und weisen auf den Kernpunkt der Bilderzählung hin. Der Ziehvater Joseph steht links am Bildrand, gesondert von Maria, dem Engel und dem Kind durch die klare Kante der abgebrochenen Hauswand. Etwas hinter Maria stehend über-

ragt er aufgrund der raschen Verkürzung die kniende Gottesmutter kaum. Die stufig abgebrochene Wand im Hintergrund gibt den Blick auf die Verkündung an die Hirten auf dem Felde frei und bezieht sie direkt auf die Geburt Christi. Sie lenkt ebenfalls die Aufmerksamkeit des Betrachters auf das Binsenkörbchen, in das der Jesusknabe gebettet wurde. Die beiden Hirten rechts im Vordergrund befinden sich bereits außerhalb des Stalles. Hinterfangen von Laubbäumen blicken sie vom Eingang in den Raum hinein.

Die Geburt Christi wird hier in kühner Untersicht gezeigt. Zwei Stufen im Vordergrund führen zu dem Bretterboden hinauf, auf dem das Geschehen stattfindet. Der Blickpunkt des Betrachters aber liegt unter dieser Standfläche. Die Bretter erscheinen als erhabenes Podium. Diese Darstellungsweise hat Dürer während seiner Italienreise auf den Wandgemälden Andrea Mantegnas kennengelernt. Dürer schafft mit diesem Kunstgriff Distanz zu der vermeintlichen Lebensnähe der Weihnachtsgeschichte. Das Geschehen rückt vom Betrachter ab, der den Eindruck gewinnt zur Bildbühne aufzublicken. Dürer verletzt allerdings die Regeln der Perspektive zugunsten der inhaltlichen Aussage. So ragt der Tragebalken unter Maria auffällig aus dem Bild heraus und akzentuiert die Gottesmutter.

Ein nahezu reines Architekturbild, wie es Dürer 1504 in seinem Kupferstich „Weihnachten" (Dürer I, Nr. 13) entworfen hatte, ist hier jedoch nicht angestrebt. Dort hatte der Nürnberger die Geburt Christi eher beiläufig als „Bild im Bilde" in einem fränkischen Fachwerkhof inszeniert.

AS

Lit.: Hetzer, Bildkunst, 1982, S. 215 - Panofsky 1948, S. 140 u. Nr. 240 - Appuhn, Kleine Passion, 1985, S. 92 f. - Herrbach, in: Kat. „Kunst", 1986, S. 146 - Schneider, in: Dürer I, Nr. 13

68 DAS LETZTE ABENDMAHL, *1510*

monogrammiert und datiert
Holzschnitt, 402 x 283 mm
B 5, M 114 (b), K 215, St 148
Inv.Nr. D - 114 b

Die Folge der Großen Holzschnittpassion beginnt mit dem Abendmahl. Ausführlich berichten über diese letzte Zusammenkunft Jesu mit seinen Jüngern die ersten drei Evangelisten. In einem hohen Kreuzgewölbe, das nach vorne von einem Rundbogen abgegrenzt wird, steht eine gedeckte Tafel, an der Christus mit seinen zwölf Jüngern das letzte Abendmahl feiert. Vorn schenkt der Gastgeber Wein aus einer Kanne nach. Er gehört nicht zur Runde der Jünger. Um den Tisch herrscht Aufregung. Denn gerade hat Christus seinen linken Arm erhoben und beteuernd gesprochen: „Wahrlich, wahrlich ich sage Euch: Einer von Euch wird mich verraten, einer der mit mir ißt." (Markus 14, 18) Einige Jünger sind daraufhin aufgesprungen. Manche haben die Hände zusammengeschlagen oder gestikulieren wild.

Die Versammlung gruppiert sich um einen langen, rechteckigen Tisch. In der Mitte der Längsseite, dem Betrachter gegenüber, sitzt Christus. Eine deutliche räumliche Zäsur scheidet ihn von seinen Gefährten und deutet den kommenden Abschied Christi von seiner Gefolgschaft an (Johannes 13, 31 -38). Nur der Lieblingsjünger Johannes, der an seiner Brust ruht, ist ihm nahe. Er wird Christus auch bis zum Kreuz begleiten. Die anderen Jünger diskutieren bestürzt.

Vorne am Tisch sitzt völlig isoliert eine einzelne Person, hell vom Schlaglicht angestrahlt. Es ist Judas Ischariot. Der Beutel voller Silberlinge in seiner Hand, die Belohnung für den Verrat, kennzeichnet ihn. Umständlich sucht er das Geld hinter sich vor den anderen zu verstecken. Er ist die einzige Rückenfigur des Blattes. Auch der kompliziert gezimmerte Tisch, mit seiner an Fachwerk erinnernden Konstruktion des Untergestells, trennt den Verräter von der um den Tisch versammelten Jüngerschar. Dennoch ist seine Person deutlich auf Christus bezogen, ohne aber den Blick auf ihn zu verstellen. Vielmehr wandert das Auge des Betrachters über seinen Rücken direkt auf Christus zu, der bekümmert seine

Hand erhoben hält. Das Messer auf dem Teller vor Judas zeigt auf die Brust Christi. Es spielt auf den Verrat und die dann folgende Passion an.

In dem kargen Raum, der mittels der Zentralperspektive konstruiert ist, weist alles auf die Hauptperson Christus hin: Die Mittelstütze der Tafel, die das Datum 1510 trägt, die einzige Falte im Tischtuch, der große runde Teller mit dem Passahlamm, das runde Fenster und die sich schneidenden Segmentbögen des Gewölbes. Maßgebliches Konstruktionselement ist der Kreis. Kreissegmente bilden auch das Kreuzgewölbe, das, wenn auch geometrisch falsch konstruiert, konsequent durchgehalten ist. Der Fluchtpunkt liegt im Haupt Christi, das vom hellen Weiß des Kreuznimbus umstrahlt ist. Von hier gehen konzentrisch Strahlen aus.

Die erstaunlich feine Linienführung in geringen Hell-Dunkel-Kontrasten bestimmt den Holzschnitt und vermittelt Ruhe und Erhabenheit. Sie geht von den radialen Strahlen des Kreuznimbus der elegisch gestimmten Hauptperson Christus aus und kulminiert in dieser. Glatt und edel ist das Antlitz Christi gezeichnet. Bekümmertheit und Würde strahlt es aus. Dürer entwirft eine Bildwirkung der Vertrautheit und Feierlichkeit, obwohl der Raum keinerlei Schmuck aufweist. Von der Deckelkanne des Gastwirts bis hin zu den nackten Füßen der Jünger unter dem Tisch ist alles rational durchdacht und durchkonstruiert. Und doch hat Dürer mit seiner weichen Lichtmodellierung in der Art der Verwendung von Strich und Form malerische Qualitäten eingebracht. Inhalt und Form sind zu vollkommener Übereinstimmung gebracht.

AS

Lit.: Wölfflin, Dürer, 1908, S. 201 - Kat. „Dürer", Boston, 1971, Nrn. 154 u. 155 - Appuhn, Dürer, 1986, S. 143

69 HERODIAS EMPFÄNGT DAS HAUPT JOHANNES DES TÄUFERS, 1511

monogrammiert und datiert
Holzschnitt, 196 x 134 mm
B 126, M 232 (a), K 260, St 154
Inv. Nr. D - 232

Dieses Blatt ist das Gegenstück zu dem Holzschnitt „Die Enthauptung Johannes des Täufers" (vgl. Kat. Nr. 62). Erzählerische Kontinuität schaffen die gleichen Gewänder und die gleiche Haartracht der Personen aus dem ersten Blatt, die auch auf dem zweiten auftreten.

Salome ist in das Gemach des Herodes und der Herodias eingetreten. Ihr folgen der Turbanträger und – wie sich am Haarputz erkennen läßt – auch die Hofdamen, die der Hinrichtung im Hofe des Kerkers beigewohnt haben. In den Händen trägt Salome die Schale mit dem Haupt des Täufers. Herodias, ihre Mutter, ist vom Eßtisch aufgestanden und ergreift den Teller. Herodes selbst schaut müde und traurig auf das abgeschlagene Haupt. Resigniert hat er sich in den hintersten Winkel des Raumes verzogen. Denn schon als Salome das Haupt des Johannes des Täufers forderte, wurde der König bedrückt, „jedoch um der Schwüre und der Tischgenossen wegen befahl er, daß es ihr gegeben werde" (Matthäus 14, 8 - 9).

Dürer hat die Szene auf das Königspaar, Salome und das Hofgefolge reduziert. Alle Personen befinden sich im hinteren Teil des perspektivisch konstruierten Raumes. Starke Helldunkelunterschiede erfüllen das sonst eher nüchterne Gemach mit Atmosphäre. Vorne ist ein Kessel mit schönen Kannen aufgestellt. Ein Tisch mit Speisen und edlem Zinn führt in die Tiefe des Gemaches. Daran schließt sich der eigentliche Eßtisch des Königspaares an. Dieser steht unter dem Baldachin, der an der Kassettendecke befestigt ist. Fisch ist serviert, gläserne Nuppenbecher zeugen von der Festlichkeit des Mahles. Der Reichtum des Königshauses gibt den erzählerischen Auftakt, dann erst werden die Menschen vorgestellt.

„Der frontal gesehene Raum, in dem Tische Baldachin und Decke zahlreiche orthogonale Linien und Kanten ergeben, wird zu einem konstruktiven Lehrstück der Perspektive, wobei der Fluchtpunkt, nicht ohne Absicht, in die rechte Brust der nach venezianischer Kurtisanenmanier dekolletierten Herodias gelegt ist" (Strieder). Sie ist die Schlüsselperson. Sie ist auch die einzig wirklich aktive Person der Bildhandlung. Sie hat sich hinter dem Tisch hervor gequält und die Schale ergriffen. Den Kopf leicht geneigt, blickt sie auf ihren Gemahl. Stolz präsentiert sie gemeinsam mit ihrer Tochter das Haupt des Täufers.

Die Hauptdarsteller auf diesem Blatt sind andere als auf dem vorherigen. Salome ist hier nur noch die Überbringerin, ganz am Rande des Geschehens präsentiert sie in reiner Seitenansicht das Haupt, der restliche Hofstaat ist völlig im Hintergrund.

Herodes wirkt niedergeschlagen. Weder seine Krone, noch der Baldachin repräsentieren mehr seine Macht. Im Gegenteil er wirkt um so kleiner und schmächtiger. Er, der König der Juden, sitzt gebrochen in der Ecke des Tisches. Dürer veranschaulicht über den eingeschränkten Bewegungsradius des Königs auch seine Machtlosigkeit. Er residiert nicht am Kopf der Tafel unter dem Baldachin, sondern ist auf die Schmalseite gerutscht. Eigentliche Drahtzieherin und Machthaberin ist seine Frau. Sie beherrscht die Bildmitte. Ihre Machtgier und Falschheit, die Dürer in der überaus aufreizenden Erscheinung zur Geltung bringt, hat den König der Juden von seinem Platz verdrängt.

Die Enge des Herzens des bedrückten Herodes wird durch die Enge des Raumes versinnbildlicht. Ebenso nutzt Dürer geschickt alte Würdeformeln wie den Baldachin, um die Machtgier der Herodias und somit die tatsächlichen Machtverhältnisse im Hause des Königs der Juden abzubilden.

AS

Lit.: Strieder, in: Kat. „Vorbild", 1978, Nr. 157 - Hetzer, Bildkunst, 1982, S. 34

70 DER BÜSSENDE KÖNIG DAVID, 1510

monogrammiert und datiert
Holzschnitt, 197 x 136 mm
B 119, M 108 (e), K 211, St 152
Inv.Nr. D - 108 e

Im kühlen Grau einer großteiligen Innenarchitektur kasteit sich ein Mann. Der fensterlose Raum ist lediglich vom Licht einiger Kerzen erhellt. Kein Flackern, kein Windstoß ist zu spüren. Völlig abgeschieden von der Außenwelt ist der Mann in sich gekehrt. Er ist vor einem Altar niedergekniet und schlägt seinen bloßen Oberkörper mit einer Geisel. Nur seine Lenden sind von einem losen Tuch umhüllt, das er mit der Linken zusammenhält. Hinter ihm erheben sich gewaltige Aufbauten und Mauern, die teilweise von einem Vorhang verdeckt werden.

Vor dem Vorhang ist die Anlage der Architektur nachvollziehbar: Zwei sichtbare Stufen führen zu dem Altar hinan, der selbst auf einer ebenen Fläche steht. Hier kniet der Büßende. Hinter dem Vorhang sind dagegen keine wirklich funktionstragenden und gliedernden Architekturteile mehr dargestellt. Zwischen den einzelnen Mauermassen und Raumkurven läßt sich kein architektonischer Zusammenhang erkennen. Die Mauer eines Vorbaues mit kaminartiger Öffnung verschwindet im Schatten der Stoffbahn. Auf ihrem Fries stehen zwei Kerzen. Dahinter baut sich ein blockhafter „Turm" mit gekröpftem Gesimse auf, der das Monogramm des Künstlers und das Datum 1510 trägt. Ein ebenfalls aufwendiges Gesims krönt eine zweite Wand, die sich bogenartig hinter diesem „Turm" verliert.

Starke, aber nicht unruhige Kontraste von Licht und Schatten lassen die Realitäten des Raumgefüges verschwimmen. Offenbar hat Dürer hier diverse Architekturzitate zusammengestellt. Ein Innenraum, dem keine festen Vorstellungen zugrunde liegen, entsteht, eine phantastische Räumlichkeit. Der vom Kerzenlicht verklärte „Architekturhintergrund" vermittelt die Stimmung der Darstellung: monumental, gewaltig, schwer.

Besonders in diesem Holzschnitt wird das deutlich, was Theodor Hetzer als Dürers Konstruktionsprinzip ab 1510 erkannt hat. Der Raum ist nun reine Ordnung, die erst durch den Schöpfungsakt des Künstlers Gestalt annimmt und zwar im innigen Zusammenwirken alles Körperlichen. „Dürer gestaltet den Raum aus den Elementen der Landschaft, namentlich aber der Architektur, aus Bäumen, Gründen, Felsen, Wolken, aus Mauern, Säulen, Gewölben, Stufen, während diese Elemente früher der Landschaft oder Architektur eingegliedert waren." (Hetzer)

Das Thema dieses Blattes ist noch nicht eindeutig geklärt. Meder, gefolgt von Panofsky, interpretiert den Schrein auf dem Altar als Bundeslade und sieht daher das Blatt als Darstellung des büßenden König Davids im Tempel von Jerusalem. Eine andere Forschungsmeinung sieht den „Büßenden" als zugehörig zu den beiden im Katalog zuvor besprochenen Blättern, die das Martyrium Johannes' des Täufers thematisieren (vgl. Kat. Nrn. 62 n. 69).

Albrecht Dürer hat sich anscheinend mit dem Dargestellten identifiziert. Der Büßende trägt seine Gesichtszüge. Vielleicht ist es aber auch gar nicht wichtig, in ihm eine bestimmte Persönlichkeit zu sehen. Es könnte sich mit den Worten Peter Strieders „eher [um] eine Personifizierung der von Johannes geforderten Buße und Umkehr [handeln], die in den Zügen Dürers selbst Beziehung gewinnt zur Bußaufforderung und Endzeiterwartung der Laienfrömmigkeit und Volksreligiosität in der Vorreformationszeit." Dem entspräche auch eine Architektur, die mehr Stimmungsträger des Gewaltigen und Monumentalen ist als eine rational nachvollziehbare Räumlichkeit.

AS

Lit.: Strieder, in: Kat. "Dürer", Nürnberg 1971, Nr. 73 - Hetzer, Bildkunst, 1982, S. 28 u. 201 f.

71 DAS LETZTE ABENDMAHL, 1523

monogrammiert und datiert
Holzschnitt, 214 x 304 mm
B 53, M 184 (b), K 328, St 199
Inv. Nr. D - 184 b

Auf diesem späten Einzelblatt stellte Dürer nochmals das letzte Abendmahl dar. Im denkbar schlichtesten Raum, einem einfachen kubischen Kasten ist die lange Tafel aufgebaut, an der Christus mit elf seiner Jünger den letzten gemeinsamen Abend verbringt. Judas ist offenbar bereits als Verräter erkannt worden und deshalb nicht mehr unter den Aposteln. Nur der Kelch erinnert an das Abendmahl. Am Bildrand sind ein Brotkorb und eine Zinnkanne aufgestellt, in der Mitte eine Schale, dazwischen liegt das Dürersche Monogrammtäfelchen. „Die wenigen Dinge sind sofort zu überblicken" (Hetzer).

Christus sitzt in der Mitte der Tafel. An seiner Brust ist sein Lieblingsjünger Johannes eingeschlafen. Vornüber gebeugt ruht er auf der Tischplatte (Joh. 13,23). Fürsorglich hat Christus seinen rechten Arm auf die Schulter des Freundes gelegt, mit der linken Hand begleitet er ausgreifend jene lange Abschiedsrede, die im Johannesevangelium (Joh. 13, 34 - 35 u. 14 - 17) beschrieben ist: „Ein neues Gebot gebe ich euch, daß ihr einander liebt; wie ich euch geliebt habe, so sollt auch ihr einander lieben. Daran werden alle erkennen, daß ihr meine Jünger seid, wenn ihr Liebe habt zueinander."

Die Jünger sind tief ergriffen. Je nach Temperament und Charakter spiegelt sich das soeben Vernommene in Mimik und Körperhaltung. Vorne links kratzt ein Jünger mit seinem Messer in Gedanken versunken in die Tischdecke. Eine Dreiergruppe ist andächtig aufgestanden. Einer von ihnen stützt sich geistesabwesend auf einen Teller. Fassungslos hat sich davor der nächste weit über den Tisch gebeugt und sucht den Blickkontakt an Christus vorbei zu Petrus, der neben diesem sitzt. Ehrfürchtig hat Petrus seine Hände gefaltet. Sein Tischnachbar hat die Hand auf seine Schulter gelegt und klinkt sich bedächtig in diese staunende Runde ein. Mit dem Ellbogen bleibt er jedoch auch in Tuchfühlung mit seinem anderen Nebenmann. Am rechten Tischende diskutiert dieser intensiv über die Worte Christi. Trotz solch kleiner Grüppchen ist große Gemeinschaftlichkeit spürbar. Man fühlt sich an Raffaels Ausmalung der Stanzen im Vatikan erinnert. Dürer führt uns „eine deutsche disputá" vor (Herrbach).

Die Fenster der drei sichtbaren Wände akzentuieren die Tiefenwirkung, ohne jedoch den Blick wirklich in die Tiefe zu lenken. Der schwere Tisch teilt die Komposition wie eine Barriere. Fest und unverrückbar steht er auf massiven Balken. Der streng zentralperspektivisch angelegte Raumkasten ist schmucklos. Es dominieren ruhige Flächen, symmetrisch gesetzte Linien und Massen. Auf erzählerisches Beiwerk ist beinahe gänzlich verzichtet worden. „Die Wand ist in ihrer Eigenschaft als Wand schraffiert" (Hetzer). Nichts lenkt ab. Alles ist auf Christus und seine Abschiedsworte konzentriert. Dieser wirkt vom Geschehen losgelöst, erhaben und ruhig.

Die glänzende Schale am vorderen Bildrand ist das einzige Element im Bild, das wirklich auf der Mittelachse steht. Eigentlich ist sie für das Passahlamm bestimmt, wird hier aber leer gezeigt. Deutlich ist sie auf Christus bezogen. Dieser hat sich mit seinem Kreuzestod selbst geopfert und personifiziert das Lamm Gottes des Neuen Bundes. Christus wird so zur Metapher der Liebe, zum Sinnbild der Eucharistie. Der alles vereinende Tisch, Schauplatz dieser Wandlung wird zur Mensa, zum Altartisch. Brot und Wein im Vordergrund gemahnen an die Eucharistie, in der sie zu Leib und Blut Christi werden. Hoffnungsvoll hell ist daher auch der Ausblick aus dem runden Fenster, der seinerseits wieder das Motiv der Schale im Vordergrund aufnimmt.

AS

Lit.: Deneke, in: Kat. „Dürer", Nürnberg 1971, Nr. 396 - Kat. „Dürer", Boston, 1971, Nr. 208 f. - Hetzer, Bildkunst, 1982, S. 170 ff. - Herrbach, in: Kat. "Kunst", 1986, S. 168

72 DER PORTRAITZEICHNER, 1525

Holzschnitt aus „Vnderweysung der
messung, mit dem zirckel un[d] richtscheyt...",
Nürnberg: Hieronymus Andreae, 1525,
Bl.Q ij v., 131 x 148 mm (Bildgröße)
B 146, M 268 (a), St 201
Inv.Nr. D-XXIX/XXVIII/XXVI

Die 1525 erschienene „Vnderweysung der messung" ist das erste groß angelegte Lehrbuch der Geometrie in deutscher Sprache und auch das erste deutsche Buch zur Kunsttheorie. In seinem letzten Kapitel des vierten Buches beschreibt Dürer vier Hilfsvorrichtungen, die es dem Künstler ohne langwierige Messungen ermöglichen, ein perspektivisch richtiges Bild direkt am Objekt anzulegen. Dies geschieht mittels einer Malfläche, die direkt zwischen Auge und Gegenstand eingeschoben wird. In der ersten Ausgabe der Unterweisung, die hier ausgestellt ist, sind zwei dieser Vorschläge im Holzschnitt bildlich umgesetzt. Dürer entwirft in diesen Holzschnitten keine bloße technische Beschreibung eines Bausatzes oder gar die Gebrauchsanweisung des technischen Geräts. Er stellt die Zeichengeräte im Gebrauch dar.

Den ersten Apparat verwendet ein Portraitzeichner im zeitgenössischen Ambiente seines Ateliers, das selbst nach zentralperspektivischen Regeln konstruiert ist. Vorne hat ein Kunde auf einem würdevollen Thron Platz genommen. Sein Portrait fixiert der Maler stehend durch einen Zeichenapparat. Er bestimmt die Spitze der Sehpyramide mit einem feststellbaren Visier. Auf die hochgestellte Glasplatte, die dem Schnitt durch die Sehpyramide entspricht, wird mit Schwarzlot das auf der Glasplatte sichtbare Objekt umschrieben und dann auf Papier übertragen. Im Hintergrund ist der Vorhang eines Alkovens zurückgeschlagen und läßt das Bett des Malers sichtbar werden. Dinge des persönlichen Gebrauchs, die Kerze, Wasserglas und Kanne und sogar der umgedrehte Nachttopf künden: Hier wohnt und arbeitet ein Künstler. Er hat Aufträge und erfüllt diese mit einem Zeichenapparat! Wie zwei Entwürfe in Dresden und London zeigen, hatte Dürer schon 1514/15 diesen Zeichenapparat nach oberitalienischem Vorbild vollendet. Das Prinzip kannte bereits Leon Battista Alberti.

Dürer war für seine „kunst der messung" nicht allein auf mündliche Überlieferung angewiesen. Er konnte sogar auf deutschsprachige Veröffentlichungen zurückgreifen. Er benutzte Schriften des Regensburgers Matthäus Roriczer wie die „Geometria Deutsch" oder das „Fialenbüchlein" von Hans Schmuttermeyer. Aus solchen Exzerpten und aus eigenen Studien seiner fast dreißig Jahre langen Forschungstätigkeit stellte Albrecht Dürer in relativ kurzer Zeit ein praxisnahes Handbuch zur Ermittlung und Konstruktion geometrischer Figuren zusammen. Die Unterweisung ist in vier Bücher gegliedert. Im ersten Buch erläutert Dürer die Grundbegriffe Punkt, Linie, Fläche und Körper nach Euklid. Es folgen die krummen Linien, Schnecke, Spirale, sogar Muschel- und Spinnenlinien – etwa für Goldschmiede oder Steinmetze – und Raumkurven. Erstmals in deutscher Sprache werden Kegelschnitte dargestellt. Zu alledem sind entsprechende Anwendungen aufgeführt. Im zweiten Buch geht es um Flächen, den Winkel, die regulären Polygone, deren Zusammensetzung, Konstruktion und Umwandlung. Im dritten Buch behandelt Dürer die Körper. Er wendet seine Ergebnisse aus den beiden ersten Büchern an, zieht aber die künstlerische vor die geometrische Darstellung. Er erläutert Kegel und Pyramide, verschiedene Säulenordnungen, die Turmkonstruktion und die Sonnenuhr, bis hin zu Buchstaben in Antiqua und Fraktur. Das vierte Buch ist den dreidimensionalen Körpern gewidmet. Gestützt auf Euklid konstruiert er die fünf regelmäßigen, platonischen Körper, die sieben archimedischen Körper und zwei Körper seiner eigenen Erfindung. Anweisungen zum Falten dreidimensionaler Modelle dieser Körper folgen. Das Werk schließt mit einer ausführlichen Darstellung der wissenschaftlichen Perspektive, Licht und Schatten und der Beschreibung der Sehpyramide. AS

Lit.: Knappe, in: Kat. „Dürer", Nürnberg 1971, Nr. 640 u. Nr. 644, - Strieder, Dürer, 1996, S. 39 ff.

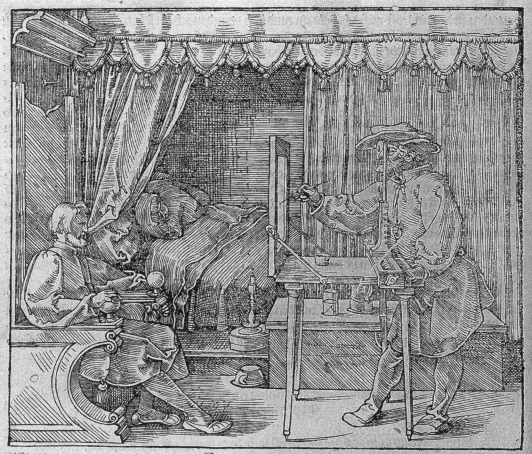

Ein andere meynung.

Vrch drey feden magſt du ein yetlich ding das du mit erzeychen kanſt in ein gemel bzingen/
auf ein dafel zůuerzeychnen/dem thů alſo.

Piſt du in einem ſal ſo ſchlag ein groſſe nadel mit einem weyten ôz die darzů gemacht iſt in
ein wand/vnd ſetz das für ein aug/dardurch zeuch einen ſtarcken faden/vnd henck vnden ein pley ge
wicht daran/darnach ſetz einen tiſch oder tafel ſo weyt von dem nadel ôz darinn der faden iſt alß du
wilt/darauf ſtell ſtet ein aufrechte ram zwerchs gegen dem nadel ôz hoch oder nider auf weliche ſey
ten du wilt/die ein türlein hab das man auf vnd zů müg than/diß thürlein ſey dein tafel darauf du
malen wilt.Darnach nagel zwen feden die als lang ſind als die aufrecht ram lang vnd pzeyt iſt oben
vnd mitten in die ram/vnd den anderen auf einer ſeyten auch mitten in die ram vnd laß ſie hangen.
Darnach mach ein eyſten langen ſteſt der zů foderſt am ſpitz ein nadel ôz hab/dareyn feden den lan
gen faden der durch das nadel ôz an der wand gezogen iſt/vnd far mit der nadel vnnd langen faden
durch die ram hinauß /vnd gib ſie einem anderen in die hand/vnd wart du der anderen zweyer feden
die an der ram hangen. Nůn bzauch diß alſo /leg ein lauten oder was dir ſunſt geſelt ſo ferz von der
ram als du wilt/vnd das ſie vnuerzuckt peleyb ſo lang du jr bedarfſt/vnd laß deinen geſellen die nadel
mit dem faden hinauß ſtrecken/auf die nôttigiſten punctē der lauten/vnd ſo oft er auf einem ſtill helt
vnnd den langen faden anſtreckt/ſo ſchlag alweg die zwen feden an der ram kreutzweyß geſtrackes
an den langen faden/vnd kleb ſie zů peden ozten mit einem wachs an die ram/vnd heyß deinen geſel
len ſeinen langen faden nach laſſen. Darnach ſchlag die türlein zů vnnd zeychen den ſelben puncten
da die feden kreutzweyß vber einander gen auf die tafel/darnach thů das türlein wider auf vnd thů

73 DER ZEICHNER DER LAUTE, 1525

*monogrammiert und datiert Holzschnitt
aus „Vnderweysung der messung, mit dem
zirckel un[d] richtscheyt...", Nürnberg:
Hieronymus Andreae, 1525, Bl.Q iij r., 132
x 182 mm (Bildgröße)
B 147, M 269 (a), K 337, St 202
Inv. Nr. D - XXIX/XXVIII/XXVI*

Der Zeichenapparat des „Zeichners der
Laute" ist Dürers eigene Erfindung. Er ist
weitaus komplizierter als der des „Zeichners
des Portraits" (Kat. Nr. 72) und bedarf eines
Helfers, erlaubt aber die genaueste Übertra-
gung des Objektes auf das Zeichenblatt.

Wir blicken in einen zentralperspektivisch angelegten Raum, der von dem großen
Zeichentisch ausgefüllt ist. Links steht der
Geselle, rechts sitzt der Maler konzentriert
auf einem Hocker. Das perspektivisch zu
zeichnende Objekt, die Laute liegt vorne
auf dem Tisch. Viele Punkte des Instruments
sind bereits auf die Zeichenfläche übertragen.
Das Ergebnis ist erstaunlich: In korrekter
perspektivischer Verkürzung ist die Laute
Punkt für Punkt zeichnerisch umrissen.

Das Auge des Zeichners vertritt ein in
die Wand eingelassener Ring. Mittels einer
hier durchgeführten, mit einem Gewicht be-
schwerten und vom Helfer gespannten Schur
kann jeder Punkt des Objektes festgelegt
werden. Zwischen Fixpunkt und Objekt ist
ein Rahmen aufgestellt, der als Koordinaten-
system dient. Der Zeichner ist gerade dabei,
mit einem horizontalen und einem vertikalen
Faden in diesem Rahmen den Schnittpunkt
zwischen Sehstrahl (Schnur) und Schnittebene
(Rahmen) festzulegen. Dann wird eine be-
wegliche Zeichenfläche in den Rahmen ge-
klappt, und der so gewonnene Punkt kann
auf dem Papier eingetragen werden.

Heute mag es erstaunen, daß Dürer in
diesem Holzschnitt als Vorführobjekt seines
Perspektivgerätes eine Laute auswählte. Doch
gerade dieses Saiteninstrument suggerierte
dem dürerzeitlichen Benutzer des Handbuchs,
daß das mit einem solchen Zeichengerät
perspektivisch angelegte Bild ebenso richtig
gestimmt sei wie die Saiten einer Laute.
Schließlich zählte die Musik neben Geometrie,
Arithmetik, Astronomie zu den vier mathematischen Künsten der antiken Geistes-

systeme. In diesen Fächern wurde die Welt
mit Maß und Zahl auf den Begriff gebracht.
Die Geometrie gab die Gestalt der sichtbaren
Maße, die Arithmetik den logischen Zusammenhang der Zahlen, die Astronomie das
System der Himmelskräfte und die Musik
die Harmonie der Töne. Für Dürer bedeutete Harmonie „meßbare" Übereinstimmung.
Deshalb sind seine Proportions- und Perspektivstudien immer auch der Musik verwandt.

Die „Underweysung" richtete sich nicht
nur an Maler, sondern ebenso an alle anderen,
„so sich das Maß gebrauchen." Im ersten
Holzschnitt des Buches „Der Portraitzeichner"
ist es das Maleratelier mit dem modischen
Kunden und dem Malermeister mit dem
Künstlerhut, das für die Funktionstüchtigkeit
und Rentabilität eines Perspektivapparates
spricht. Mit diesem Blatt will Dürer auch
den anderen Leserkreis seines Handbuches,
die Handwerker, erreichen. Gleichzeitig gelang es ihm unterschwellig, auf abstrakterer
Ebene, den eigenen Apparat dem Publikum
anzupreisen. Das eigene System ist zwar
verwickelter, der Tisch weniger handlich,
doch bringt es ein garantiert harmonisches
Ergebnis in „Einklang" mit dem Original.

In der erweiterten Ausgabe der „Underweysung", die 1538 posthum herausgegeben
wurde, sind noch zwei weitere, später ange-
fertigte Holzschnitte Dürers veröffentlicht:
„Der Zeichner der Kanne" und der „Zeichner
der nackten Frau". In dieser Fassung sind
alle Perspektivapparate bildlich umgesetzt.
Nach den Worten von Matthias Mende konnten
solche „simple(n) Gebrauchsanleitungen
zum Zeichnen ... durch ihren hohen Grad
an Anschaulichkeit zu zeitlosen Vorbildern
werden, die den Nachruhm der Apokalypse
übertrafen."

AS

Lit.: Knappe, in: Kat. „Dürer", Nürnberg 1971, Nr. 642 -
Mende, Dürer, 1976, S. 40 - Strieder, Dürer, 1996, S. 39 ff.

mit einem anderen puncten/ aber also piß das du die gantzen lauten gar an die tafel punctürst/ dann zeuch all puncten die auf der tafel von der lauten worden sind mit linien zůsamē/ so sichst du was dar auß wirt/ also magst du ander ding auch abzeychnen. Dise meynung hab ich hernach aufgerissen.

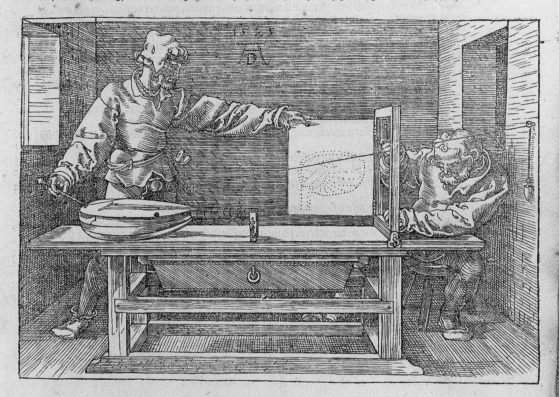

Und damit günstiger lieber Herr will ich meinem schreyben end geben/ und so mir Got genad ver leycht die bücher so ich von menschlicher proporcion vñ anderen darzů gehörend geschryben hab mit der zeyt in druck pringen/ und darpey meniglich gewarnet haben/ ob sich yemand under steen wurd mir diß außgangen büchlein wider nach zů drucken/ das ich das selb auch wider drucken will/ vñ auß lassen geen mit meren und grösserem zůsatz dañ ietz beschehen ist/ darnach mag sich ein yetlicher richtē/ Got dem Herren sey lob und eer ewigklich.

N iij

Gedruckt zů Nüremberg.
Im. 1 5 2 5. Jar.

IX. „ÖBERE EINGIESSUNGEN"

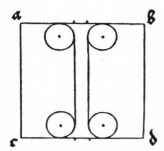

Im Nürnberg der aufkeimenden Neuzeit herrschte ein ausgesprochen wissenschaftsfreundliches Klima. Insbesondere Mathematiker, Astronomen und Geographen ließen sich deshalb in der Reichsstadt nieder. Allen voran ist Johannes Müller zu nennen. Er nannte sich nach seinem Geburtsort im unterfränkischen Königsberg Regiomontanus und wirkte von 1471 bis 1476 in Nürnberg. Mit Unterstützung einer eigens eingerichteten Sternwarte erforschte und berechnete er den Lauf des Mondes und der Planeten. Die Ephemeriden, seine praktischen Erfindungen und astronomischen Geräte trugen wesentlich zu den spektakulären Entdeckungsreisen der frühen Neuzeit bei.

Die von Regiomontanus hinterlassene Bibliothek bot dem Studium der Erd- und Himmelskunde ein reiches Feld. Vor solchem Hintergrund entstand in Nürnberg 1492 im Auftrag von drei Mitgliedern des reichsstädtischen Rates nach Angaben von Martin Behaim ein Modell der Erde als Kugel und wenig später der erste Globus. Im Kreise der Nürnberger Humanisten wurden die einschlägigen Werke antiker Autoren, allen voran die des Ptolemaeus, neu ediert. Ein hochspezialisiertes metallverarbeitendes Handwerk lieferte die notwendigen Präzisionsinstrumente zur Erd- und Himmelsvermessung. In diesem geistigen Umfeld bewegte sich auch Albrecht Dürer. Mehr und mehr nahm er Anteil an solchen astronomischen und mathematischen Fragestellungen. Persönliche Freundschaften mit einer ganzen Reihe von Gelehrten demonstrieren Dürers gesellschaftliche Emanzipation als Künstler.

Bei allem Interesse an akademisch-naturwissenschaftlichen Problemstellungen, blieben Dürers Intentionen jedoch stets auf die Anwendung in der alltäglichen Praxis ausgerichtet. Seine Anweisung zur Konstruktion von Sonnenuhren machte sich schon alleine wegen der Verwendung der von Dürer dazu eigens verfeinerten deutschen Sprache auch dem zeitgenössischen Handwerker verständlich. Die von ihm gezeichneten Karten sind zwar Kunstwerke, aber sie richteten sich vornehmlich an den Kaufmann und den Seefahrer zur praktischen Nutzanwendung.

Dürers Blick fiel jedoch konsequent nicht nur auf die unendliche Welt der Planeten und Gestirne jenseits der Erde, sondern auch auf den Mikrokosmos. Solches Bemühen deutet sich z.B. in dem Kupferstich der „Melencolia I" in Details, wie der Waage, der Sanduhr, der Glocke oder auch der Tafel mit den „magischen" Zahlen an. Messen, Zählen und Wägen sind grundlegende Voraussetzungen der empirisch arbeitenden Naturwissenschaften. Die genaue Beobachtung des Details in der Natur ist eine Aufgabenstellung, die Dürer sein ganzes Leben intensiv gepflegt hat: „Aber das leben in der natur gibt zu erkennen die warheyt diser ding", hat er selbst einmal als Forderung an den Maler formuliert. Natürlich hat Dürer solche Erfahrungen auch in der Druckgraphik genutzt.

Das deutsche Wort „Kunst" hatte ursprünglich zwei verschiedene Bedeutungen, die sich am besten in den beiden Begriffen „können" und „kennen" ausdrücken lassen. Das Wort „können" bezeichnet die (handwerkliche) Fähigkeit des Menschen bestimmte Dinge oder Wirkungen „künstlich" hervorzubringen. Kunst auf diese Weise verstanden, kann die Kunst eines Handwerkers ebenso bezeichnen, wie die Heilkunst eines Arztes. Kunst im Sinne von „kennen" setzt die Auseinandersetzung mit den wissenschaftlich-theoretischen Grundlagen voraus. Dürer hatte gefordert, daß ein guter Maler für die Ausübung seiner Kunst sowohl theoretisches „Erkennen" als auch praktisches „Können" benötigt. Dürer selbst war der erste in der spätmittelalterlichen Tradition aufgewachsene Künstler des Nordens, der sich die kunsttheoretischen Forderungen, wie sie die italienische Renaissance hervorgebracht hatte, zu eigen machte und fortentwickelte. Und doch ist für ihn alle Kunst nichts ohne die „öberen eingiessungen". Es muß offen bleiben, ob Dürer damit wirklich nur den „Einfluß der Sterne" (Panofsky) gemeint oder nicht doch seinen Glauben an die Allmacht Gottes zum Ausdruck gebracht hat.

ES

74 SONNE UND MOND, *1493*

Holzschnitt aus Hartmann Schedels
„Liber cronicarum", Nürnberg: Anton
Koberger, 12. Juli 1493, Bl. LXXVI r.,
77 x 81 mm (Bildgröße)
St. 9 f.
Inv. Nr. D - XXX

Hartman Schedels „Liber cronicarum ..." enthält außer der „Circe" (Kat. Nr. 58) mit „Sonne und Mond" wenigstens noch einen weiteren Holzschnitt, der inzwischen allgemein als Arbeit Dürers in der Werkstatt seines Nürnberger Lehrmeisters Michael Wolgemut anerkannt wird. Die beiden Himmelskörper werden mit menschlichen Gesichtern vorgestellt. Die Sonne ist en face gezeigt und von einem spitz züngelnden Strahlenkranz umgeben. Sie blickt dabei das rechts dargestellte, in eine schmale Sichel im Profil hineingeschmiegte Mondgesicht an.

Im Text der „Weltchronik" erscheinen Sonne und Mond anläßlich der Vita Alexanders d. Gr. In der deutschen Ausgabe heißt es dazu: „In disen tagen als alexander geporn ward do warden die roemer mit seltsamen wunderzeichen erschrecket. Dann man sahe die sunnen mit dem mond fechten ... im tag erschinen vil monde am himel ...". Die Art der Illustration hebt sich innerhalb des Gesamtwerks insofern ab, als üblicherweise Portraitbüsten der Hauptpersonen oder auch erzählende Motive Verwendung fanden. Die Gestirne und ihre Auswirkungen auf das Schicksal der Menschen spielen sonst kaum eine Rolle. Bezeichnenderweise wird Dürer auch mit dem Holzschnitt, der den siebten Schöpfungstag illustriert, in Verbindung gebracht (fol. 5 v.). Sladeczek spricht sich namentlich bei den vier Windgöttern auf diesem Blatt, das außer Gottvater und den „Himmelschören" auch noch eine schematisierende Darstellung der die Erde umgebenden Sphären und des Tierkreises aufweist, für Dürer als Autor aus.

Die Planetenkonjunktionen insbesondere der Jahre 1484 und 1524 haben seinerzeit eine breite öffentliche Diskussion ausgelöst. Auch Dürer hat sich im Rahmen seines Werkes immer wieder mit dem Einfluß der Sterne und ihrer Bahn am Himmel auf das Schicksal der Menschen auf Erden auseinandergesetzt. So interpretierte man zu seiner Zeit die Syphilis als eine vom Lauf der Sterne abhängige Krankheit. Dürer hat dazu 1496 die Illustration eines sehr selten gewordenen Flugblattes mit Versen des Theodoricus Ulsenius geschaffen (M 264), der bezeichnenderweise eine Sonne in seinem Wappen führte. Die Darstellung zeigt einen vor einer sparsam angedeuteten Landschaft stehenden Mann mit ausgebreiteten Armen, dessen Körper mit allen Anzeichen der „bösen Blattern" übersät ist. Der obere Teil der Darstellung zeigt den Zodiakus und die Jahreszahl 1484, aus der Paulus von Middelburg in seinem „Prognosticon" medizinische Folgerungen wie z.B. die Syphilis abgeleitet hat. Auch andere „Wunderzeichen", wie die Geburt von menschlichen oder tierischen Mißbildungen, z.B. die Sau von Landser (Dürer I, Nr. 77), wurden einerseits dem Einfluß der Planeten und andererseits als Hinweise auf kommendes Unheil interpretiert.

ES

Lit.: Sladeczek, Dürer, 1965, SS. 32 ff. und 44 - Deneke, in: Kat. „Dürer", Nürnberg 1971, S. 214 ff. und Kat. Nr. 447 - Kroll, Dürer, 1997, Kat. Nr. 10.3

75 SITZENDER ASTRONOM, 1504

*Titelholzschnitt aus „Messahalah De
Scientia Motvs Orbis", Nürnberg: Johann
Weißenburger, 1504, 125 x 102 mm
(Bildgröße)
M XVII (a), K 171, St X-44
Inv. Nr. OS 519*

Der Holzschnitt ziert das Titelblatt der
1504 bei dem Nürnberger Drucker Johann
Weissenburger besorgten Ausgabe des
„Messahalah", für die der Ingolstädter
Mathematikprofessor Johannes Stabius die
Vorrede schrieb. Das Bild zeigt den jüdischen
Astronom und Mathematiker Ma-sa-allah,
der in der Zeit um 800 wirkte, auf einem
Gelehrtenthron in freier Landschaft sitzend.
Der mit wenigen Pflanzen und Bäumen
skizzierend angedeutete nächtliche Land-
schaftshintergrund wird überstrahlt von der
hellen kreisrunden Scheibe des Vollmondes.
Der mittelalterliche Wissenschaftler wird
mit langem Bart vorgestellt. Er trägt einen
weiten Gelehrtentalar und die spitze Haube
der Juden. Als Astronom hält er eine Weltkugel
in der Hand, auf der er mit seinem Zirkel
eine Strecke abgreift. Der „Thron" des mittelalterlichen Gelehrten ist seiner Profession
entsprechend ausgebildet und symbolisiert
das Universum. Er ist dazu baldachinartig
wie von einer Armillarsphäre mit Sternen
überkuppelt, und seine Rückseite weist die
Zeichen der damals bekannten fünf Planeten
und der Sonne auf.

In der Literatur ist der Holzschnitt für
Dürer nicht unumstritten. Diskutiert werden
Wechtlin, der ältere Vischer bzw. Dürers
„Doppelgänger". Winkler hat das Blatt 1928
zunächst unter Dürers Holzschnitten aufgeführt, es jedoch später Kulmbach zugeschrieben. Meder hatte den Holzschnitt ohne
nähere Erläuterung der Dürer-Schule zugeordnet, während Kurth wieder Dürer selbst
akzeptierte. Der Nürnberger Katalog von
1971 erinnert an die spätere intensive ge-
meinsame Arbeit von Stabius und Dürer bei
den Holzschnittwerken für Kaiser Maximilian.
Er nimmt deshalb einen Entwurf aus der
Dürerwerkstatt an, „wobei die Ausführung
wahrscheinlich durch H. v. Kulmbach erfolg-
te". Walter L. Strauss hat den Holzschnitt
ebenfalls nicht als Werk Dürers anerkannt.

Selbst wenn der Holzschnitt nicht in
toto für Dürer in Anspruch genommen
werden kann, bildet er doch ein wichtiges
Beispiel für die gerade in Nürnberg zu seiner
Zeit intensiv diskutierten neuen Vorstellungen
von Himmel und Erde. Regiomontanus wirkte
von 1471 – 76 in Nürnberg. 1492 entstand in
Nürnberg nach den Angaben von Martin
Behaim eine erste plastische Darstellung
der Erde in Kugelform. Dürer war diesem
astronomischen Gelehrtenzirkel durch
persönliche Freundschaft oder geistige
Verwandschaft eng verbunden.

Auf ausgesprochen anschauliche Weise
vermittelt der Holzschnitt eine Vorstellung
von der naturwissenschaftlichen Methodik
der frühen Neuzeit. Dabei wirken die Beobachtung des Laufes der Planeten, daraus
abgeleitete Theorien und Modelle sowie
mathematisch-geometrische Berechnung
zusammen. Der von dem Astronomen gebrauchte Zirkel ist zugleich ein traditionelles
Bild schöpferischen Wirkens: Ähnlich wie
seit der Buchmalerei des frühen 13. Jahrhunderts Gott in der Gestalt eines Architekten
mit einem Zirkel vorgestellt wird, der die
Ordnung der Welt festlegt, genauso entwirft
in der frühen Neuzeit die auf dem genauen
Studium der Natur basierende Wissenschaft
mit dem Zirkel ein neues Bild der Welt.

ES

Lit.: Kat. d. Ausst. „Meister", Nürnberg 1961, Nr. 227
(m. Ang. d. ält. Lit.) - Kirchvogel/Strieder, in: Kat.
„Dürer", Nürnberg, 1971, Nr. 304

Aeris Ignis Aque & telluris qualis imago
Quis numerus spheris sideribusq̃ modus
Aurea cur toties cõmutat delia vultus
Hic Meſſala meus rite docere parat

76 DIE SECHS KNOTEN, *ca. 1506/07*

6 Holzschnitte, jeweils ca. 273 - 213 mm
B 140 - 145, M 274 - 279 (I), K 246 - 251,
St 100 - 105
Inv. Nr. D - 274-279 (Abb. D- 278)

Die sechs Blätter mit abstrakt-ornamen-talen Darstellungen zeigen kompliziert ge-schlungene Knoten, die traditionell haupt-sächlich nach ihren diversen Schilden im Mittelpunkt der Komposition unterschieden werden: Es handelt sich jeweils um Knoten mit herzförmigem Schild, rechteckigem Schild, weißer Scheibe, schwarzer Mittel-scheibe, oblongem Schildchen und einem Blatt mit sieben gleichen Geflechten.

Die „Knoten" der Sammlung Otto Schäfer gehören zu den ersten Abdrucken dieser Folge und weisen deshalb kein Monogramm auf. Erst bei späteren Abdrücken wurde Dürers Namenszeichen nachträglich hinzu-gefügt. Seine Autorschaft ist jedoch durch sein eigenes Zeugnis belegt. Während der niederländischen Reise 1521 notierte er in seinem Tagebuch: „Ich hab meister Dietrich, glaßer, ein Apocalypsin und die 6 knodn geschenckt."

Die Musterblätter folgen sechs Dar-stellungen des Leonardo da Vinci aus den 1490er Jahren. Da die frühesten bekannten Abzüge von Dürers Holzschnitten auf Papier mit venezianischem Wasserzeichen gedruckt sind, nimmt man an, daß die Schnitte in Venedig entstanden sind. Sie sind gleicher-maßen charakteristisch für Dürers Interesse an geometrischer Konstruktion wie an abstrakt-ornamentalem Linienwerk.

Eine genaue Bestimmung der Motive ist bisher nicht gelungen; vielleicht waren sie tatsächlich als Stickmuster gedacht, wie von Meder und Erwin Panofsky behauptet. Einem solchen eher pragmatischen Umgang mit den „Knoten" steht andererseits eine umfang-reiche Literatur mit unterschiedlichsten Deutungsversuchen entgegen. Man hat dar-auf hingewiesen, daß das von Dürer selbst gebrauchte Wort „Knoten" lateinisch „vincoli" heißt. Die „Knoten" seien deshalb eine An-spielung auf Leonardo da Vinci, der solche dekorativ verschlungenen Linien auch selbst immer wieder gebraucht hat. Die Ursprünge solcher Dekorationsmotive reichen bis in die islamisch geprägte Kultur des Alten Orients. Deswegen folgerte man daraus Rückschlüsse auf eine Art symbolischer Darstellung des Universums. In jedem Fall jedoch handelt es sich um künstlerisch-dekorative Ausformungen mathematischer Gesetzmäßigkeiten, die besagen, daß es für die Darstellung regelmäßiger Muster in der Fläche nur eine endliche Zahl von Möglich-keiten gibt. Jüngst hat F. T. Bach auf die Verwandtschaft der Flechtwerksornamentik der Knoten mit den Randzeichnungen Dürers zum Gebetbuch des Kaisers Maximilian hin-gewiesen.

ES

Lit.: Pignatti, in: Kat. „Dürer", Nürnberg 1971, Nr. 200 - Kat. „Dürer", Boston, 1971, Nr. 110 f. - Strieder, Dürer, o.J., Abb. 2 - Bach, Struktur, 1996, Anm. 526

197

77 MELENCOLIA I, *1514*

monogrammiert und datiert
Kupferstich, 242 x 191 mm
B 74, M 75 (II/b), S 79
Inv. Nr. D - 75 II

„Ein geflügeltes Weib, das auf einer Stufe an der Mauer sitzt, ganz tief am Boden, ganz schwer, wie jemand, der nicht bald wieder aufzustehen gedenkt. Der Kopf ruht auf dem untergestützten Arm mit der Hand, die zur Faust geschlossen ist. In der andern Hand hält sie einen Zirkel, aber nur mechanisch: sie macht nichts damit. Die Kugel, die zum Zirkel gehört rollt am Boden. Das Buch auf dem Schoß bleibt ungeöffnet. Die Haare fallen in wirren Strähnen, trotz dem zierlichen Kränzchen, und düster-starr blicken die Augen aus dem schattendunklen Antlitz. Wohin geht der Blick? Auf den großen Block? Nein, er geht darüber hinweg ins Leere. Nur die Augen wandern, der Kopf folgt nicht der Blickrichtung. Alles scheint Unmut, Dumpfheit, Erstarrung.

Aber ringsherum ist's lebendig. Ein Chaos von Dingen. Der geometrische Block steht da, groß, fast drohend, unheimlich, weil es aussieht, als ob er fallen wolle. Ein halbverhungerter Hund liegt am Boden. Die Kugel. und daneben eine Menge an Werkzeugen: Hobel, Säge, Lineal, Nägel, Zange, ein Schnürtopf zum Farbenanrühren – alles ungenützt, unordentlich zerstreut.

Was soll das heißen? Als Erklärung steht oben, den Flügeln eines fledermausähnlichen Fabeltieres eingeschrieben, das Wort: MELENCOLIA I."

Heinrich Wölfflin hat diese Beschreibung erstmals 1905 in seinem Dürer-Buch vorgelegt. Darin vermählte sich der genaue, wägende Blick des Kenners mit Formulierungen von literarischem Anspruch. Wölfflin sah in diesem Meisterstich, wie viele andere vor ihm auch, eine Anspielung auf Aristoteles, der die Melancholie vornehmlich als Eigenschaft „ernster, zum geistigen Schaffen veranlagter Naturen" herausgestellt hat. Marsilio Ficino, dessen Schriften Dürer durch den Freund Pirckheimer und den Verleger und Taufpaten Koberger bekannt gewesen sein dürften, hat sich zu den verschiedensten Formen der Melancholie ausführlich geäußert.

Der von Ficino beeinflußte Agrippa von Nettersheim unterschied in seinen Schriften drei verschiedene Arten der Melancholie: „Melancolia mentalis", „Melancolia rationalis" und „Melancolia imaginativa".

Die in dem Holzschnitt des „sitzenden Astronom" (vgl. Kat. Nr. 75) angeklungene Thematik der Entdeckung der Welt wird in dem Kupferstich der „Melancholie" weiter ausgeführt und differenziert. Handwerkliche Überlieferung und moderne, auf naturwissenschaftlichen Methoden basierende Technik, Messen, Zählen und Wägen, äußerlicher Reichtum und bittere Armut, „fliegen wollen" und es doch trotz allen Wissens nicht vermögen, diese und andere Facetten menschlicher Erfahrung fügen sich zu einem geradezu „faustischen" Motiv zusammen. Fast meint man, Dürer habe am Beginn einer in der Renaissance einsetzenden Entwicklung des scheinbaren Obsiegens der naturwissenschaftlichen Erforschung der Welt über das Gefühl deren Grenzen bereits geahnt. Es ist der Einleitungs-Monolog des Dr. Faustus in seinem Studierzimmer, das „Habe nun ach!" des an seiner Gelehrsamkeit scheiternden „Toren", der sich in dieser „Melencolia I" so früh schon ankündigt.

„Aber bei alledem ist sie in gewissem Sinne ein geistiges Selbstbildnis von Albrecht Dürer" (Panofsky). Auch Dürer hatte einmal gehofft, mit Hilfe von Zirkel und Lineal die absolute Schönheit zu fassen und war daran nach eigenem Bekunden gescheitert. Später sollte er schreiben: „Was die Geometrie betrifft, so mag sie die Wahrheit einiger Dinge beweisen, aber in Hinsicht auf andere müssen wir uns mit der menschlichen Meinung und dem menschlichen Urteil bescheiden."

ES

Lit.: Wölfflin, Dürer, 1908, S. 234 ff. - Panofsky, Dürer, 1977, S. 214 ff. Kauffmann, in: Kat. „Dürer", Nürnberg, 1971, Nr. 270 - Schuster, Melencolia, 1989 - Spall, in: Dürer I, Nr. 60 - Strieder, Dürer, o.J., S. 258 f. - Boorsch, in: Kat. „Print", 1997, S. 36 f.

199

78 Die südliche Halbkugel des Himmels, 1515

signiert und datiert
Holzschnitt, 610 x 460 mm
B 152, M 259 (II), K 296, St 172
Inv. Nr. D - 259

Die Holzschnittkarte trägt links unten ein Band mit der Inschrift: „Ioann Stabius ordinauit / Conradus Heinfogel stellas / posuit / Albertus Durer imaginibus / circumscripsit". Darunter befinden sich die Wappen der drei Genannten. Gemeinsam mit der Karte der nördlichen Halbkugel des Himmels in der folgenden Kat. Nr. 79 wurde der Holzschnitt von Johann Stabius bei Dürer in Auftrag gegeben („ordinavit"). Die notwendigen astronomischen Berechnungen bzw. Unterlagen zur Anordnung der Sterne lieferte Konrad Heinfogel („stellas posuit"). Dürer schuf die Umzeichnungen der Sternbilder („imaginibus circumscripsit").

Die Druckstöcke für beide Holzschnitte haben sich im Berliner Kupferstichkabinett erhalten. Einer Gepflogenheit der Zeit folgend, widmete man die Holzschnitte einem mächtigen Schutzherrn, Kardinal Lang von Wellenburg, Erzbischof von Salzburg, dessen Wappen links oben eingezeichnet ist. Rechts oben wird in einem Rundfeld diese Widmung noch einmal in schriftlicher Form wiederholt und rechts unten befindet sich das kaiserliche Schutzprivileg.

Der Astronom Heinfogel stützte sich bei seiner Arbeit auf das Sternverzeichnis des Regiomontanus von 1474, möglicherweise sogar auf dessen verschollene Himmelskarte. Unmittelbares Vorbild der beiden Holzschnittkarten von 1515 sind zwei Konrad Heinfogel und Sebastian Sprenz zugeschriebene, teilweise bereits damals vermutlich mit Unterstützung Dürers gefertigte Federzeichnungen von 1503 im Germanischen Nationalmuseum Nürnberg. Die Holzschnitte weisen jedoch gegenüber diesen Zeichnungen veränderte Stellungen der Sterne auf, die sich auf das Jahr 1499 bzw. 1500 beziehen. Die Holzschnitte erfassen im Unterschied zu modernen Projektionsmethoden die beiden Halbkugeln nicht beiderseits des Äquators, sondern der Ekliptik.

Beide Himmelskarten sind wesentliche Zeugnisse des Nürnberger Frühhumanismus und seiner Auseinandersetzung mit Fragen der Astronomie. Zugleich belegen sie, zumal unter Berücksichtigung der (Vor-) Zeichnungen von 1503, Dürers ungebrochenes Interesse an Fragen der Himmelskunde seit seiner Frühzeit. Im gleichen Jahr wie die beiden Himmelskarten riß Dürer ebenfalls im Auftrag von Stabius eine erneut Kardinal Lang von Wellenburg gewidmete Weltkarte der östlichen Hemisphäre (M 261). Von dieser Karte existieren jedoch nur Abdrücke, die Adam von Bartsch 1781 von den in Wien erhaltenen originalen vier Druckstöcken hatte anfertigen lassen. Es handelt sich dabei um die zentralperspektivische Projektion der Erdkugel mit Darstellung der damals bekannten Landflächen, Flüsse und Berge.

ES

Lit.: Kirchvogel/ Strieder, in: Kat. „Dürer", Nürnberg, 1971, Nrn. 308 und 310 - Strieder, Dürer, o.J., S. 56 ff. und S. 358 (Harnest).

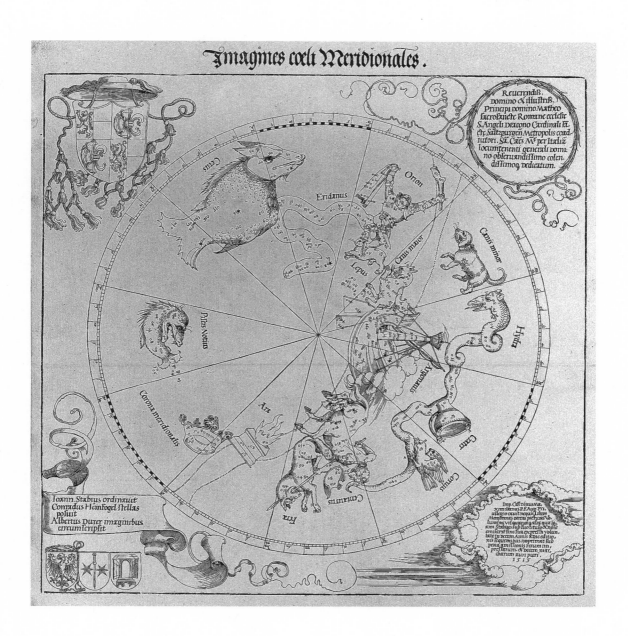

79 Die nördliche Halbkugel des Himmels, *ca. 1515*

Holzschnitt; 613 x 460 mm
B 151, M 260 (I), K 295, St 171
Inv. Nr. D - 260

Die Karte des nördlichen Sternhimmels, die hier im seltenen ersten Zustand ohne Monogramm vorliegt, bietet in dichter Folge die einzelnen Sternzeichen bzw. die von Dürer daraus abgeleiteten Umzeichnungen. Sie werden „gerahmt" von den zwölf Zeichen des Tierkreises. In den verbleibenden Zwickeln der Karten befinden sich diesmal keine Signaturen, Widmungen oder Schutzprivilegien, sondern die Darstellungen von vier Astronomen: Aratus Cilix, Ptolemaeus Aegyptus, Azophi Arabus (Addorrhaman Al-Suphi) und M. Manlius Romanus (von links oben nach rechts dem Zodiakus entgegen).

In den Bildern der Sterne bzw. der Tierkreiszeichen konnte Dürer, bei aller notwendigen Bindung an die Figur der Sternzeichen, seiner schöpferischen Phantasie freien Lauf lassen. Bei näherer Betrachtung offenbaren die einzelnen Bilder durchaus die formgebende Kraft Dürers im Zenit seines Schaffens. Dürer reiht nicht bloß Zeichen aneinander, sondern vermag seinen Sternenbildern so etwas wie „Persönlichkeit" zu verleihen. Bei dem „Stier" am oberen Bildrand mag man wegen seiner Körperhaltung unwillkürlich die Europa ergänzen, auch wenn diese bei den Tierkreiszeichen fehl am Platze ist.

Natürlich, möchte man sagen, bleibt Dürer auch bei diesen Sternkarten stets ein „Erzähler". Man sehe sich beispielsweise den „Krebs" daraufhin an, wie er den völlig verdutzten „Löwen" an der Nase kitzelt. In ihrer Erscheinung sind diese Figuren treffliche Exponenten des „dekorativen Stils" (Panofsky), der Dürers Schaffen in der Mitte des 2. Jahrzehnts des 16. Jahrhunderts kennzeichnet. Dennoch sind solche Beobachtungen angesichts der astronomischen Fragestellungen allenfalls marginal. Im Mittelpunkt des Interesses steht die richtige Position der einzelnen Sterne und Sternzeichen am Himmel. Bemerkenswert ist dabei, daß der „Künstler" Albrecht Dürer mit Wappen und Namen gleichberechtigt neben den Hauptvertretern der gelehrten und geistlichen Welt der Renaissance erscheint.

ES

Lit.: vgl. die Angaben in Kat. Nr. 78

80 DIE ARMILLARSPHÄRE, *ca. 1524*

Holzschnitt, aus „Clavdii Ptolemaei
Geographicae Enarrationes Libri Octo",
Straßburg: Johann Grüninger, 1525,
Bl. 69 v., 267 x 264 mm (Bildgröße)
M 262, K 333, St. 200
Inv. Nr. OS 587

Der Holzschnitt der Armillarsphäre zeigt die Erdkugel, umgeben von sieben Ringen und zwölf Windgöttern. Es handelt sich dabei um eine „schematische Ideal-konstruktion der am Himmel gedachten Kreise, wie Horizont, Meridian, Ekliptik, Wendekreise und Polarkreise, nach ptolemäischer Anschauung mit der Erde in der Mitte". (Kirchvogel/Strieder)

Seit der Antike sind Armillarsphären bekannte Geräte. Sie bestehen aus festen und drehbaren Ringen mit Gradteilung, die die Bezugskreise der verschiedenen Koordinatensysteme des Himmels darstellen. Solche Apparate wurden vor allem zur Bestimmung der Positionen der Gestirne verwendet. Gerade Nürnberg war ein Zentrum der Herstellung hervorragender Präzisionsinstrumente zur Vermessung der Erde und des Himmels.

Albrecht Dürer hat in seinem theoretischen Werk Anleitungen für den Bau einer ganzen Reihe solcher Instrumente und Geräte gegeben. In der 1525 erschienenen „Vnderweysung der messung" beispielsweise finden sich Holzschnitte mit Konstruktions-entwürfen für verschiedene Sonnenuhren zu „steinmetzen, maleren vnd schreyneren nutz". In der Albertina in Wien wird die Kopie einer Zeichnung Dürers mit einem Ellipsenzirkel aufbewahrt, den der Künstler möglicherweise für einen Nürnberger Zirkel-macher entworfen hat.

Die Armillarsphäre bildet eine der Illustrationen zu der von dem Nürnberger Humanisten und Dürer-Freund Willibald Pirckheimer revidierten und um Korrekturen des Johannes Regiomontanus erweiterten lateinischen Übersetzung der „Kosmographie" des Claudius Ptolemaeus. Neben 27 Holz-schnitt-Karten als Nachdrucke der Straßburger Ptolemaeus-Ausgabe von 1513 enthält die Ausgabe von 1525 außerdem 24 neue Karten.

Dürers Autorschaft an der Armillarsphäre ist durch zwei Briefe des kaiserlichen Architekten und Mathematikers Johann Tscherte belegt, der Dürer ausdrücklich als deren Zeichner benennt. Kritiker dieser Zuschreibung verweisen auf einen Brief Pirckheimers an Grüninger vom 10. März 1525, in welchem Pirckheimer von dem abfälligen Urteil Dürers über die Illustrationen in diesem Werk berichtet. Möglicherweise bezieht sich jedoch Dürers Kritik auf die „alten" Karten von 1513. Auch wenn Panofsky Dürers Autorschaft als „offene Frage" be-zeichnete, hat sich die Zuschreibung an Dürer in der Literatur inzwischen durchge-setzt.

ES

Lit.: Bassermann-Jordan, Uhren, 1926, S. 31 ff. -
Meder, Ellipsenzirkel, 1936, S. 4 ff. - Kirchvogel /
Strieder, in: Kat. „Dürer", Nürnberg, 1971, Nrn. 306,
325 und 330 - Lindgren, in: Müller, „Copernicus",
1993, Kat. Nr. 105

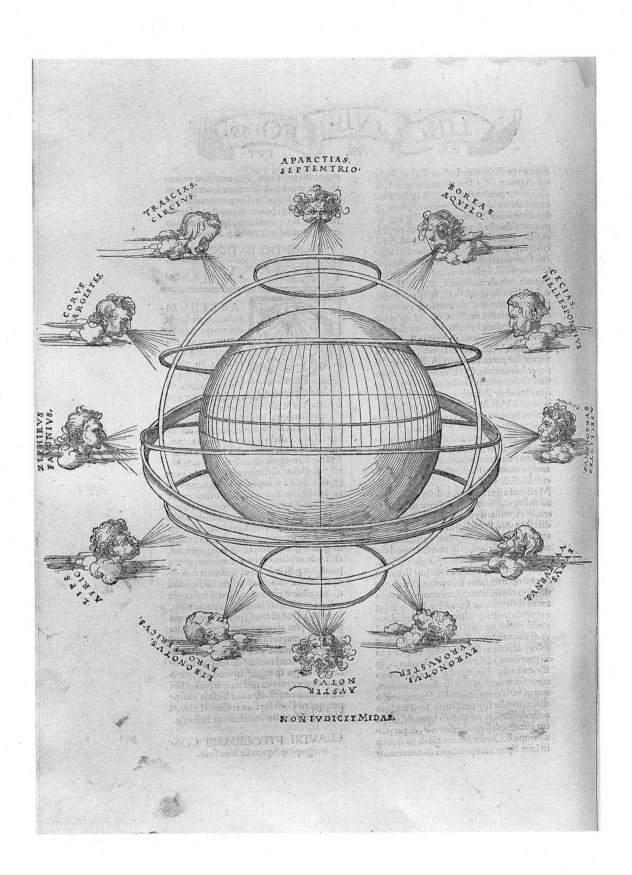

APARCTIAS.
SEPTEMTRIO.

TRASCIAS.
CIRCIVS.

BOREAS
AQVILO.

CORVS.
ARGESTES.

CECIAS.
HELLESPONTIVS.

ZEPHIRVS.
FAVONIVS.

APELIOTIS.
SVBSOLANVS.

VVLTVRNVS.
EVRVS.

LIPS.
AFRICVS.

LIBONOTVS.
EVROAVSTER.

LIBONOTVS.
EVROAVSTER.

AVSTER
NOTVS.

NON IVDICET MIDAS.

ABGEKÜRZT ZITIERTE LITERATUR

I. WERKNACHWEISE

B = Bartsch, Adam von: Le Peintre-Graveur, Bd. VII, Wien 1808

B VI = Bartsch, Adam von: Le Peintre-Graveur, Bd. VI, Wien 1808

Dürer I = Schneider, Erich / Spall, Anna (Bearb.): Kat. d. Ausst. "Dürer als Erzähler", Schweinfurt 1995

K = Kurth, Willy: Albrecht Dürer. Sämtliche Holzschnitte, München 1927

M = Meder, Joseph: Dürer-Katalog, Wien 1932

S = Strauss, Walter L.: The complete Engravings, Etchings and Drypoints of Albrecht Dürer, New York 1972

St = Strauss, Walter L.: Albrecht Dürer, Woodcuts and Woodblocks, New York 1980

W = Winkler, Friedrich: Die Zeichnungen Albrecht Dürers, 4 Bde., Berlin 1936 - 1939

II. LITERATUR

Alberti, Leon Battista: Della pittura. Originaltext und Übersetzung der "Drei Bücher über die Malerei", Hubert Janitschek (Hg.). In: Alberti. Kleinere kunsttheoretische Schriften, Wien 1877, S. 45 - 163.

Alberti, Leon Battista: Zehn Bücher über die Baukunst, dt. Übers. von Max Theuer, Wien, Leipzig 1912

Anzelewsky, Fedja: Pflanzen und Tiere im Werk Dürers. Naturstudium und Symbolik. In: Jahrbuch der kunsthistorischen Sammlungen in Wien, 46/47, 1986/87 (erschienen 1989), S. 33 - 42.

Appuhn, Horst: Die drei großen Bücher von Albrecht Dürer, Dortmund 1979

Appuhn, Horst: Die kleine Passion von Albrecht Dürer, Dortmund 1985

Appuhn-Radthe, Sybille: Fortuna Bifrons. Zu einem mittelalterlichen Bildtyp und dessen Nachleben in der Ikonographie Albrecht Dürers. In: Das Mittelalter, 1, 1996, S. 129 - 148.

Arndt, Karl: Dürer als Erzähler. Beobachtungen zu einem Blatt der Apokalypse. In: Anzeiger des Germanischen Nationalmuseums 1971/72, S. 48 - 60.

Bach, Friedrich Teja: Struktur und Erscheinung. Untersuchungen zu Dürers graphischer Kunst, Berlin 1996

Barocchi, Paolo: Scritti d'arte del Cinquecento, Mailand 1971

Bartrum, Giulia: German Renaissance Prints 1490 - 1550, London 1995

Bassermann-Jordan, E. v.: Alte Uhren und ihre Meister, Leipzig 1926

Bauer, Hermann: Die Bedeutung des gedruckten Bildes bei Albrecht Dürer. In: Albrecht Dürer. Kunst einer Zeitenwende. Herbert Schade (Hg.), Regensburg 1971

Beenken, Hermann: Dürers früheste Passionsholzschnitte. In: Zeitschrift für bildende Kunst, 61, 1927/28, SS. 349-357 u. 375-383.

Behling, Lottlisa: Zur Ikonographie einiger Pflanzendarstellungen von Dürer. In: Jahrbuch der kunsthistorischen Sammlungen in Wien, 46/47, 1986/87 (erschienen 1989), S. 43 - 56.

Benker, Gertrud: Christophorus, Patron der Schiffer, Fuhrleute und Kraftfahrer. Legende, Verehrung, Symbol, München 1975

Białostocki, Jan: The Renaissance Concept of Nature and Antiquity. In: Studies in Western Art. Akten des 20. Internationalen Kongresses der Kunstgeschichte, Princeton 1963, II (The Renaissance and Mannerism), S. 19 - 30.

Boehm, Gottfried: Die Kunst Albrecht Dürers und die Metaphysik der frühen Neuzeit (zur „Melencolia" und dem „Geist der Schwere"). In: Studien zur Perspektivität. Philosophie und Kunst in der Frühen Neuzeit. Heidelberger Forschungen 13, Heidelberg 1969, S. 65 - 72.

Bonicatti, Maurizio: Dürers Verhältnis zum Venezianischen Humanismus. In: Albrecht Dürer. Kunst im Aufbruch. Vorträge der kunstwissenschaftlichen Tagung mit internationaler Beteiligung zum 500. Geburtstag von Albrecht Dürer, E. Ullmann (Hg.), Leipzig 1972, S. 143 - 170.

David, Harry: Zum Problem der Dürerschen Pferdekonstruktion. In: Repertorium für Kunstwissenschaft, 33, 1910, S. 310 - 317.

Degenhart, Bernhard: Ein Beitrag zu den Zeichnungen Gentile und Giovanni Bellinis und Dürers erstem Aufenthalt in Venedig. In: Jahrbuch der Preußischen Kunstsammlungen, 61, 1940, S. 37 - 47.

Dittmann, Lorenz: Rezension zu Herrmann Fiore 1972. In: Zeitschrift für Kunstgeschichte, 37, 1974, S. 179 - 183.

Dittmann, Lorenz: Über das Verhältnis von Zeitstruktur und Farbgestaltung in Werken der Malerei. In: Festschrift für Wolfgang Braunfels, F. Piel/J. Traeger (Hgg.), Tübingen 1977, S. 93 - 109.

Dolce, Lodovico: Aretino oder der Dialog über die Malerei, nach der Ausgabe vom Jahre 1557 aus dem Italienischen übersetzt von Cajetan Cerri. In: Quellenschriften für Kunstgeschichte und Kunsttechnik des Mittelalters und der Renaissance, Bd. 2, Wien 1871

Dornhaus, Elke: Methoden der Kunstbetrachtung, Hannover 1981

Eberle, Matthias: Individuum und Landschaft. Zur Entstehung und Entwicklung der Landschaftsmalerei. Kunstwissenschaftliche Untersuchungen des Ulmer Vereins, Verband für Kunst- und Kulturwissenschaften, Bd. 8, Gießen 1980

Edgerton, Samuel Y.: From Mental Matrix to Mappamundi to Christian Empire. The Heritage of Ptolemaic Cartography in the Renaissance. In: Art and Cartography, David Woodward (Hg.), Chicago, London 1987, S. 10 - 50.

Eisler, Colin : Dürer's Animals, Washington, London 1991

Eisler, Colin : Dürers Arche Noah. Tiere und Fabelwesen im Werk von Albrecht Dürer, München 1996

Eye, August von: Leben und Wirken Dürers, Nördlingen 1869

Fechner, Renate: Natur als Landschaft. Zur Entstehung der ästhetischen Landschaft, Frankfurt am Main, Bern, New York 1986

Flechsig, Eduard: Albrecht Dürer, sein Leben und seine künstlerische Entwicklung, Bd. I, Berlin 1928

Frey, Dagobert: Gotik und Renaissance als Grundlagen der modernen Weltanschauung, Augsburg 1929

Gombrich, Ernst H.: Kunst und Illusion. Zur Psychologie der bildlichen Darstellung, Köln 1967

Grote, Ludwig: "Hier bin ich ein Herr." Dürer in Venedig, München 1956

Grote, Ludwig: Vom Handwerker zum Künstler. Das gesellschaftliche Ansehen Albrecht Dürers. In: Festschrift für Hans Liermann zum 70. Geburtstag, Erlangen 1964. Erlanger Forschungen, Reihe A, Geisteswissenschaften, Bd. 16, S. 26 - 47.

Grote, Ludwig: Albrecht Dürer, Genf 1965

Hamann, Günther: Albrecht Dürers Erd- und Himmelskarten. In: Albrecht Dürers Umwelt. Festschrift zum 500. Geburtstag Albrecht Dürers am 21. Mai 1971, Nürnberg 1971, S. 152 - 177.

Harnest, Joseph: Theorie und Ausführung in der perspektivischen Raumdarstellung Albrecht Dürers. In: Festschrift Luitpold Dussler, München, Berlin 1972, S. 189 -204.

Harnest, Joseph: Dürer und die Perspektive. In: Peter Strieder, Dürer, Königstein i.T., 1980, S. 347 - 360.

Hediger, Heini: Ein Nashorn mit Dürer-Hörnlein. In: Der Zoologische Garten, 39, 1970, S.101ff.

Heidrich, Ernst: Chronologie des Dürerschen Marienlebens. In: Repertorium für Kunstwissenschaft, 29, 1906, S. 254 - 241.

Herrbach, Brigitte: s.a. Hubala, Erich

Herrmann Fiore, Kristina: Dürers Landschaftsaquarelle. Ihre kunstgeschichtliche Stellung und Eigenart als farbige Landschaftsbilder. Kieler Kunsthistorische Studien 1, Frankfurt am Main 1972

Hetzer, Theodor: Die Bildkunst Dürers. Schriften Theodor Hetzers, Bd. 2, Berthold, Gertrude (Hg.), Mittenwald, Stuttgart 1982

Hetzer, Theodor: Deutsche Maler des 15. und 16. Jahrhunderts (1935/36). In: Ders.: Das Ornamentale und die Gestalt, Berthold, Gertrude (Hg.), Stuttgart 1987, S. 309 - 391.

Hofmann, Joseph E.: Dürers Verhältnis zur Mathematik. In: Albrecht Dürers Umwelt, Nürnberg 1971, S. 132 - 151.

Holländer, Hans: Die Kugel der Fortuna. In: Das Mittelalter. Perspektiven mediävistischer Forschung, Zeitschrift des Mediävistenverbandes, Bd. 1, 1996, S. 149 - 167.

Holzinger, Ernst: Hat Dürer den Basler Hieronymus selbst geschnitten? In: Mitteilungen der Gesellschaft für vervielfältigende Kunst, 1928, S. 17 - 20.

Holzinger, Ernst: Von Körper und Raum bei Dürer und Grünewald. In: De artibus opuscula. Essays in Honor of Erwin Panofsky, New York 1961, S. 238 - 253.

Hoppe-Sailer, Richard: Das 'Große Rasenstück'. Zum Verhältnis von Natur und Kunst bei Albrecht Dürer. In: Studien zu Renaissance und Barock. Manfred Wundram zum 60. Geburtstag, M. Hesse (Hg.), Frankfurt/Main u.a. 1986, S. 35-64.

Hubala, Erich/Herrbach, Brigitte: Kat. d. Ausst. "Kunst und Können. Drei graphische Techniken und ihre Meister. Schongauer, Kupferstiche, Dürer, Holzschnitte, Rembrandt, Radierungen, aus der Sammlung Otto Schäfer, Schweinfurt," Würzburg, Schweinfurt 1986

Hutchison, Jane C.: Albrecht Dürer. A Biography, Princeton 1990,

Jacobus de Voragine: Die Legenda aurea des Jacobus de Voragine. Aus dem Lateinischen übersetzt von Richard Benz, Heidelberg 1979

Janowitz, Günther J.: Leonardo da Vinci - Brunelleschi - Dürer. Ihre Auseinandersetzung mit der Zentralperspektive, Einhausen 1986

Janson, Horst W.: The "Image made by chance" in Renaissance Thought. In: De artibus opuscula XL. Essays in honor of Erwin Panofsky, M. Meiss (Hg.), 2 Bde., New York 1961, I, S. 254-266.

Jenni, Ulrike: Vorstufen zu Dürers Tier- und Pflanzenstudien. Naturerfahrung aus bildnerischen Vorlagen und eigener Anschauung. In: Jahrbuch der kunsthistorischen Sammlungen in Wien, 46/47, 1986/87 (erschienen 1989), S. 23 - 31.

Juraschek, Franz von: Das Rätsel in Dürers Gottesschau. Die Holzschnittapokalypse und Nikolaus von Cues, Salzburg 1955

Juraschek, Franz von: Der Todsündendrache in Dürers Apokalypse. In: Jahrbuch der Preußischen Kunstsammlungen, 58, 1937, S. 189 - 194.

Jürgens, Klaus H.: Zu einigen Holzschnitten im Salus Animae von 1503. In: Anzeiger des Germanischen Nationalmuseums 1969, S. 67 - 74.

Kamphausen, Alfred: Die Darstellung des Ungreifbaren, des Raums. In: Ders.: Vom Sehen und Schauen, S. 37 - 43.

Kauffmann, Hans: Albrecht Dürers rhythmische Kunst, Leipzig 1924

Kat. d. Ausst. "Meister um Albrecht Dürer", Nürnberg, Germanisches Nationalmuseum, 1961

Kat d. Ausst. "Albrecht Dürer. Das graphische Werk", Frankfurt, Städelsches Kunstinstitut, 1971

Kat. d. Ausst. "Albrecht Dürer, 1471 - 1971", Nürnberg, Germanisches Nationalmuseum, 1971

Kat. d. Ausst. "Vorbild Dürer", Nürnberg, Germanisches Nationalmuseum, 1978

Kat. d. Ausst. „Oberrheinische Buchillustration 2. Basler Buchillustration 1500-1545", Basel, Universitätsbibliothek, 1984

Kat. d. Ausst. „Focus Behaim Globus", 2 Bde., Nürnberg, Germanisches Nationalmuseum, 1992

Kat. d. Ausst. „Albrecht Dürer. Das Marienleben", Coburg, Kunstsammlungen der Veste, 1995

Kat. d. Ausst. „Realism and Invention in the Prints of Albrecht Dürer", Durham, University of New Hampshire, The Art Gallery, 1995

Kat. d. Ausst. „Dürer - Holbein - Grünewald. Meisterzeichnungen der deutschen Renaissance aus Berlin und Basel", Basel, Kupferstichkabinett und Berlin, Kupferstichkabinett, 1997

Kat. d. Ausst. „The Print in the North. The Age of Albrecht Dürer and Lucas van Leyden", New York, Metropolitan Museum of Art, 1997

Keil, Robert: Zu Dürers frühen Proportionszeichnungen des menschlichen Körpers. In: Pantheon, 43, 1985, S. 54 - 61.

Kemp, Wolfgang: Die Räume der Maler. Zur Bilderzählung seit Giotto, München 1996

Killermann, Sebastian: A. Dürers Pflanzen- und Tierzeichnungen und ihre Bedeutung für die Naturgeschichte, Studien zur Deutschen Kunstgeschichte 119, Straßburg 1910

Knappe, Karl-Adolf: Tradition und Neuschöpfung im religiösen Werk Dürers. In: Albrecht Dürer. Kunst einer Zeitenwende, Herbert Schade (Hg.), Regensburg 1973, S. 56 - 83.

Koerner, Joseph Leo: The Moment of Self-Portraiture in German Renaissance Art, Chicago, London (1993) 1996

Koreny, Fritz: Albrecht Dürer und die Tier- und Pflanzenstudien der Renaissance, München 1985

Koreny, Fritz: Tier- und Pflanzenstudien von Albrecht Dürer. In: Albrecht Dürer. Über den sichtbaren Beginn der Neuzeit, Detelef Hoffmann/Karl Ermert (Hgg.), Rehburg, Loccum 1986, S. 7 - 20.

Krüger, Peter: Dürers Apokalypse. Zur poetischen Struktur einer Bilderzählung in der Renaissance, Gratia. Bamberger Schriften zur Renaissanceforschung, Wiesbaden 1996

Landau, David u. Parshall, Peter: The Renaissance Print. 1470 - 1550, New Haven, London 1994

Leber, Hermann: Dürers Landschaftsaquarelle. Topographie und Genese, Hildesheim, Zürich, New York 1988

Meder, Joseph: Dürers Ellipsenzirkel. In: Zeitschrift des deutschen Vereins für Kunstwissenschaft, 3, 1936, S. 4 ff.

Mende, Matthias: Albrecht Dürer. Zum Leben. Zum Holzschnittwerk, München 1976

Mende, Matthias: Kat. d. Ausstellung „Mit Zirkel und Richtscheid. Albrecht Dürers Unterweisung der Messung." Dürer-Haus Nürnberg, 1986

Mende, Matthias: Dürer als Graphiker - Der frühe Ruhm. In: „Kat. d. Ausst. A la croisé des chemins: regard sur

œuvre gravé d´Albrecht Dürer", Galerie d´Art Municipale, Luxemburg 1991

Mielke, Hans: Albrecht Dürer. 50 Meisterzeichnungen aus dem Berliner Kupferstichkabinett, Berlin 1991

Möseneder, Karl: Blickende Dinge. Anthropomorphes bei Albrecht Dürer. In: Pantheon, 44, 1986, S. 15 - 23.

Müller, Uwe (Hg.): Kat. d. Ausst. "450 Jahre Copernicus `De revolutionibus´. Astronomische und mathematische Bücher aus Schweinfurter Bibliotheken", Schweinfurt 1993

Müller-Doohm, Stefan: Zur Genese neuzeitlicher Subjektivität. In: Loccumer Protokolle, 14, 1986, S. 21 - 42.

Musper, Theodor: Dürers Zeichnungen im Lichte seiner Theorie. In: Pantheon, 11, 1938, S. 103-110,

Panofsky, Erwin: Dürers Kunsttheorie, vornehmlich im Verhältnis zur Kunsttheorie der Italiener, Berlin 1915

Panofsky, Erwin: Hans Kauffmann. Dürers rhythmische Kunst. In: Jahrbuch für Kunstwissenschaft, 1926, S. 136-192.

Panofsky, Erwin: The Life and Art of Albrecht Dürer, 2 Bde., Princeton (1943) 1948

Panofsky, Erwin: Die Perspektive als symbolische Form. In: Ders.: Aufsätze zu Grundfragen der Kunstwissenschaft, Hariolf Oberer / Egon Verheyen (Hgg.), Berlin 1964, S. 99 - 167.

Panofsky, Erwin: Das Leben und die Kunst Albrecht Dürers. Ins Deutsche übersetzt von Lise Lotte Möller, München 1977

Pass, Günther: Dürer und die wissenschaftliche Tierdarstellung der Renaissance. In: Jahrbuch der kunsthistorischen Sammlungen in Wien, 46/47, 1986/87, (erschienen 1989), S. 57 - 67

Perlove, Shelley (Hg.): Renaissance, Reform, Reflections. In: The Age of Dürer, Brueghel, and Rembrandt. Master Prints from the Albion College Collection, University of Michigan-Dearborn 1994

Perrig, Alexander: Der Löwe des Villard de Honnecourt. Überlegungen zum Thema "Kunst und Wissenschaft". In: Musagetes. Festschrift für Wolfgang Prinz zu seinem 60. Geburtstag am 5. Februar 1989, R.G. Kecks (Hg.), Frankfurter Forschungen zur Kunst, 17, Berlin 1991, S. 105 - 121.

Piel, Friedrich: Albrecht Dürer. Sämtliche Holzschnitte, Darmstadt 1968

Ptolemäus: Geographia, Karl Müller (Hg.), o.O. 1906

Rapke, Karl: Die Perspektive und Architektur auf den Dürer´schen Handzeichnungen, Holzschnitten, Kupferstichen und Gemälden. Studien zur Deutschen Kunstgeschichte 39, (Straßburg 1902) Nendeln/Liechtenstein 1979

Rebel, Ernst: Albrecht Dürer. Maler und Humanist, München 1996

Reitzenstein, Alexander von: "Etliche vnderricht zu befestigung der Stett, Schloß vnd flecken." Albrecht Dürers Befestigungslehre. In: Albrecht Dürers Umwelt.

Festschrift zum 500 Geburtstag Albrecht Dürers am 21. Mai 1971, Nürnber 1971, S. 178 ff.

Ring, Grete: St. Jerome extracting the thorn from the lions foot. In: Art Bulletin, 27, 1945, S. 188-194.

Ritter, Joachim: Landschaft. Zur Funktion des Ästhetischen in der Modernen Gesellschaft, Schriften der Gesellschaft zur Förderung der Westfälischen Wilhelms-Universität zu Münster 54, Münster 1963

Rupprich, Hans: Albrecht Dürers schriftlicher Nachlaß, 3 Bde., Berlin 1956 - 1969

Rupprich, Hans: Dürer und Pirckheimer. Geschichte einer Freundschaft. In: Albrecht Dürers Umwelt, Nürnberg 1971, S. 78-100.

Schneider, Erich / Spall, Anna (Bearb.): Kat. d. Ausst. "Dürer als Erzähler", Schweinfurt 1995

Schröder, Eberhard: Dürer. Kunst und Geometrie, Dürers künstlerisches Schaffen aus der Sicht seiner „Unterweysung", Basel, Boston, Stuttgart 1980

Schulz, Jürgen: Jacopo de' Barbari's View of Venice. Map Making, City Views, and Moralized Geography Before the Year 1500. In: Art Bulletin, 60, 1978, S. 425 - 474.

Schuster, Peter-Klaus: Melencolia I. Dürers Denkbild, Berlin 1991

Sladeczek, Leonhard: Albrecht Dürer und die Illustrationen zur Schedelchronik, Baden-Baden, Straßburg 1965

Spall, Anna: s.a. Schneider, Erich

Strauss, Walter L.: Albrecht Dürer - Woodcuts and Woodblocks, New York 1980

Strauss, Walter L.: The intaglio prints of Albrecht Dürer. Engravings, etchings & drypoints, New York 1981

Strieder, Peter: Die Malerei und Graphik der Dürerzeit in Franken. Literatur von 1945 bis 1962. In: Zeitschrift für Kunstgeschichte, 26, 1963, S. 169 - 178.

Strieder, Peter: Dürer, Bechtermünz Verlag, o.O. o.J. (1996)

Strümpell, Anna: Hieronymus im Gehäuse. Dürer und Dürernachfolge. In: Marburger Jahrbuch für Kunstwissenschaften, 2, 1925/26, S. 222 - 232.

Troyen, Carol L.: Dürers Life of the Virgin, New Haven, Yale University Ph.D. 1979

Trux, Elisabeth M.: Untersuchungen zu den Tierstudien Albrecht Dürers, Würzburg 1993

Vasari, Giorgio: Le vite de' più eccellenti pittori, scultori ed architettori, G. Milanesi (Hg.), 8 Bde. (1880), Florenz 1978-1982

Veltman, Kim: Ptolemy and the Origins of Linear Perspective. In: La Prospettiva Rinascimentale, Marisa Dalai Emiliani (Hg.), Florenz 1980, S. 403 - 407.

Vitruvius Pollio, Marcus: Zehn Bücher über die Architektur, J. Prestel (Hg. und Übers.), Straßburg 1902

Volbach, W. F.: Der heilige Georg, Straßburg 1917
Waetzold, Wilhelm: Dürers Befestigungslehre, Berlin 1916

Wilhelmy, Petra: Studien zur Zeitgestaltung im Werk Albrecht Dürers, Frankfurt/Main u.a. 1995

Winkler, Bernhard Gerhard: Die Sonette des B. Chelidonius zu A. Dürers Marienleben und ihr Verhältnis zum Marienleben des Kartäusers Philipp, Wien Diss. 1960

Winkler, Friedrich: Dürer und die Illustration zum Narrenschiff. Die Basler und Straßburger Arbeiten des Künstlers und der altdeutsche Holzschnitt, Berlin 1951

Winkler, Friedrich: Albrecht Dürer. Leben und Werk, Berlin 1957

Winzinger, Franz: Dürer und Leonardo. In: Pantheon, 29, 1971, S. 3 - 21.

Wölfflin, Heinrich: Die Kunst Albrecht Dürers, München (1905) 1908

Wölfflin, Heinrich: Die Kunst Albrecht Dürers, 9. Aufl., München 1984

Wuttke, Dieter: Unbekannte Celtis-Epigramme zum Lobe Dürers. In: Zeitschrift für Kunstgeschichte, 30, 1967, S. 321 - 325.

Wuttke, Dieter: Humanismus als integrative Kraft. Die Philosophie des deutschen 'Erzhumanisten' Conrad Celtis. Eine ikonologische Studie zu programmatischer Graphik Dürers und Burgkmairs. In: Artibus et historiae, 11, 1985, S. 65-99.

Wuttke, Dieter: Der Humanist Willibald Pirckheimer - Namengeber für ein mathematisch-naturwissenschaftliches und neusprachliches Gymnasium? Festschrift zum fünfundzwanzigjährigen Bestehen des Pirckheimer-Gymnasiums Nürnberg 1968-1993, Nürnberg 1994

Wuttke, Dieter: Dürer und Celtis. Von der Bedeutung des Jahres 1500 für den deutschen Humanismus. Jahrhundertfeier als symbolische Form (1980). In: Ders.: Dazwischen. Kulturwissenschaft auf Warburgs Spuren, Saecula Spiritalia 29, 2 Bde., Baden-Baden 1996, Bd. 1, S. 313 - 388.

The Art of "Reyssenn" (Drawing) from Nature *World, Nature and Space in Dürer's Prints*

by Erich Schneider

To continue the cycle of Albrecht Dürer's prints which was begun in 1995 with „Dürer as Storyteller", the DR. OTTO SCHÄFER STIFTUNG E.V. is presenting the second part of this exhibition in Schweinfurt „The Art of Drawing from Nature — World, Nature and Space in Dürer's Prints". A third exhibition, planned for 1999, will deal with the topic of Dürer's view of mankind. The woodcuts, engravings and etchings to be exhibited are taken exclusively from works Dr. phil. h.c. Otto Schäfer collected over decades.

Albrecht Dürer's works (1471 - 1528) mark the beginning of the modern era in German art. In particular the discovery of humans and the world is the essence of this transition to the modern era, according to Jakob Burckardt. Dürer is considered the founder of autonomous landscapes, even if he had not yet created true landscapes (nature and landscape portraits) for their own sake, without further motifs or contents. Plant and rock formations, landscapes and city scenes in Dürer's work also became a focal point of discussion for art experts.

Dürer created fully original impressions of nature from the landscapes which at most summarized the scene of an event. In his younger years he dedicated himself to drawing in detail both beautiful and bizarre phenomena in nature, studied them more and more with an alert mind and, as a mature master, tried to discover their scientific significance. In his later work, Dürer succeeded in uniting the world view resting in his mind's eye and the landscape as it appears in nature convincingly in a single work. Dürer wrote in his theories on proportion: „Aber das Leben in der Natur gibt zu erkennen die Wahrheit dieser Ding. Darum sieh sie fleißig an, richt dich darnach und geh nit ab von der Natur in dein Gutdünken, ... denn wahrhaftig stecket die Kunst in der Natur, wer sie heraus kann reyssenn, der hat sie ..." (Nature presents life in all its truth. Therefore, study it intently, believe what you see and do not stray from nature, but do as you think best,

... because art is everywhere in nature; whoever can draw nature can produce art ...).

The theme of the exhibition of 80 woodcuts, engravings and etchings centers around this key sentence in Dürer's system of theories. The exhibits shown each include only one excerpt of Albrecht Dürer's prints, which in the collection of OTTO SCHÄFER II is represented almost completely and in excellent prints. The selection takes into account both the spatial possibilities of the OTTO SCHÄFER library, and the idea of exhibiting the Dürer collection as completely as possible within the framework of a thematically structured cycle composed of several parts. Therefore, aside from a very few necessary exceptions, such works as were displayed at the exhibition „Dürer as Storyteller" are not being shown again. Explicit reference is made to this catalog.

„Art" in the time of Dürer could mean either craftful skill or free artistic creation. We describe „nature" as the entirety of living things that can be experienced through any one of our senses. At the same time, we use the word „nature" in a figurative sense. The middle German word „reyssenn" used in Dürer's time meant „to draw". In the late 20th century the meaning of this word in everyday usage became more distorted and limited. „Reißen" the modern German form of the middle German „reyssenn", which literally means to rip or tear, has taken on a more concrete meaning. In this sense, the exhibition tries to „juggle" with the different shades of meaning of the words „art", „nature" and „reyssenn" (drawing). The subheading of the exhibition „World, Nature and Space" encompasses the intellectual „world view" of Dürer's time in the same way he sees the environment and the geometrical description of „space" from the central perspective.

Three comprehensive but brief essays have been placed in front of the actual catalog part. In his essay, Peter Krüger analyzes „Observation, Invention and Construction of

Nature in Albrecht Dürer's Prints". The central result of his contemplation is his reference to the „chorography" of Ptolemaios a key to understanding Dürer's study of nature, which has never been considered before. The chorography sought the absorbing analysis of details in nature and singular phenomena in landscapes that could be meaningful and complete for and in themselves. This type of concentration on fragmentary landscape, as for example in his popular watercolor „Das Große Rasenstück", also explains why Dürer had not yet ventured on to an autonomous type of „landscape".

In his essay „Notes on Dürer's Realism", Matthias Mende deals with nature and art in Dürer's work. The focal point of his observations is Dürer's definition of beauty. Dürer's sense of beauty cannot simply be derived from and judged on mathematical and geometrical studies. The final judgment is, in the end, always „the judgment of man".

In her essay, Kristina Herrmann Fiore comments on the transformation of nature studies in Dürer's prints. Of particular interest to her is the question of how Dürer used the impressions he received from nature — which he recorded spontaneously in drawings and watercolors — in his prints. Herrmann Fiore can demonstrate with a number of examples that when converting to another medium, Dürer never proceeded in a strictly reproductive way; he always used a complex process of changing mediums, whereby the complexity of the process depended on the thematic context of the particular work.

In a total of nine parts, the exhibition attempts to show facets of Dürer's artistic way of dealing with nature in prints. All chapters, as well as the exhibition itself, are headed with a contemporary quote by or about Dürer. In this way, an attempt is made to create a link between the exhibited artwork and Dürer's artistic-theoretical work. At the same time, an effort is made to convey examples of Dürer's language, which very often expresses for the first time certain phenomena in the fine arts in German words, and thus accomplished for art what his contemporary, Martin Luther, did for theology. The Schweinfurt exhibition and the accompanying catalog are meant to attract a broad circle of art lovers. The dis-

played prints are represented in full-page size and the most important technical information is listed. Concise introductory texts are intended to describe the works in a comprehensible manner. Brief commentaries are included as a reference for the visitors to central characteristics as they apply to the exhibition theme. This type of concise literature offers the visitor the chance to critically observe current goings-on in the fine arts.

The first chapter of the exhibition is entitled „exercise and intellect" and so, immediately points out a principal problem regarding Dürer's art. The artist from Nuremberg considered the exact study of the work of his contemporaries and predecessors as well as constant practice important requirements. It was also Dürer's conviction that the intellectual penetration of what the eyes glimpsed had to grow along with one's experiences in nature. This type of intensive study of nature created in the artist a larg stock of imaginative pictures which reached far beyond a direct copy of nature.

Dürer was therefore — and thus the heading of Section II — „...inwardly filled with figures." He was adept at shaping this fantasy, especially in the great books of his early years. In his later days, Dürer delved into more profound depths of intellectual meaning in his pictures, very often with sublime „inward" figures. In a figurative sense, „inwardly filled with figures" also refers to the fact that art has to be far more than just the skillful reproduction of surfaces. Only an artist who is „inwardly filled with figures ", as Dürer was, is even capable of producing art.

Art in Dürer's sense is nature shaped and formed by the artist. We should mention in this context, the procedure also observed in Dürer's prints: the embedding of human phenomena and faces in his works of nature, which of course are not perceived at first glance. A „comparison...of unlike things „ emerges when the human figure and human behavior are commented on and paraphrased in a picture by certain shapes and formations in the surrounding nature (Chapter III).

In addition to such questions, the exhibition attempts to analyze different forms of representation of landscapes in Dürer's prints. In his early works his „broad view" of the landscapes he portrays is especially obvious. Landscapes which „one sees five, six or seven miles" (Chapter IV). These landscape pictures develop steadily, continuously for the observer's eye, without marked breaks or formations typical of scene paintings, as can be seen in works of Dürer's contemporaries or immediate predecessors. In his late work, however, this „broad view" is an exception; concentrated detail predominates.

In a figurative sense, „stüben, kamern, kuchen" (rooms, chambers, kitchens) in Chapter V also refers to „landscapes", or at least to careful interior studies based on visual impressions. Just as in the landscapes, an architecturally designed room contains both content and a formal happening. Dürer became increasingly able to restrain building plan and details of such „buidings" in favor of supporting the meaning of the work at hand.

Part VI of the exhibition is dedicated exclusively to „the most pure Virgin Mary" in form of the woodcut series „Life of the Virgin". Art lovers should be given the chance at least once to experience for him/herself in excellent prints the special aura of this work, published in book-form in 1511. In its 20 pages, this cycle also unites and focuses on all questions ever asked. Thirdly, it marks the „Life of the Virgin", created over a ten year period beginning in 1501/02 and at the same time, the transition to Dürer's mature creation, to which the following three chapters are largely dedicated.

One theory regarding Dürer's art, especially as can be observed in the art created after his second trip to Italy, assumes that the „external" means to his creations become simpler and simpler and that „it is precisely this simplicity that is the highest virtue of art." (Chapter VII). Comparatively simple compositions and the intentional lack of dramatic motifs with respect to his figures or the graphic presentations in his engravings increasingly mark Dürer's art. Dürer no longer needed the visionary drama of the apocalypse or „loud tones". The „graphic middle tone" (Panofsky) is what forms the basis of his mastery.

After his trips to Italy, Dürer's need for scientific penetration of artistic „use" became increasingly dominant. The figure studies and proportion exercises emphasized in the third exhibition, dedicated to Dürer's view of mankind, are even more closely related to his early works. A further result of these efforts are, however, his studies of perspective „with compass and ruler" (Chapter VIII). There again we see that Dürer never fully adhered to the rules of perspective that he himself expended much energy studying and creating. In any case, his theory of central perspective was for him as an artist a means to an end and not an end in itself.

For all artistic efforts, for all scientific penetration of nature and its secrets, Dürer was still left with an impenetrable remainder which, without „divine inspirations", remained inaccessible to humans (Section IX). During Dürer's lifetime, Nuremberg was a world center of natural science exploration. As an artist, Dürer took it for granted that he lived among this learned circle, shared a part in it and with the help of his art, he contributed to the victory of natural sciences, which have had a determining influence on our lives up to the 20th century. Dürer's vision was consistently set beyond the earth to space and the heavenly bodies on the other side of the blue planet.

As a creation of his time, at the end of an epoch, he conceived of the macrocosm and microcosm as a unity. Heaven and Earth were still full of mysteries. Especially for Dürer as an artist, the decision between God's unfathomable omnipotence propagated by the Christian tradition and the fascination with mathematical or empirical exploration of nature's laws, which regained importance in the Renaissance, was more than just a matter of faith. Experiencing life at the beginning of a new era, Dürer was able to recognize this conflict, but was just as incapable of solving it as we are, 500 years later. This type of „Faustian" question was given visible expression in the master engraving „Melencolia I" in 1514. With his contribution to the discovery of the world, Dürer began a new chapter in more than just the history of art.

The publishers and editors of the exhibition catalog agree that it is not possible to answer all the questions raised here. If we have succeeded in posing even a few of the right questions necessary for a deeper understanding of Dürer's work, then we believe we have accomplished a sizable portion of what we set out to do.

L'ART DE "REYSSENN" (DESSINER) D'APRÈS NATURE

Le monde, la nature et l'espace dans d'art graphique de Dürer

de Erich Schneider

Dans la continuité du cycle sur d'art graphique d'Albrecht Dürer, commencé en 1995 avec „Dürer conteur", la DR.-OTTO-SCHÄFER-STIFTUNG e.V. (fondation Dr. Otto-Schäfer) présente à Schweinfurt la deuxième partie de l'exposition „l'art, de la nature au „dessin" - le monde, la nature et l'espace dans l'art graphique de Dürer". Une troisième exposition aura lieu en 1999 avec la conception de l'homme d'après Dürer. Les gravures sur bois, les gravures sur cuivre et les eaux fortes exposées proviennent exclusivement de la collection recueillie pendant des décennies par le Monsieur Dr. phil. h.c. Otto Schäfer.

L'œuvre d'Albrecht Dürer (1471 - 1528) marque le début de l'ère moderne de l'art allemand. C'est en particulier la découverte de l'homme et du monde d'après les termes de Jakob Burckardt qui fixe le genre de ce tournant vers l'ère moderne. Dürer est considéré comme le fondateur des paysages originaux mme s'il n'a pas encore fait naître au sens propre de tels paysages, des paysages naturels ou des portraits de paysage qui se suffisent à eux-mêmes et qui n'ont pas besoin de contenu thématique supplémentaire comme prétexte. Toutefois, dans l'art de Dürer, les plantes et les pierres, les paysages et les vues de ville sont devenues des thèmes et des motifs de discussion artistique.

A partir d'un lieu d'action, avec tout au plus quelques sommaires bases significatives de paysages, Dürer a façonné des vues complètement nouvelles de la nature. Dans ses jeunes années, il s'est consacré avec le go°t du détail, aussi bien à la présence de la beauté qu'à celle du bizarre dans la nature, il les a étudié toujours plus avec une vive compréhension et a cherché à les examiner scientifiquement comme un maître mature. Dans son art tardif, Dürer a enfin réussi à réunir de façon authentique dans un tableau une image resplendissante du monde et un paysage vécu, devant sa vue spirituelle et à la vue de la nature. De plus, en 1528 Dürer a écrit dans sa leçon de proportion: „mais la vie dans la nature donne à reconnaître la

vérité de cette chose. Regardes-la avec persévérance, suis-la et ne t'éloignes pas de la nature de ton gré, ... car l'art se trouve vraiment dans la nature, qui peut la représenter l'obtient.

Le théme de l'exposition des 80 gravures sur bois, gravures sur cuivre et eaux-fortes tourne autour de cette phrase clé de l'école Dürer. Les objets exposés ne représentent à chaque fois qu'un exemplaire de l'oeuvre d'art graphique d'Albrecht Dürer qui est représentée presque complètement dans la collection de Otto Schäfer II et dans une impression totalement remarquable. Le choix fait prend en compte les possibilités dimensionnelles de la BIBLIOTHEK OTTO SCHÄFER aussi bien que la possibilité de montrer si possible complètement la collection Dürer dans le cadre d'un cycle thématique articulé en plusieurs parties. A part quelques exceptions, des pages qui ont déjà été présentées lors de l'exposition „Dürer conteur" ne seront donc pas exposées à nouveau.

„L'art" à l'époque Dürer peut définir aussi bien un savoir a rtisanal qu'une création artistique libre. Nous comprenons la „nature" comme la totalité de ce qui croît et que l'on peut comprendre avec nos sens. En même temps, nous avons besoin du terme „nature" au sens figuré. Le mot „reyssenn" au temps de Dürer signifiait autant que „dessiner". A la fin du 20 ème siècle, le sens du mot a évolué voire s'est restreint dans l'usage général de la langue et en allemand nous comprenons „reißen" (dessiner) une autre signification comme le montre concrètement l'exemple suivant : „Bäume ausreissen" = „arracher des arbres". C'est dans ce sens que le concept du contenu de l'exposition tente de „jongler" avec les différents niveaux de signification de „l'art", la „nature" et le „dessin". C'est pour cela que le sous-titre de l'exposition „le monde, la nature et l'espace" rassemble la „vue spirituelle du monde" de la période Dürer comme il comprend l'environnement ou la conception mathématique de „ l'espace" par une perspective centrale.

Trois essais importants mais courts sont présentés dans une partie propre du catalogue. Peter Krüger fait des investigations dans son texte „observation, examination, construction de la nature dans l'oeuvre d'art graphique d'Albrecht Dürer". Le principal résultat de ses réflexions est l'indication non prise en compte à ce jour sur la „chorographie" de Ptolémée qui est une nouvelle clé pour mieux comprendre l'étude de la nature de Dürer. La chorographie a cherché l'explication approfondie et détaillée de la nature et les apparitions individuelles du paysage qui peuvent être sensés et complets pour eux-mêmes et en eux-mêmes. Une telle concentration dans le paysage fragmenté, comme celle-ci a trouvé par ex. dans le „Das Große Rasenstück" une expression populaire, expliquait également pourquoi Dürer ne s'est pas encore avancé pour un genre original unique de tableau de „paysage".

Matthias Mende s'est expliqué dans ses „remarques sur le sens réel de Dürer" sur la nature et l'art dans l'art de Dürer. Au coeur de ses considérations, Mende posait la question de la beauté selon le terme de Dürer. Celui-ci ne peut pas se déduire, ni se fonder à partir des seules études mathématiques et géométriques. La plus grande instance reste toujours „le jugement humain".

Kristina Herrmann Fiore s'exprime dans son essai au sujet du changement des études sur la nature dans l'art graphique de Dürer. Ce qui l'intéresse particulièrement est la question, comment Dürer a utilisé les impressions qu'il véc°t face à la nature et qu'ils mit sous forme de croquis et d'aquarelles dans ses oeuvres d'art graphique. Madame Herrmann Fiore peut donner à ce sujet une série d'exemples selon lesquels Dürer lors de la transcription vers un autre moyen n'a jamais fait de reproduction unique mais a toujours accompli un procédé multiple d'application correspondant à chaque contexte thématique.

L'exposition tente dans les parties neufs au total de montrer les facettes artistiques de Dürer avec un exemplaire de nature dans les impressions d'art graphique. Tous les chapitres ont pour titre à chaque fois une citation contemporaine de ou sur Dürer, comme pour l'exposition elle-même. De

cette façon, on tend vers un lien entre l'art exposé et l'oeuvre sur l'art théorique de Dürer. Pareillement, il faut communiquer une représentation exemplaire du langage de Dürer qui a suffisamment exprimé pour la première fois en mots allemands certains phénomènes de l'art représentatif et a ainsi réalisé pour l'art quelque chose d'équivalent à son contemporain Martin Luther dans le domaine de la théologie.

Beaucoup de personnes intéressées par l'art s'intéressent à l'exposition de Schweinfurt et au catalogue qui s'y rattache. Les pièces d'art graphiques exposées sont insérées sur page pleine et accompagnées des plus importantes informations techniques. Des textes courts tentent de décrire de manière compréhensive les objets exposés. Ensuite de brefs commentaires indiquent aux observateurs les principales remarques importantes sous l'angle thématique choisi de l'exposition. Un texte littéraire réduit permet un débat approfondi avec les résultats actuels de la science de l'art.

Le premier dans chapitre de l'exposition est titré par „ usage et compréhension" et introduit aussitôt une problématique de fond de l'art de Dürer. Pour le Nurembergeois, l'étude exacte de l'art de ses contemporains et de ses précurseurs était une condition aussi importante que l'entraînement constant de sa propre main. Parallèlement à cela, Dürer était persuadé que l'assimilation logique devait grandir en vivant et voyant la nature avec les yeux. Une étude si intense de la nature a engendré chez l'artiste une grande quantité de représentations illustrées qui a largement dépassé l'imitation directe de la nature.

C'est pourquoi Dürer était - selon le titre du paragraphe II - „... à l'intérieur d'une figure entière." Dans les grands livres de ses débuts, il savait particulièrement bien concéder à cette fantaisie une tournure expressive. Plus tard, Dürer plongeait au contraire dans les couches toujours plus profondes d'une expression spirituelle et intellectuelle avec souvent de sublimes figures „intérieures". Au sens figuré, l'expression „à l'intérieur d'une figure entière" englobe d'autre part le désir que l'art soit bien plus que des représentations artisanales sur des surfaces. Seul celui qui est comme Dürer „à l'intérieur d'une figure entière", aime faire vraiment naître l'art.

L'art au sens de Dürer est toujours la nature formée et façonnée par l'artiste. C'est à ce concept que le processus d'observation de l'œuvre d'art graphique de Dürer appartient également les apparitions humaines et les visages qui se reflètent dans les apparitions de la nature environnante, et l'observateur ne peut remarquer ceci qu'au deuxième coup d'oeil. Il existe également une „comparaison ... entre les choses différentes" lorsque la figure humaine et l'action humaine sont commentées et paraphrasées dans l'illustration, par des formes définies et des formations de la nature environnante (chapitre III).

Outre de telles questions, l'exposition tente de scruter les différentes formes de phénomènes de représentation du paysage dans l'œuvre d'art graphique de Dürer. Au début de son art, le „coup d'oeil lointain" se remarquait dans les paysages représentés. Les paysages, „... oˇ l'on voit cinq, six ou sept lieues" (chapitre IV). Ces illustrations de paysages se développent ainsi pour les yeux de l'observateur de façon conséquente et sans ruptures marquantes ou formations secondaires comme on peut le remarquer chez les contemporains de Dürer ou ses précurseurs directs. Dans son art tardif, ce „coup d'oeil lointain" devient cependant une exception et la perception rapprochée domine.

Au sens figuré, il s'agit également dans les „pièces, chambres et cuisines" du chapitre V de „paysages" à chaque fois avec l'étude minutieuse de l'intérieur selon l'impression visuelle. Comme pour le paysage, une pièce rapproche un espace architectonique dans sa forme et son contenu. Dürer réussissait de plus en plus, à refouler le plan de construction et les détails de telles „boîtes" lors d'une présence supérieure au profit de la perception du soutien par l'ambiance du message de chaque œuvre.

La VIième section de l'exposition est exclusivement consacrée à „ ... Marie la plus pure entre toutes les vierges" sous forme de gravure sur bois de la „vie de Marie". On doit donner au moins une fois la possibilité à l'observateur de pouvoir prendre connaissance lui-même du rayonnement particulier cette pièce d'art de 1511 sous forme de livre dans une impression formi-

dable. De plus, ce cycle rassemble dans ces 20 pages toutes les questions abordées comme dans un miroir ardent. Troisièmement, la „vie de Marie" sur une période d'environ dix ans depuis 1501/02 marque en même temps la création mature de Dürer, à laquelle les trois chapitres suivants sont principalement consacrés.

Comme on peut le remarquer après le deuxième voyage en Italie, une réflexion concernant l'art de Dürer provient du fait que les moyens „extérieurs" de sa création deviennent toujours plus simples et „que justement cette s implicité serait la plus grande gloire de l'art" (chapitre VII). Par comparaison, les compositions simples et le renoncement au grand apparat par égard à la création de figures ou de mise en scène graphique de ses gravures caractérisent de plus en plus l'art de Dürer. Dürer n'a plus besoin de la dramatique vision de l'apocalypse ou de tons intenses dans ses gravures. C'est le „ton intermédiaire graphique" (Panofsky) d'oˇ il façonne sa perfection.

Visiblement la revendication à l'assimilation scientifique du „besoin" artistique se renforça après l'Italie chez Dürer. Les études de figures et les exercices de proportions sont encore plus fortement attachés à l'art précoce et trouveront un profond intérêt dans la troisième exposition consacrée à la conception de l'homme de Dürer. Une autre émanation de ces efforts est cependant ses études de perspective „avec compas et équerre" (chapitre VIII). On sait également depuis peu que Dürer ne s'est jamais complètement soumis aux règles de perspective qu'il avait étudié lui-même avec tant d'énergie. L'apprentissage de la perspective centrale est pour lui en tant qu'artiste tout au plus un moyen pour un but et pas un but en lui-même.

Avec tout ces efforts artistiques, avec toute l'assimilation scientifique de la nature et ses secrets, il y aura toujours pour Dürer un reste impénétrable qui devait rester fermé à la compréhension humaine sans „influences supérieures" (chapitre IX). Nuremberg était du vivant de Dürer un centre de recherche de sciences naturelles du monde. Dürer en tant qu'artiste a évidemment toujours vécu au cœur de ce cercle d'érudits, y a pris part et a participé gr‚ce à son art à chaque triomphe des sciences naturelles qui a ordonné notre vie jusqu'au

20ème siècle. Le regard de Dürer allait au delà de la terre vers l'univers et les astres de l'autre cÙté de la planète bleue.

Comme création de son temps, à la fin de son ère, il conçut le macrocosme et le microcosme comme unité. Le ciel et la terre étaient pourtant encore pleins de mystères. Le choix entre le pouvoir insondable de Dieu dans la tradition chrétienne et la fascination dans la renaissance de la recherche toujours plus forte, plus mathématique ou plus empirique des lois de la nature, représentait davantage qu'une simple question de croyance. Au début d'une nouvelle ère, Dürer pouvait même reconnaître ce conflit, mais était cependant aussi peu capable de le résoudre que les gens d'aujourd'hui 500 ans plus tard. De telles questions „fondamentales" se sont manifestement exprimées dans la gravure de maître de „Melencolia 1" de 1514. Gr,ce à sa participation à la découverte du monde, Dürer a ouvert en tout cas un nouveau chapitre et pas uniquement dans l'histoire de l'art.

Pour le catalogue de l'exposition, les éditeurs et collaborateurs doivent également être d'accord sur le fait que l'on ne peut pas donner toutes les réponses à toutes les questions soulevées. Si nous arrivons au moins à poser quelques bonnes questions ciblées sur la compréhension approfondie de l'art de Dürer, nous pourrons alors penser que nous avons rempli notre tâche dans une mesure non négligeable.